자기혁명
독 서 법

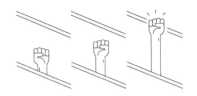

뭐라도
해야 했던 사람에서
뭐든
하는 사람으로

자기혁명
독 서 법

이재범(핑크팬더) 지음

프레너미
FRENEMY PUBLISHING

차례

1 책만이 유일한 선택

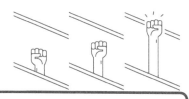

2　독서로 배운 세상

3 나를 변화시키는 독서

세상을 보는 눈,
독서

나는 평범한 사람이다. 특별한 재능도 없다. 학창 시절 큰 문제를 일으키지도 않았지만 공부에도 별 흥미가 없었다. 그저 멍하니 학교와 집을 오고 갔다. 그나마 독서는 좀 하는 편이었다. 고교 시절 독서부장을 했으니 말이다. 내 기억으로는 또래 친구들에 비해 좀 더 읽는 정도였던 것 같다.

내가 알고 있는 것은 대부분 독서를 통해 배웠다. 그 후 경험을 그 위에 쌓았다고 할 수 있다. 내가 한참 독서로 무엇인가를 배울 때는 지금처럼 관련 강의가 넘쳐나는 시대도 아니었다. 배우기 위해 선택할 수 있는 유일한 방법이 독서였다. 시간과 장소에 구애받지 않고 언제든지 궁금한 것을 해결할 수 있었다.

성인이 되어 본격적인 독서를 한 것은 필요성 때문이었다. 아무도 가르쳐주지 않으니 스스로 터득해야 했다. 그렇게 독서를 본격적으로 시작했다. 생존 독서라고 해도 좋고, 실전 독서라고 해도 좋다. 지식을 쌓기 위한 독서가 아니라 먹고살기 위한 방법으로 시작한 독서였다.

그런데 신기하게도 독서를 하면 할수록 내가 원하는 것을 하나씩 얻을 수 있었다. 돈을 벌고 싶어서 시작한 독서는 점차 지식으로 확장되었다. 독서를 할수록 모르는 것이 더 많이 생겼고 모르는 것을 알고자 하는 순수한 욕망이 나를 자극했다. 독서의 범위가 확장되며 기존에는 관심도 없던 영역까지 읽고 있는 나 자신을 발견했다. 앎에 대한 목마름이 나를 이끌었다. 갈증을 해소하기 위해 물줄기를 쫓아가다 보니 다방면의 독서를 하게 되었다.

여전히 특정 분야에 좀 더 편중되었다는 점을 부정할 수 없지만 내가 하는 일과 관련된 분야가 계속 변모하고 새로운 트렌드가 보이기 시작했다. 이를 쫓아가기 위해서는 끊임없이 독서로 간극을 메워야만 했다. 그럼에도 세상의 수많은 분야에 대한 나의 무지는 끝이 없다는 걸 알게 되었고 극복하기 위해 계속 독서했다. 이제는 어느 정도 그 갈증이 해소되었느냐고 묻는다면 단호히 '아니오'다. 내가 죽는 순간까지 갈증은 여전할 듯하다. 오히려 고마운 일이다. 지식은 끝은 없다. 파고 파도 끝을 알 수 없는 심연이 눈앞에 펼쳐진다.

어느 정도 수준에 이르렀다는 교만이 생길 틈이 없다. 독서는 나를 그렇게 만들었다. 넓디넓은 세계에서 아주 작은 지식을 가지고 안다고 할 수 없다. 이런 상황에서 나를 믿고 따르라고 하는 것만큼 위험한 것도 없다. 이런 방법이 옳다고 외치는 것도 스스로 무지하다고 공개하는 것이다. 우리가 사는 세상에 정답이 없다. 정답을 원하는 사람들에게 달콤한 외침은 유혹적이지만 외친 사람만이 물질과 명성을 얻을 뿐이다.

이 책은 나의 독서에 대한 이야기다. 세상을 독서로 배웠고 간접 경험으로 보완하며 살았다. 1부 '책만이 유일한 선택'에서는 어떻게 내가 본격적으로 책을 읽기 시작했는지 그 여정을 그리고 있다. 내가 하는 일이나 처한 상황에 따라 필요한 책과 저자를 찾아 읽었다. 그런 책들을 어떻게 읽었고 나에게 어떤 도움이 되었는지 설명했다. 필요성에 근거해 찾은 책들이라 초반에는 실용서 위주였다. 난 지식이 아닌 생존을 위해 독서해야 했기 때문이다. 점차적으로 내 독서는 실용보다는 앎에 대한 추구를 위한 지식으로 확장되었다.

내가 읽은 책으로 어떻게 세상을 바라보게 되었는지 2부 '독서로 배운 세상'에서 하나씩 소개했다. 지금까지 읽은 책 중에 내게 영향을 미친 책이라 할 수 있다. 세상을 누군가의 시선으로 바라보는 것이 아닌 내 시선을 얻어가는 과정이다. 특정 책만 읽으면 편견이 생기고 지적 불구가 될 수 있다. 정반합처럼 다양한 종류와 분야는 물론이고 스펙트럼을 넓히고 교차해서 얻어야 한다. 그 과정을 서술한 내용이다.

독서를 어떻게 해야 하는지에 대한 정답은 분명히 없다. 그럼에도 이왕이면 이렇게 읽으면 어떨까 하고 제안하는 부분이 3부 '나를 변화시키는 독서'다. 독서를 하며 이런 방법도 해보고 저런 방법도 해봤다. 각자 자신에게 맞는 방법이 있다. 내가 소개하는 방법이 가장 좋다는 것은 아니지만 먼저 독서에 빠진 한 사람이 시행착오를 줄이기 위해 제안하는 것이라고 생각해주면 좋겠다. 참고삼아 당신의 독서라이프에 적용하면 도움이 될 것이라 본다.

당신도 나처럼 독서가 인생의 수많은 것을 이뤄내는 데 도움이 되면 좋겠다. 독서를 통해 자산도 증식시켰을 뿐만 아니라 지식도 넓혔고 명예도 얻었다. 내가 한 것은 아주 간단하고 단순했다. 무엇보다 먼저 독서를 했다. 다음으로 리뷰를 썼다. 이게 전부였다. 이것만으로도 나는 사람들에게 나를 각인시킬 수 있었고 먹고살 수 있게 되었다. 이보다 더 좋은 방법이 이 세상에 또 있을까. 난 없다고 본다. 독서만큼 쉬운 것도 없다. 그 출발을 이 책과 함께 한다면 영광이겠다.

01

책만이
유일한 선택

뭐라도
해야 했다

오늘도 하루 매출은 3만 원이었다. 이번 주 내내 하루 평균 3~5만 원이었다. 주말에는 15만 원 정도 매출이 나올 때도 있었지만, 정말 어쩌다 있는 일이라 기대하기는 어려웠다. 이런 식으로 한 달에 기껏해야 150만 원 내외였다. 여기에 월세 30만 원, 매월 만화책을 구입하는 비용까지 고려한다면 실질적으로 남는 금액은 거의 없었다. 생활비 걱정에 암담한 나날이 이어졌다. 세상 물정 모르던 내가 시작한 도서대여점은 벼랑 끝으로 달려가는 상황이었다.

당시는 인터넷이 본격적으로 도입되면서 영화도 컴퓨터로 보는 시대였다. 만화책도 스캔한 걸로 보는 때였는데, 이런 상황을 전혀 몰랐던 내가 사고를 친 것이다. 도서대여점을 운영했던 친구 부부가 나에게 인수를 제안했던 적이 있었다. 중고등학교가 옆에 있어 이용하는 학생들이 많았고, 왠지 놀면서 돈을 버는 거 같아 나쁘지 않아 보였다. 하지만 그때는 할 생각도 없었고 집과 너무 멀어 거절했다.

가끔 내가 갈 때면 아르바이트생에게 맡기고 친구와 같이 당구를 치며 놀았다. 세상 편한 일처럼 보였고, 별로 하는 일도 없이 쉽게 돈을 버는 것 같았다. 너무 순진한 생각이었지만 무엇인가를 운영하고 장사를 한다는 것이 얼마나 어려운 것인지 전혀 알지 못했다. 그저 편하게 돈을 벌 수 있다는 사실에 감탄했고, 만화책을 보며 돈까지 번다는 사실이 너무 매력적으로 보였다.

도서대여점은 우연히 시작했다. 돈을 벌기 위해 알바라도 해야겠다는 생각으로 직업 알선 정보지를 보고 있었다. 어떤 알바가 있는지 살펴보고 몇몇 눈여겨본 일자리를 체크했다. 거기서 멈췄으면 되는데 페이지를 계속 넘기며 나도 모르게 상가 매물이 나온 곳을 보게 되었다. 그곳에 너무 저렴하게 나온 도서대여점이 있었다. 보증금 1000만 원에 월세 30만 원이었다. 거기에 권리금도 없었다. 약간의 시설비만 받는다고 적혀 있었다.

밑져야 본전이라는 생각에 적혀 있던 전화번호로 연락을 했다. 장소도 집에서 멀지 않아 가볼 만하다는 판단이 들었다. 현장에 가보니 도서대여점은 건물주 할머니께서 소일거리로 운영했다고 한다. 돌아가신 지 1년이 넘어 방치되어 있었다. 도서대여점을 정리하기 전에 한번 세를 내놔 보자며 올렸다고 한다. 그렇게 나는 도서대여점을 시작했다.

막상 인수하고 보니 1년 정도 운영을 하지 않아 시리즈물이 전부 중단된 상태였다. 거기에 대여한 사람들이 반납하지 않은 책들도 있어 중간중간 빠진 것도 있었다. 중고 만화책 총판을 돌다니며 구입해 채워 넣고 본격적으로 운영을 시작했다. 당시 나는 도서대여점을 운영한다는 인식을 하지 못했던 것 같다. 하루 종일 만화책을 보고 시간 날 때 플레이스테이션 게임을 하며 즐겼다. 정신 못 차리고 살았다.

도서대여점은 운영을 할수록 적자가 커졌고, 이런 상황이 길어지면서 최소한 돈에 대해 알아야겠다는 생각이 들었다. 당시 베스트셀러였던 《부자 아빠 가난한 아빠》를 구입했다. 아직 한국 사회에서 부에 대한 개념이나 불로소득에 대한 대중적 인식이 체계가 잡히기 전이라 엄청난 반향을 불러일으켰다.

IMF 외환위기 이후 평생직장 개념이 사라지고, 멀쩡히 다니던 회사에서 구조조정으로 내몰린 수많은 사람들이 실직자가 되었다. 회사에 취직하면 정년까지 월급 받으며 안정적으로 살아갈 수 있다는 생각이 깨졌다. 모든 사람들에게 한 번도 생각지 못한 개념과 흐름이 생겼다. 이제 각자 알아서 생존해야 했다. 그 당시 많은 사람들에게 로버트 기요사키의 《부자 아빠 가난한 아빠》는 완전히 생경한 개념이었다. 돈이 돈을 벌게 만들어야 한다는 표를 보면서 이제까지 자본주의에 살고 있었지만 자본주의를 제대로 활용하지 못했다는 깨달음도 얻게 되었다. 부자 아빠와 가난한 아빠의 차이에서 더욱 놀랐던 점은 가난한 아빠가 선생님이었다는 것이다. 선생님은 안정적인 직업에 금전적으로 아쉬울 것이 없다고 생각했는데 가난한 아빠였다. 부자 아빠는 투자자나 사업가를 의미했다. 내가 번 돈이 그대로 지출되면 안 되고 돈이 다시 돈을 버는 시스템으로 가야 한다는 많은 사람들이 미처 알고 있지 못한 개념을 선사했다. 전혀 생각지도 못했던 돈의 흐름을 보여줬던 표는 그 이후 많은 사람들에게 투자를 본격적으로 시작하게 만든 출발점이 되었다.

사실 책을 읽었어도 머릿속에 완벽하게 와 닿지는 않았다. 돈이라는 걸 벌어본 적이 실질적으로 없었다. 돈을 제대로 벌어보질 못했으니 돈을 모은 적도 없었다. 그런 상황에서 돈을 벌어 지출되는 돈이 자산으로 가게 만들라는 이야기나 자산에서 생긴 돈을 다시 재투자한다는 개념은 생소하기도 했지만 나와는 동떨어진 이야기였다. 새로운 개념을 얻었다는 정도에 그쳤다. 내가 당장 할 수 있는 것은 아무것도 없었다.

지금 와서 되돌아보면 비록 사양산업인 도서대여점이었지만 여전히 운영하고 있는 곳도 있었다. 그 이야기는 분명히 당시에도 내가 노력하면 얼마든지 매출을 올릴 수 있었다는 판단이 든다. 어떻게 하면 고객을 끌어들이고 단골을 만들어 한 번이라도 더 고객을 잘 관리할 수 있을지 고민했을 듯하다. 그런 걸 어디서 배울 수 없었다면 책이라도 읽어가며 공부하지 않았을까. 그러나 그런 생각을 전혀 하지 못했다. 이대로는 안 되겠다는 생각만을 갖고 체념하고 있었다.

도서대여점은 포기하지도 못하고 계속 운영하며 본격적으로 책을 읽기 시작했다. 이제 막 태동한 인터넷에 있는 여러 재테크 카페 등을 돌아다니며 관련된 글을 읽으면서 누군가 추천하는 책이 있으면 전부 메모해두었다 꼭 읽으려고 노력했다. 나는 더 이상 물러

설 곳도 없고 무엇인가 해야만 했다. 내가 가지고 있는 것은 아무 것도 없었다. 유일하게 할 수 있는 것은 바로 독서였다. 독서는 내가 할 수 있는 유일한 행동이었다.

누구에게 무엇을 물어볼 수도 없었다. 나보다 앞선 사람이 있어 그에게 갈 수도 없었다. 이제 막 본격적인 자본주의 시스템이 한국 사회에서 기지개를 켜고 있었다. 돈이 돈을 번다는 개념을 이제야 알게 된 사람들이 대다수였으니 나에게 그런 걸 제대로 알려줄 사람도 없었다. 내가 선택할 수 있는 것은 책뿐이었다. 답은 바로 독서였다!

소설만이
책이었다

어릴 때부터 책을 많이 읽은 사람들이 있다. 도서관 책을 전부 읽었다는 워런 버핏을 비롯해 많은 사람들이 독서가를 뛰어넘는 독서왕이다. 나는 독서를 많이 하는 편은 아니었다. 군이 말하자면 평균보다는 조금 더 읽는 정도였다. 중학생이던 내가 선택할 수 있는 책은 그리 많지 않았는데, 친구네 집에 형이나 누나가 있으면 흥미로운 책이 제법 있었다. 어떤 책이 좋은지도 모르는데 가장 확실한 선택은 친구네 집에 있는 형이나 누나의 책을 빌리는 것이었다. 원래 책은 빌려주는 것이 아니라고 하지만 달리 방법이 없었다. 그리고 언제나 정확히 반납했다. 그래야 또 빌릴 수 있으니 말이다.

그때 읽었던 책 중에는 이문열의 《사람의 아들》이 가장 인상 깊었다. 나는 교회에 다니고 있었는데, 친구 누나에게 빌려달라고 하니 나에게 읽지 말라고 했다. 그 책을 읽으면 교회 다니는데 시험에 들 수 있다는 것이었다. 그런 위협에 굴복할 내가 아니었다. 읽으면서 왜 그런 이야기를 했는지 이해된 것보다는 작가의 상상력에 충격을 받았다. 그때까지 다른 하나님이 있을 것이라고는 꿈도 꾸지 못했다. 어릴 때부터 다니던 교회였기에 다른 세계가 있다는 걸 생각하지 못했다.

내가 알고 있는 하나님은 질투의 하나님이었다. 성경에는 두 하나님이 있었는데 질투의 하나님이 성경에 나오는 하나님이었다. 생각지도 못한 이야기에 한동안 정신이 혼미할 정도로 제정신이 아니었다. 그 이후 이청준의 《당신들의 천국》에서는 한국 사회가 내가 알고 있는 것이 전부가 아니라는 어렴풋한 인식을 했다. 최인호 작가는 로맨스 소설처럼 청춘소설이 많아 재미있게 읽었다. 후에 《겨울 나그네》와 같은 소설은 드라마는 물론이고 뮤지컬로도 상영되어 무척 반가운 마음이었다. 노벨 문학상을 받은 윌리엄 골딩의 《파리대왕》은 고등학생 때 읽으며 인간 군상이 어떤 일을 벌이는지 알게 해준 작품이었다.

가장 재미있게 봤던 소설은 김용의 《영웅문》 시리즈였다. 당시에 고려원이라는 출판사에서 나왔는데 완전히 탐독할 정도였다. 버스에서 책을 읽으면 멀미가 나 어지간하면 안 읽는데, 《영웅문》 시리즈는 버스에 앉아서도 정신없이 읽었다. 엄청난 집중력이 발휘되어 시간 가는 줄도 모르고 말이다. 정비석의 《소설 손자병법》도 역시나 즐겁게 읽은 작품이었다. 그 외에도 참으로 다양한 소설을 읽었다.

그뿐만 아니라 만화책은 내 동반자였다. 초등학생 때 대본소라는 곳이 있었다. 지금은 만화방이라 불리는 곳이다. 그곳에서 우연히《공포의 외인구단》을 읽게 되었다. 이현세 만화가의 작품이었 는데 당시에는 권당으로 계산하고 읽었다. 읽다 중간에 돈이 없어 계속 읽지 못했다. 집에 와서 모든 옷장을 다 뒤져가며 잔돈을 챙 겨 다시 가서 끝까지 다 읽고 감동에 젖기도 했다. 그 이후로 틈만 나면 대본소에 가서 만화책을 읽었다. 나중에 반일권이나 종일권 이 생겨 심심하고 할 일이 없을 때면 날 잡아 연재되던 만화를 몰 아 읽기도 했다.

20대에도 상황은 다르지 않았다. 여전히 소설은 즐겨 읽던 분야 였다. 움베르토 에코의《푸코의 진자》같은 경우에는 20대에 읽은 가장 재미있는 추리소설이었다. 엄청나게 길게 늘어지는 문장과 어려운 용어들이 난무했지만 지적으로 탐험하며 흥미진진하게 추 리하는 내용이 정말 재미있었다. 후에 댄 브라운의《다빈치 코드》 가 엄청난 인기를 끌었지만 나에게는 성당기사단의 음모론적인 이 야기였던《푸코의 진자》가 훨씬 더 재미있었다.

소설 아닌 책은 아마도 에리히 프롬의《사랑의 기술》정도였다. 사실 이 책은 한참 이성에게 관심을 가지며 어떻게 할지 모르는 마 음에 제목만 보고 읽었다. 도대체 무슨 소리인지 몰라 엄청 힘들게 읽었던 기억이 난다. 남들보다 책을 좀 읽는 편이긴 했지만 그렇다 고 엄청난 독서가 축에도 끼지 못했다. 한 달에 한 권도 읽지 못하 는 사람이 태반인데 나는 한 달에 한두 권 정도이지 싶다. 그것만 도 워낙 사람들이 책을 읽지 않아 읽는 편에 속한다는 사실 자체가 아쉽기는 하지만.

나에게 독서란 이처럼 소설이 전부였다. 도서관에 가서 책을 빌릴 때도 소설 코너만 갔다. 생각해보면 다른 코너가 있다는 사실도 그다지 인식하지 않고 곧장 소설 코너를 찾아 책을 읽었다. 이런 내가 또다시 책을 읽겠다고 마음을 먹었다. 오히려 소설은 찾지 않고 경제경영 책만 읽기 시작했다. 소설과 달리 전문적인 내용과 용어가 많아 힘들었지만 꾸역꾸역 읽어야 하는 시기였다.

책을
구입하다

막상 책을 읽으려니 어떤 책을 읽어야 할지 너무 막막했다. 경제경영 분야 책을 읽어본 적이 없으니 뭐가 뭔지도 몰랐고, 워낙 많아 어떤 책이 나에게 맞는 것인지도 몰랐다. '이 책은 어느 정도 수준의 사람이 읽으면 참 좋습니다.' 누가 이런 이야기를 해주면 좋았을 텐데, 읽어보기 전에는 알 방법이 없었다. 특히 이 분야 책의 수준은 천차만별이다. 완전 초보를 위한 책도 있지만 일정 수준 이상인 사람을 위한 책도 많다. 잘못 선택하면 아무리 읽어도 무슨 내용인지 전혀 알 수 없는 책도 많다. 당시에 내가 선택한 방법은 재테크 카페를 이용하는 것이었다.

'10 in 10'이라고 하여 '10년 10억 만들기' 카페가 있었다. 이곳은 당시에 재테크를 하는 사람들이 많이 집합했다. 이제 막 시작하는 초보자들도 많았지만 이미 어느 정도 수준에 있는 사람들이 지식과 정보를 알려주는 글도 많았다. 그곳에서 독서와 관련된 글을 찾아 읽었다. 나보다 조금 앞서서 책을 읽은 사람들이 좋다고 한다면 내가 읽어도 좋지 않을까 생각했다. 마침 해당 카페에 독서 관련 게시판이 있어 사람들이 추천한 책을 전부 기록했다. 그 당시에는 아직까지 경제경영 도서를 활발히 읽던 시기가 아니었다.

도서관에서 책을 빌릴 수도 있었지만 구입해서 보유하면 두고 두고 읽을 수 있다는 판단이 들었다. 생전 처음으로 책을 10여 권 정도 구입했다. 당시에는 뭐가 뭔지 몰라 마인드 책, 부동산 책 등을 선택했다. 그 책들은 아직도 가지고 있다. 그중에서는 지금 다시 읽고 싶은 책도 있고 굳이 봐야 할 필요성을 느끼지 못하는 책도 있다. 그럼에도 스스로 투자와 관련된 공부를 시작할 때 선택한 책이라 여전히 가지고 있다.

책 목록을 만들어 구입한 책은 하나씩 제거하고, 새롭게 추천하는 책이 있으면 하나씩 추가했다. 워낙 추천하는 책이 많아 목록이 점점 더 늘었다. 일정 기간이 지난 후에는 기록하는 걸 멈췄다. 너무 쌓이다 보니 읽어야 할 책이 감당이 안 되기도 했지만 막상 추천받은 책이 별로인 경우도 있었다. 그들이 추천한 것은 상대방을 고려하지 않고 자기에게 좋은 책을 알려준 것이라 나와 맞지 않은 책이 제법 됐다.

생전 처음으로 구입한 10여 권은 한 달 만에 다 읽었다. 나는 관련 분야 책을 계속 읽어나갔다. 이러다 보니 책을 구입하는 것도 무척이나 부담이 되었다. 이 속도로 읽는다면 일 년에 몇백만 원도 쓸 수 있다는 계산이 나왔다. 그래서 생각한 방법은 도서관을 이용하는 것이었다. 그때부터 도서관에서 대출해 읽은 책만 해도 천 권이 훨씬 넘는다.

도서관은 평균적으로 3~5권 정도의 책을 대출할 수 있었다. 그래서 여러 군데를 돌아다니며 빌렸다. 지금과 달리 당시 경제경영은 사람들이 그다지 선호하는 분야가 아니라서 신간이라도 대출하기가 쉬웠다.

아무것도 할 수 없던 시기였다. 도서대여점은 갈수록 힘들었다. 여전히 매출은 늘어날 가능성이 없었다. 지금 같으면 무엇이라도 모색하며 매출을 올리기 위한 방법을 다양하게 시도했을 텐데, 그때는 그런 생각조차 하지 못했다. 그냥 상황에 순응하며 살았다고 할까. 가장 큰 차이는 독서의 유무이지 않았을까 한다. 지금이라면 독서로 터득한 다양한 간접경험과 마인드 훈련 등으로 무엇이라도 더 모색하며 시도하려 노력했을 것이다.

이제 막 자영업을 시작했지만 아무런 준비도 없고 지식도 없는 상태에서 맞닥뜨린 상황은 나로 하여금 체념하게 만들었다. 무엇인가를 더 하기 위해 노력하기보다는 포기하게 만들었다. 무엇인가를 시도한다는 생각조차도 하지 못했다. 이제 막 시작한 독서를 통해 세상을 조금 알아가는 시기였다. 돈을 벌기 위해서는 사업을 하거나 투자를 해야 한다는 정도만 깨달았다. 깨닫기만 했지 할 수 있는 것은 여전히 없었다.

도서대여점은 망했다. 투자도 돈이 있어야 할 수 있었다. 이미 기울어지고 침몰하는 배에서 내가 선택할 수 있는 것은 뛰어내리는 것 이외는 없었다. 하지만 아무리 뛰어내리고 싶어도 다른 대안이 없는 상황에서 그저 쳇바퀴 돌듯이 아무 생각 없이 도서대여점과 집을 왔다 갔다 할 뿐이었다. 그럼에도 독서는 멈출 수 없었다. 이제 나는 과거와 다른 삶을 살아야 한다는 자각을 했고, 독서는 나에게 과거가 아닌 현재와 미래를 보며 걸어가야 한다는 점을 분명히 지시했다.

세이노를
만나다

당시에는 투자에 대해서 제대로 알려주는 책이 없었다. 심지어 무조건 할 수 있다고 뜬구름 잡는 책이 많았다. 그럴 때 만난 것이 '세이노'라는 필명을 쓰는 사람의 글이었다. 《동아일보》에 〈세이노의 돈과 인생〉이라는 칼럼을 연재해 많은 사람들에게 충고를 아끼지 않았던 세이노에게 배우는 부자되는 법을 정리한 책 《부자아빠의 진실게임》이었다.

부자에 대해서 알려주는 책들은 많지만 정작 당사자가 부자가 아닌 경우가 많다. 또는 입바른 소리를 할 때가 더 많다. 부자가 되는 것은 쉬운 일이 아닌데 무조건 너도 할 수 있다는 이야기로 동기부여나 할 뿐이었다. 그러나 세이노는 그렇지 않았다. 그는 날것 그대로 우리에게 이야기했다. 심지어 그리 만만하지 않다는 걸 적나라하게 말했다. 친절하게 설명하지도 않았다. 책에는 없지만 그의 글에는 쌍욕도 종종 등장한다.

세이노의 글을 읽으면 기분이 나쁘다는 사람도 있지만, 나는 그

렁지 않았다. 오히려 이게 정말로 우리 사회 속살이라는 생각이었다. 겉으로 어떻게 보일지 몰라도 가진 자들이 생각하는 진짜 이야기를 들을 수 있었다. 힘든 역경을 극복하고 부자가 된 세이노는 결코 사람들을 위로하지 않았다. 세상이 만만치 않다는 걸 깨닫지 못하면 안 된다는 걸 알게 해줬다.

《부자아빠의 진실게임》은 실제로 세이노의 적나라한 목소리가 생생하게 드러나지는 않는다. 이미 인터넷에 올라온 글이 많아 그 글을 찾아 읽었다. 찾다 보니 세이노 카페가 따로 있었다. 이곳은 세이노가 직접 만든 카페는 아니었고 팬클럽 같은 곳이었다. 그곳 카페 주인장이 세이노가 쓴 글을 모아서 올렸다. 그뿐만 아니라 세이노도 이곳에 자신의 글을 올렸다.

《동아일보》와《이코노미스트》에 올렸던 글을 읽기도 했지만 직접 세이노 자신이 올린 글은 전부 나에게 지침이 되었다고 할 만큼 좋았다. 위로해주는 글보다 훨씬 더 좋았다. 특히나 당시 내 상황은 위로보다는 세상을 제대로 직시해야 한다는 조언이 더 도움이 되었다. '바보 같은 놈아, 세상을 똑바로 바라봐!' 이런 말이 더 마음을 움직였다. '세상은 네가 생각한 것보다 훨씬 더 힘들다.' '똑바로 보지 않으면 네가 잡아먹힌다.' 이런 종류의 글은 아플지라도 사실이었다.

뼈가 되고 살이 되는 그의 글은 나에게 투자를 한다는 것과 사업을 한다는 것이 어떤 것인지 제대로 알려주었다. 그 어떤 책에서도 알려주지 않던 내용이었다. 무엇보다도 자신이 직접 경험한 것들을 바탕으로 한 것이어서, 내가 해보지 못한 영역에 대한 경험을 간접적으로 할 수 있었다. 그것도 멋진 내용으로 포장해서 자신이 알려주고 싶은 내용만 알려주지 않고 가감 없이 보여주는 모습이 더 도움이 되었다.

세이노가 자주는 아니더라도 가끔씩 올려주는 글은 언제나 탐독의 대상이었다. 혹시나 하며 그가 올리는 글을 읽으려 해당 카페를 매일같이 들락거렸다. 어떤 글은 너무 날것 그대로라서 올린 후 얼마 있지 않아 삭제되기도 했다. 빨리 읽지 않으면 안 되니 더더욱 챙겨 읽을 수밖에 없었다. 시간이 지난 후에 수없이 많은 사람이 그의 글을 읽었다는 것을 알게 되었다. 세이노에게 직접적으로 가르침을 받은 사람은 없었어도 말이다.

비록 세이노가 펴낸 책은 없지만 그가 쓴 글은 '세이노의 가르침'이라는 제목으로 시중에서 얼마든지 무료로 구할 수 있다. 해당 카페에서 제본할 수 있게 폼을 만들어 배포도 했다. 많은 사람들이 제본해서 책처럼 가지고 다니며 읽었다. 주변에 추천도 하고 선물하는 사람도 있었다. 책을 읽으면 '이렇게 살고 싶지는 않다'라는 사람과 '큰 가르침을 받았다'라는 두 축으로 나뉜다. 의도치 않게 이 사람이 앞으로 어떻게 살게 될지와 성공여부를 간접적으로 알 수 있었다.

피하고 싶고 외면하고 싶은 내용일지라도 현대 자본주의 사회에 살면서 항상 우리가 접하는 진실이었다. 세이노 글을 읽고 실천한 다수의 사람들이 각자 영역에서 가시적인 성과를 내고 경제적 자유를 누리고 있다는 것은 무엇을 의미할까. 진실은 언제나 불편하지만 그것을 받아들인 사람만이 제대로 된 길을 간다.

아쉽게도 세이노는 더 이상 글을 올리진 않는다. 그럼에도 아직도 수많은 사람이 '세이노의 가르침'을 읽고 또 읽는다. 1년에 한 번씩 읽으며 나태해진 자신을 다시 추스린다는 사람도 많다. 나도 직접 세이노를 만난 적은 없지만 내가 투자하는 데 있어 기초를 닦고 무엇을 해야 하고 어떻게 공부해야 할지에 대한 기초를 다진 글이었다. 시간이 지나도 그 본질이 변하지 않고 고전이 된 '세이노의 가르침'은 지금도 여전히 훌륭하다.

영업을
시작하다

투자 관련 글에 관심을 갖게 되면서 영업에 관한 이야기를 많이 들었다. 영업은 살아가면서 도저히 피할 수 없는 행위다. 의식하지 못할지라도 누군가에게 끊임없이 무엇인가를 요구한다. 이런 부분이 돈과 연결될 때 영업이라는 표현을 한다. 나에게는 도서대여점에서 고객에게 하는 행동이 영업이었지만 전혀 의식하지 못했다. 그만큼 나는 세상 물정을 몰랐다. 당시에 이런저런 글을 읽다 만나게 된 것은 보험이었다.

그때까지 나는 보험이 없었다. 정확히 이야기하면 보험이 무엇인지도 몰랐다. 어느 누구도 나에게 보험을 제안한 적이 없었다. 돈도 없는 사람에게 보험을 가입하라고 할 사람은 없었다. 보험이란 십시일반으로 돈을 모은 후에 어려운 사람을 도와주는 제도였다. 보험의 가치만 놓고 볼 때는 무척 매력적이었다. 거기에 보험 영업도 있었다. 남에게 보험가입을 권유하는 행위였다. 단 한 번도 그런 걸 생각해본 적이 없었다.

도서대여점은 어렵고 할수록 돈을 벌기보다는 잃고 있는 와중이었으니 돈을 벌기 위한 무엇인가를 해야 했다. 보험 영업으로 억대 연봉이 가능하다는 이야기도 들었다. 힘든 나에게는 무척이나 매력적이었다. 문제는 내 성격이었다. 누군가에게 무엇인가를 판매한다는 것은 꿈도 꿔본 적이 없었다. 더구나 보험 영업은 생판 모르는 사람을 찾아가서 이야기를 해야 한다. 찾아오는 사람에게도 판매를 못하는데 일면식도 없는 사람에게 무엇인가를 판다는 것은 말도 안 된다고 생각했다.

　나를 아는 모든 사람들도 그렇게 이야기했다. "너는 영업 절대로 못해. 생각도 하지 마!" 이런 충고에 난 격하게 동의했다. 스스로 돌아봐도 영업할 체질도 아니었고 도저히 잘할 자신도 없었다. 그럼에도 인생을 살면서 한 번 정도는 영업이라는 걸 해보는 것이 좋다는 글을 읽었다. 영업을 해서 성공을 하든, 실패를 하든 어떤 결과가 된다 해도 두고두고 도움이 될 것이라는 이야기가 크게 와 닿았다.

　내가 실패하더라도 한번 해보고 싶었다. 해보는 것만으로도 나에게 도움이 되지 않을까라는 생각을 했다. 그때까지 단 한 번도 제대로 돈을 벌어보지 못한 내가 선택할 수 있는 직업은 그다지 많지 않았다. 지금 와서 돌아보면 얼마든지 다른 분야가 많았지만 아는 것이 없으니 선택지는 극히 제한적이었다. 나는 자발적으로 보험 영업을 하겠다고 문을 두드린 사람이었다. 자발적으로 하겠다고 온 내가 얼마나 기특했겠는가.

보험 영업을 그렇게 시작했다. 결론부터 이야기하면 역시나 보험 영업은 실패했다. 거의 10년이라는 기간 동안 보험 영업을 했지만 실적은 늘 바닥을 기었다. 단 한 번도 지점에서 주목받은 적도 없었고 실적 상위권을 해본 적도 없었다. 무엇보다 나는 고객에게 가입하라는 강요를 한 적이 없었다. 선택을 고객에게 위임했다. 대부분 그들이 내린 선택은 가입하지 않는 편이었다. 게다가 나는 직계 가족을 제외한 친인척이나 친구 중 어느 누구에게도 찾아가지 않았다. 맨땅에 헤딩하기였으니 더욱 영업을 못했다.

독서를 게을리하진 않았다. 내가 할 수 있는 유일한 선택이었던 독서는 이미 이때부터 1년에 100권은 기본적으로 넘게 읽었다. 영업을 시작했으니 관련 책을 읽기 시작했다. 보험에 대한 책은 물론이고 세일즈 책에 좀 더 집중하기도 했다. 일반 세일즈에 대한 책이 있었고 보험 세일즈에 대한 책이 있었다. 대부분 성공한 세일즈맨이 어떤 식으로 고객에게 접근했는지 알려주는 책이었다.

세일즈를 했기에 자연스럽게 동기부여 책을 더 많이 읽게 되었다. 나 자신이 동기부여 된 상태에서 일을 잘하자고 각오를 다지고 마인드를 닦았다. 당시에 읽었던 책 중에 《실패에서 성공으로》가 가장 인상적이었다. 프랭크 베트거가 쓴 책이었다. 그가 알려준 다양한 세일즈 방법 중에 가장 인상적인 것은 다음과 같았다. 양복 오른쪽 주머니에 1달러 5장을 넣는다. 새로운 고객을 만날 때마다 1달러를 왼쪽 주머니에 옮겨 넣는다. 1달러가 오른쪽에서 왼쪽으로 전부 옮겨지지 않으면 절대로 퇴근을 하지 않았다. 옮긴 5달러는 집에 있는 아내에게 준다.

지금은 더 많은 보험 세일즈 책이 나왔겠지만 이 책보다 더 유용한 책은 없을 것이다. 난 그렇게 단언한다. 고전이라 불리는 데는 다 이유가 있다. 보험·재정 전문가들의 모임인 MDRT협회라는 것이 있다. 백만 달러 원탁 회의(Million Dollar Round Table)의 약자인데, 미국에 협회가 있고 1년에 한 번씩 초청받은 사람에 한해 호텔에서 시상을 한다. 연봉이 1억 이상 되어야 하고 가입 보험 고객의 해약률이 일정 미만으로 떨어지면 안 되는 등의 조건이 있다. 그런 사람들 중 세일즈 방법에 대해 알려준《백만 달러 원탁으로의 초대》라는 책도 1, 2권을 전부 읽었는데 큰 도움이 되었다.

솔직히 한국에서 보험 세일즈로 유명한 사람은 믿기가 힘들다. 정도 영업을 하는지에 대해서 다소 의심의 눈초리를 난 갖고 있다. 대체적으로 미국이나 영국에서 보험 세일즈를 하는 사람들이 쓴 책이었지만 나에게는 무엇보다 세일즈 기술보다는 마인드 정립에 더 큰 도움이 되었다. 중요한 것은 직접 실행해서 보험 영업을 잘하는 것이었는데 늘 마인드 정립만 하고 실천을 하지 못했다.

영업이란 사실 무척이나 단순하다. 누군가를 만나 판매하면 성공한다. 이를 위해 하루에 딱 한 명이라도 만나면 된다. 영업을 잘하는 사람들의 특징은 하루에 무조건 한 명 이상을 만난다. 어떤 수단과 방법을 가리지 않고 꼭 만난다. 그게 실패하면 아예 퇴근을 하지 않을 정도다. 난 영업도 못하면서 끊임없이 마인드만 계속 정립할 뿐 새로운 고객을 만나려 하지 않았다. 실패한 가장 큰 이유였다.

세일즈 책을
탐독하다

어릴 때부터 책으로 많은 것을 배웠던 나는 세일즈도 마찬가지였다. 회사에서도 선배들이나 매니저에게 세일즈와 관련된 다양한 팁을 배웠다. 전화 응대 요령이나 거절 처리 화법 등에 대해서도 배웠다. 스스로 더 배우기 위해 도서관을 돌아다니며 세일즈 관련 책을 읽었다. 몇몇 유명한 세일즈 관련 저자를 만나게 되었다.

조 지라드는 '250의 법칙'으로 유명하다. 그가 어떤 결혼식장에 갔는데 하객이 250명이 왔다고 한다. 다른 곳에 가더라도 마찬가지 결과였다는 것을 우연히 발견하고, 누군가를 만날 때 그가 아는 사람이 250명이 있다는 법칙이다. 조 지라드는 12년 연속 자동차 판매왕으로 기네스북에 등재되기도 했다. 15년 동안 무려 1만 3000대를 계약했다고 한다. 내가 만난 딱 한 사람에게만 잘해줘도 250명이나 되는 응원군을 만들 수 있고, 한 명에게 잘못하면 나를 미워하는 250명이 있다는 심오한 세일즈 법칙이었다. 내가 읽었던 책은 현재 시중에 없고 가장 최근 책으로는《누구에게나 최고의 하루가 있다》를 읽어보면 될 듯한데, 이마저도 전자책이나 중고서적으로 구해야 한다.

닐 라컴이 쓴《당신의 세일즈에 SPIN을 걸어라》는 어떻게 고객에게 접근해서 클로징 받을 것인가에 대해 알려주는 책이다. 상황질문(Situation Question), 문제질문(Problem Question), 시사질문(Implication Question), 해결질문(Needs-payoff Question)이라는 각 질문에서 앞 철자를 딴 SPIN을 중요하게 이야기하는 책이다. 고객과 만났을 때 무엇에 집중하며 협상을 할 것인지에 대해 알려주는 책이다.

성공한 사람 중에는 세일즈로 시작한 사람이 많았다. 별 볼일 없이 살아가던 사람이 세일즈를 시작하며 인생을 역전시키는 사례가 많다. 아무것도 가진 것 없고, 할 것도 없는 사람에게 세일즈만큼 최고는 없다. 무자본, 무점포로도 돈을 벌 수 있는 거의 유일한 방법이다. 판매할 상품만 있다면 돌아다니며 팔면 된다. 적극적으로 가가호호 방문하며 엄청난 성공을 거둬 정상의 자리에 선 사람들도 많다.

그중 한 명이《정상에서 만납시다》를 쓴 지그 지글러다. 이 책에서 가장 인상적인 것은 정상으로 가는 엘리베이터는 고장났다는 개념이었다. 정상에 가고 싶다면 힘들더라도 한 계단씩 올라가야만 한다는 걸 깨닫게 해줬다. 정상에 쉽게 가고 싶어하는 내 마음과 달리 엘리베이터를 탈 수 없다. 한꺼번에 2~3계단 올라갈 수는 있어도 계단을 통해야만 정상이라는 곳에 갈 수 있다. 지그 지글러도 완전히 밑바닥에서부터 세일즈로 정상의 자리까지 간 입지전적인 인물이다. 그가 쓴《지그 지글러의 당신에게 사겠습니다》는 본인의 세일즈 방법을 알려준 책이다.

　세일즈 책을 탐독하며 만난 수많은 저자 중에 단연 으뜸은 브라이언 트레이시였다. 한국에도 강연을 하러 온 적이 있을 정도로 상당히 많은 사람들에게 영향을 미친 인물이다. 가난한 상황을 타개하고자 그가 선택한 세일즈는 그를 백만장자로 만들어주었다. 호텔 주방에서 접시를 닦고 다양한 곳에서 돈을 벌기 위해 닥치는 대로 일하다, 생활용품을 판매하는 회사에 들어가 본격적으로 세일즈를 시작한다. 처음에는 세일즈를 제대로 하지 못했지만 그 회사에서 가장 세일즈 잘하는 사람을 따라하기 시작했다. 그에게 직접 묻기도 했고 말이다.

　그때부터 그가 하는 일은 대박이 났다. 이를 바탕으로 브라이언 트레이시는 직접 회사를 차려 승승장구했다. 현재는 동기부여 강사로 많은 사람에게 영향을 미치는 유명인사가 되었다. 그가 쓴 여러 책이 있다.《백만불짜리 습관》,《목표 그 성취의 기술》,《세일즈 슈퍼스타》,《성취심리》,《브라이언 트레이시처럼 말하라》,《판매심리》,《TIME POWER 잠들어 있는 시간을 깨워라》,《전략적 세일즈》,《판매의 심리학》,《혼자 힘으로 부자가 된 사람들의 21가지 성공비밀》,《세일즈 끝내기 기법》,《빅토리》,《판매의 원리》1, 2.

　이 외에도 브라이언 트레이시가 쓴 책은 많다. 같은 저자의 동일한 분야 책이라 모든 책을 다 읽을 필요는 없지만 이 정도 책을 읽기만 해도 큰 도움이 되리라 본다. 사실 브라이언 트레이시는 세일즈 때문에 알게 된 것이 아니고 동기부여로 접근했다. 나중에 세일즈로 성공했다는 걸 알게 된 후에 관련 책을 전부 읽다 보니 큰 도움이 된 책이 많았다. 그중에서도《판매의 원리》를 간략하게 핵심만 담은 책이《세일즈 슈퍼스타》다.

　단순히 세일즈 기술만 집중한 책이 아닌 세일즈를 위한 마인드도 함께 알려준 책이다. 실제로 세일즈에 있어 방법론도 무척이나 중요하지만 그보다는 마인드가 훨씬 더 중요하다. 세일즈는 언제나 거절과의 싸움이다. 수많은 거절을 받는 직업이다. 제안할 때마다 성공한다면 엄청난 부를 획득할 수 있지만 클로징 멘트를 한 후에 거절당하는 경우가 훨씬 더 많다. 그때마다 다시 또 새롭게 의지를 다지고 할 수 있는 것은 세일즈 방법이 아닌 마인드다.

　당시에 비록 영업을 잘하진 못했지만 관련 책을 읽었던 것은 두고두고 내 인생에 도움이 되었다. 특히나 내가 했던 영업은 물건을 파는 것이 아니었다. 무형이었다. 보이지 않는 것을 팔아야 했다. 어떤 식으로 사람을 만나 이야기를 하고 판매할 때 어느 타이밍에 클로징이라는 걸 해야 하는지에 대해 배운 시기였다. 아마도 영업을 하지 않았다면 사람과 만나며 관계에서 질질 끌려다녔을 가능성이 크다. 회사에서도 대부분 승진을 잘하는 파트는 영업직과 회계 파트인 경우가 많다. 영업이 얼마나 중요한지 알게 되었다. 그것만으로도 난 영업을 하며 많은 실패를 경험했지만 후회하지 않는다.

협상의 비법을
알고 싶었다

세일즈를 잘하려 노력했지만 쉽지 않았다. 무엇보다 계약을 이끌어내는 것이 어려웠다. 단 한 번도 누군가에게 아쉬운 소리를 한 적도 없었고 계약서에 사인해달라는 이야기도 해본 적이 없었다. 상대방과 이야기를 하는 것은 어느 정도 가능했으나 입에서 도저히 사인하라는 말이 떨어지지 않았다. 스스로 협상능력이 없다고 생각했다. 최소한 협상을 못해도 어떻게 해야 할지 알고 싶었다. 역시나 이번에도 책을 읽었다. 도대체 책에서 무엇이라 이야기하는지 궁금했다.

가장 유명했던 책이 《허브코헨, 협상의 법칙》이었다. 흥미롭게도 허브코헨은 일반적인 비즈니스 현장에서 각종 협상을 이끌어내서 유명해진 것이 아니었다. 테러리스트나 외교적인 협상에서 전문가였다. 회사보다 외교적인 협상이 더 어려운 것은 맞다. 포기하거나 후퇴하는 것이 쉽지 않은 영역이 국가 대 국가의 협상이다. 40년 동안 협상을 진두지휘한 전문가라 협상에 대해 알려주는 다양한 팁을 공부했다. 솔직히 읽기는 했지만 현실에서 적용하기는 다소 어려웠다. 더구나 다소 극단적인 상황이 많이 있다 보니 흥미롭게 읽는 정도에 그쳤다.

협상에서 중요한 것은 오히려 경청이었다. 세일즈를 잘하는 사람들은 결코 말을 유려하게 하거나 유창한 사람이 아니었다. 어눌할지라도 필요한 말만 정확히 하는 사람이었다. 상대방으로 하여금 많은 말을 하게 만드는 사람이 협상을 더 잘했다. 누군가에게 내가 하고 싶은 이야기를 마음껏 털어놓을 때 상대방에게 호감이 생긴다. 내 편이라는 판단도 든다. 영업을 하는 사람일지라도 나보다 더 많은 이야기를 하면 피곤할 뿐이다. 말을 잘하는 사람이 결코 영업을 잘하는 것은 아니다.

그다지 활발하지 않고 과묵한 편인데도 영업을 잘하는 사람들이 있다. 이들의 특징이 바로 경청을 잘한다는 점이었다. 이야기를 열심히 듣다 자신에게 필요한 부분이 있으면 한 마디를 던진다. 이야기를 하는 당사자가 나중에는 '나에게 필요하겠죠?' 하고 스스로 고백한다. 이런 경지에 오르기 위해서는 호흡이 참 중요하다. 상대방과 이야기를 하며 아주 적절한 타이밍에 계약하자는 이야기를 던져야만 한다. 아무리 고객이 하는 이야기를 들더라도 계약을 하지 못한다면 세일즈맨에게는 치명적인 단점이 된다.

사실은 내가 그랬다. 나는 경청은 잘했지만 고객에게 사인하자는 이야기를 거의 하지 못했다. 이왕이면 내가 그런 이야기를 하지 않아도 고객이 알아서 먼저 계약하겠다는 고백을 하면 참 좋았다.

아주 드물게 그런 경우도 있기는 했지만 거의 없었고 이야기를 나누다 헤어진 경우가 대부분이었다. 관련하여 책을 여러 권 읽었지만 뜻밖에도 심리학 책이 더 도움이 되었다.

그중에서도 가장 유명한 책이 로버트 치알디니의 《설득의 심리학》이다. 이 책에는 다양한 방법으로 상대방을 설득하는 사례가 실려 있다. 상호성의 법칙, 일관성의 법칙, 사회적 증거의 원칙, 호감의 원칙, 권위의 원칙, 희귀성의 원칙, 지름길 원칙. 이런 걸 이용해서 상대방을 내가 의도한 대로 움직일 수 있다는 걸 알려준 책이었다. 중고 자동차 판매를 하며 동일한 시간에 매수할 사람을 2~3팀 정도 부른다. 그들은 서로 상대방이 구입하려 한다는 사실 때문에 깊이 생각하지 않고 현장에서 즉시 구입하려 한다. 심지어 몇몇 팀은 오히려 가격을 더 올려 사겠다고 할 정도였다. 그 외에도 많은 사례를 실전에서 적용할 수 있을 정도로 상당히 화제가 되었다. 주변에서 책에 나온 방법을 이용하는 걸 목격하기도 했다. 흥미롭게도 나는 그 작전이 눈에 뻔히 보이는데 당사자는 전혀 모른다. 책을 읽어본 적이 없으니 자신이 당한다는 사실조차도 깨닫지 못한다.

현재는 절판되었지만 로저 도슨의 《협상의 비법》도 협상과 관련해 꽤 도움을 받은 책이다. 요즘 협상과 관련된 책이 많고, 더 넓은 범위에서 협상을 다루고 있지만 협상만 전문적으로 다루고 있는 책은 많지 않다. 협상의 핵심은 상대방과의 기싸움이 결코 아니다. 내가 판매하려는 걸 자연스럽게 상대방이 받아들이느냐가 핵심이다. 영업을 잘하진 못했지만 많은 사람들을 만나 클로징을 하고 다양한 책을 읽으면서 지금은 많이 좋아졌다.

영업을 위한 협상과 달리 실생활에서의 협상은 내가 적당히 손해를 본다는 입장으로 임하면 좋았다. 상대방이 이겼다는 판단을 한다면 기분 좋게 수락한다. 그런 상황에서 나도 완전히 손해 보는 것은 아니다. 그렇게 약간 상대방에게 양보를 하더라도 충분히 이익이 된다는 걸 알고 있기에 손해 본다는 입장에서 협상에 임했다. 덕분에 협상을 할 때 딱히 상대방과 트러블이 생기지 않고 웃으면서 헤어진 경우가 많았다.

영업 자체는 나에게 힘든 과정이었고 못한다는 판정을 받았지만 그로 인해 얻은 부분이 더 많았다. 이후에 부동산 경매 등으로 누군가와 협상을 할 때도 다양한 사람과 만났던 경험을 바탕으로 이야기했다. 생판 처음 보는 사람과 이야기를 한다는 것은 결코 쉬운 일이 아니었지만 전적으로 영업을 하며 다양한 협상을 해본 결과라 생각한다. 의도치 않은 곳에서 영업할 때 얻은 기술을 활용할 수 있었다. 그 외에도 살아가며 언제나 누군가와 작든 크든 협상을 한다. 평생 우리는 그렇게 살아간다. 이를 생각하면 영업은 사람을 상대하는 법을 알려준 가치 있는 지식과 경험이었다.

글로 배운
책이 아닌 책

세이노의 글은 책이 아니지만 나에게 책을 읽은 그 이상의 도움을 줬다. 그 외에도 책은 아니지만 인터넷 카페 등을 통해 읽은 글이 있었다. 이들은 책을 펴낸 적이 없다 보니 지금도 여전히 접할 수 없는 어려움이 있다. 몇몇 사람들의 글은 워드 등으로 복사해서 붙여넣기로 간직하고 있지만 대다수는 읽지 못한다. 더 아쉬운 점은 이들이 쓴 글이 있던 카페 등은 현재 없어진 곳도 있다. 좋은 내용이 남아 있지 못하고 사라졌다는 안타까움이 있다.

마인드나 주식, 부동산과 관련된 자신의 경험을 올려주는 고마운 분들이었다. 당시 내가 탐독했던 분들은 이미 이야기한 세이노를 비롯해서 청솔, 와타미, 행복투자, 브라운스톤, 코린, 죠수아 등이었다. 이중 '행복투자'는 여전히 텐인텐 등에 관련 글을 올리고 있다. 대학교수로 알고 있는데 주식과 부동산은 물론이고 사회 전반적인 현상에 대해 설명하는 따뜻한 감성을 갖고 있는 투자자다.

'브라운스톤'은 텐인텐 초창기에 글을 올리던 전문가였다. 《내 안의 부자를 깨워라》는 텐인텐 카페에 올렸던 글을 기초로 쓴 책이었다. 아마도 국내에서는 거의 최초로 투자를 행동경제학으로 풀어낸 책이다. 현재는 《부의 본능》이라는 제목으로 재출간되었다. 이 외에도 《남에게 가르쳐주기 싫은 주식투자법》은 주식투자와 관련해 아주 쉽게 설명된 책이다.

'청솔'은 어떻게 알게 되었는지 기억이 가물가물하지만 카페에 올린 주식투자 글을 읽었다. 《이제는 가치투자다》라는 제목의 책을 신형준 이름으로 펴냈지만 역시나 나에게는 청솔이라는 닉네임이 훨씬 더 친근하다. 이 책을 세상에 내놓은 후에 향후 주식시장에 대한 전망을 몇 번인가 더 한 후에 은퇴 비슷한 형식으로 시장을 떠난 기억이 있다. 스토리텔링적으로 꽤 재미있게 시장을 전망했었는데 지금은 볼 수 없어 아쉽다.

'와타미'는 투자보고서 카페를 운영했는데 당시에 주식투자에서 가치투자와 관련한 많은 사람들이 모여들었다. 한국에서 BPS를 통해 주식투자하는 방법을 가장 대중적으로 세상에 알리지 않았나 생각한다. 그 전까지 주식투자에서 PER이나 PBR 등의 개념으로 투자하는 사람이 없을 때 가치투자 개념을 알렸다. 그 후에 벨류스타연구소로 따로 독립해서 사이트를 만들었으나 생각만큼 잘 되지 않았는지 지금은 사라졌다.

2000년대 초반 주식이나 부동산에 대해 잘 모르고 있던 시절에 '선한부자' 카페는 사실 부동산과 관련한 사람이 많이 모였다. 부동산 경매로 유명해진 인물이었던 '조슈아'가 운영했다. 경매 방법

등도 있지만 마인드와 투자철학으로 조슈아는 유명했다. 그가 텐인텐 카페에 올렸던 글을 기반으로 쓴《33세 14억 젊은 부자의 투자 일기》는 일약 부동산 경매를 대중화시킨 책이자 장본인이다. 실제로 부동산 경매와 관련해서는 '지신'이라는 카페가 유명했다. 어지간히 유명한 부동산 경매 실력자는 여기에 다 있었다.

유명세를 탄 조슈아는 스타가 되었다. 그가 이어 쓴《400만 원으로 2억 만든 젊은 부자의 부동산 경매 투자 일기》까지 엄청난 인기를 끌며 카페는 대성황이었다. 그 후 책에 나온 사례가, 조슈아가 아닌 책에 소개된 호프라는 분이 당사자라는 이야기가 나오며 진실게임도 하게 되었다. 나름 센세이션을 일으켰던 조슈아는 최근 사기 사건으로 또다시 뉴스에 등장했다. 참 안타까운 일이다.

'코린'은 '선한부자' 카페에서 알게 되었다. 부동산 경매 전문 카페였지만 코린은 주식을 전문으로 했다. 당시는 몰랐지만 지나고 보니 교수였던 듯하다. 코린이 올린 글은 당시에 투자를 잘 모르던 내게 무척 대단하게 느껴졌다. 한밤중에 직접 카페 채팅창을 통해 채팅하며 이야기를 꽤 많이 들었다. 워낙 투자 관련 책이나 글이 없다 보니 짧은 글이라도 올라오면 무조건 열심히 읽었다. 후에 미국에 교환교수로 갔다 잠시 왔을 때 만나고는 인연이 끊겼다.

2000년대 초반에는 투자라는 개념도 희박했고 주식이든 부동산이든 투자한다는 사실 자체가 무척이나 조심스러웠다. 투자하는 사람이 극히 드물다 보니 책도 거의 없었다. 배울 수 있는 가장 좋은 방법 중 하나가 인터넷에 올라온 글을 읽는 것이었다. 당시에는 무슨 말인지 제대로 알지 못하는 내용들도 있었는데, 최소한 지금은 무슨 말을 하는지 정도는 알고 있으니 내가 성장한 것은 분명하다.

이제 본격적으로 나를 성장시키기 위한 토대가 마련되었다. 무엇을 알고 책을 읽던 시기가 아니었다. 아는지 모르는지도 알지 못하고 그저 읽었다. 아무 생각 없이 머릿속에 계속 집어넣기만 하던 시기였다. 처음엔 주로 마인드와 동기부여, 영업과 관련된 책 위주로 읽었다. 나는 아는 것이 없으니 읽고 또 읽을 뿐이었다.

가치투자
책을 읽다

막상 투자를 하겠다고 마음을 먹었지만 어떤 분야를 해야 할지는 전혀 감이 잡히지 않았다. 부동산과 주식이라는 큰 틀이 있었지만 둘 다 해본 적이 없으니 알 수가 없었다. 택한 방법은 두 분야의 책을 전부 읽어보는 것이었다. 읽다 보면 나에게 더 맞는 분야가 있지 않을까 하는 생각이었다. 보통 주식투자 하는 사람은 부동산투자를 집으로 하는 투기라며 못마땅해하고 부동산투자 하는 사람들은 주식투자를 위험한 투기라며 싫어하고 피한다.

내가 당시에 부동산 책과 주식 책을 읽으며 내린 결론은 부동산보다 주식이었다. 부동산투자를 하려면 중개업소도 들러야 하고 다양한 사람도 만나야 했다. 주식은 사람을 만나지 않고 컴퓨터 앞에 앉아 조사해도 되는 분야로 생각했다. 지금도 워낙 유명하지만 당시에도 이미 워런 버핏은 주식투자에서 신이었다. 대단한 투자자라는 사실보다는 엄청난 부자라는 점이 더 와 닿았다.

이유는 정확히 기억나지 않지만 주식투자를 하는 데 있어 큰 축중에 하나가 차트투자다. 차트투자로도 돈을 벌 수 있는데 난 기업의 본질에 좀 더 집중하는 가치투자가 마음에 들었다. 차트투자 책은 지금까지 읽어본 것도 몇 권 안 되지만 당시에는 아예 읽을 생각도 거의 하지 않았다. 그렇게 본격적으로 가치투자 책을 읽게 되었다. 그중에서도 가치투자에 거의 바이블이라 할 수 있는《현명한 투자자》를 접했다.

워낙 유명하고 많은 사람들이 꼭 읽어야 할 책으로 선정했기에 의무감으로도 읽었다. 책은 양장본으로 두껍기도 했지만 읽기에 너무 어려웠다. 분명히 읽는데도 무슨 소리를 하는지 하나도 이해가 되지 않았다. 책에 나오는 단어조차도 몰랐다. 생전 처음 보는 단어가 쏟아져 나오는데 이해가 될 리도 없었다. 뒤에 알게 된 사실은 번역이 직독직해였다. 주식이라는 전문 분야에 대한 이해와 개념이 없는 상태에서 좋은 번역이 나올 수 없었다. 더구나《현명한 투자자》는 결코 쉬운 책이 아니다. 그 사실은 지금도 변함이 없다.

그렇게 어려운 책을 번역도 이해하기 쉽고 깔끔하게 되어 있지 않으니 읽으면서도 절망감이 사라지지 않았다. 다행히도 후에 개정판이 출간되어 그나마 좀 더 쉽게 읽을 수 있었다. 최근에는 요약판까지 나와 있다. 완역판에 도전하기 두렵다면 요약판을 읽는 것도 도움이 되리라 본다. 이 책은 그 후로도 세 번 정도 더 읽었던 것으로 기억한다. 채권에 대한 이야기가 나오고 저자인 벤저민 그레이엄이 투자하던 당시의 기업이 나오니 더욱 읽기 힘들었다.

벤저민 그레이엄은 워런 버핏의 스승이다. 워런 버핏이 수많은 책을 읽고 투자를 했지만 《현명한 투자자》를 읽고 그의 투자 방법이 완전히 달라졌다. 교수였던 벤저민 그레이엄에게 배우고 졸업 후에 일도 했을 정도였다. 벤저민 그레이엄은 공황 시절에 투자했던 투자자라 보수적으로 원금의 중요성을 강조했다. 많이 버는 것보다는 잃지 않는 투자법을 알려준다. 채권에 투자하는 것처럼 주식투자하는 방법을 알려준다. 청산가치를 무척이나 중요하게 여겼다. 해당 회사가 청산된다 해도 남는 자산이 있다면 안전마진이 확보된다는 개념을 널리 알렸다.

나중에 워런 버핏이 《현명한 투자자》를 무조건 읽어야 하는 책으로 권한 것은 너무 당연하다. 개정판에는 직접 추천사까지 썼다. 워낙 어려운 책이니 다 읽기 힘든 사람은 8장과 20장만 읽어도 된다고 알려준다. 다른 장은 실제로 투자 사례를 알려주며 채권과 비교하는 등 다소 어렵지만 권한 부분은 가치투자의 핵심 개념을 알려주고 있다. 그 부분만 완전히 내 것으로 만들어도 투자하는 데 있어 실수를 덜할 수 있다. 투자 대상이 손해를 적게 볼 수 있는 상태에서 투자하라는 안전마진 개념. 조울증 환자가 기쁠 때와 우울할 때 주가를 우리에게 보여준다. 우울해서 주가를 패대기칠 때 구입하면 수익을 얻을 수 있다는 개념 등은 지금도 투자를 하는 데 있어 명심해야 할 부분이다.

당시에 함께 만난 책이 《전설로 떠나는 월가의 영웅》이다. 피터 린치가 쓴 책이다. 피터 린치는 피델리티 투자회사에서 마젤란 펀드를 운영하며 큰 수익을 냈다. 무엇보다 그는 자신이 투자했던 방법을 상세히 설명했을 뿐만 아니라 당시로는 드문 투자 개념 등에 대해 자세히 설명한 책을 펴냈다. 그는 미국에 상장되어 있는 모든 기업의 코드넘버를 외우고 있지만 가족의 생일도 모르고 있을 정도였다. 후에 그는 가족들과 함께하겠다며 은퇴한다.

그가 했던 유명한 투자 방법 중 하나가 실생활에서 투자 아이디어를 찾는 것이다. 가족들과 함께 쇼핑센터에 간다. 사춘기 딸에게 마음껏 쇼핑하라고 하고, 쇼핑한 물건 중에 가장 트렌디하고 처음으로 접한 기업이 있으면 집에 가서 해당 기업을 조사한다. 실생활에서는 이미 히트를 하고 이익이 올라갔지만 아직까지 보고서 등에는 노출되지 않았다. 이런 기업을 남들보다 먼저 발견해서 큰 수익을 얻은 이야기가 나온다. 그뿐만 아니라 이제는 널리 알려진 복리법칙도 나온다. 맨해튼을 판 인디언이 바보라고 하지만 그 돈을 복리로 투자했다면 현재 맨해튼 땅값보다 훨씬 더 크다는 점을 강조했다.

수많은 주식투자 책이 있지만 많은 사람들이 피터 린치의 책을 서로 추천한다. 그의 책은 《전설로 떠나는 월가의 영웅》뿐만 아니라 《피터 린치의 이기는 투자》, 《피터 린치의 투자 이야기》 등으로, 특히 《피터 린치의 이기는 투자》는 구체적인 투자 사례 때문에 좋아하는 사람이 많다. 이중에는 칵테일 이론도 있다. 피터 린치가 칵테일파티에 초청받아 갔다. 수많은 사람들이 자기에게 와서 최근 주식시장에 대해 묻는다. 어떨 때는 인사도 하지 않고 본체만체한다. 대체적으로 사람들이 파티에서 자기에게 모여들 때 주식을 팔

때고, 아무도 오지 않을 때 매수할 때라고 한다. 대부분 사람들이 부화뇌동하며 투자한다는 사실을 알려주는 현실적인 조언이다.

한국에서도 이제 막 가치투자가 태동하던 때였다. 그중에서《한국형 가치투자전략》이 있다. 책의 저자인 최준철, 김민국은 서울대에 다니며 주식투자 동아리에서 활동한다. 둘은 서로 주식투자로 수익을 내고 의견일치를 본 후 VIP펀드를 운영한다.

국내 회사에 투자해서 성공한 이들의 이야기는 정말 읽기 편했다. 무엇보다 그런 기업을 어떻게 발견했고 조사하고 투자했는지 알려주는 내용은 아주 좋았다. 나도 즉시 투자할 수 있는 기업들이 소개된다. 돈만 있으면 당장이라도 투자할 수 있게 상장되어 있는 기업이니 말이다. 책을 읽으면서 어떤 기업을 어떻게 바라보고 접근해서 투자했는지 알게 되었다. 지금은 시간이 꽤 지나 당시 투자 아이디어로 해당 기업에 투자할 수는 없다. 그러나 그들이 한국 기업에 접근했던 투자 아이디어를 잘 활용한다면 지금도 충분히 좋은 투자 뷰를 얻지 않을까 생각한다.

경제경영을
알아야 했다

투자를 하려다 보니 자연스럽게 부딪친 것은 자본주의라는 시스템이었다. 그 다음으로는 여러 기업이 어떤 식으로 돈을 벌고 있는지 여부였다. 투자는 물론이고 돈 버는 것도 관심 없던 나에게 이 부분은 너무 어렵고 힘들었다. 자본주의가 지금까지 흘러왔던 변천사를 알게 되면 좋지 않을까. 과거는 가장 훌륭한 스승이다. 현재를 살아가는 우리가 몇십년 전이나 몇백년 전에 대해 굳이 알아야 할 필요가 있을까 하는 의문도 든다. 투자란 분명히 이론이 아닌 실전이다. 돈만 벌면 무조건 장땡이라는 표현이 맞다. 문제는 실전을 위해 이론을 모르면 안 된다. 모르면 배워야 한다.

경제나 경영과는 무관한 삶을 살았다. 경제와 경영을 구분하지도 못했다. 그러나 투자하기 위해서는 반드시 알아야 하는 개념이었다. 경제를 알아야 세상이 돌아가는 흐름을 이해한다. 경영을 알아야 해당 기업이 무엇으로 돈을 버는지 파악할 수 있다. 둘은 서로 다른 듯하지만 밀접한 연관이 있었다. 심지어 관련된 과가 대학에 있을 정도로 방대한 세계였다. 그걸 내가 금방 깨우치고 알기는 무리였다. 그저 책을 통해 어느 정도 배우면 된다는 생각으로 찾아 읽었다.

토드 부크홀츠의《죽은 경제학자의 살아있는 아이디어》는 그런 면에서 경제 역사에 대해 공부하고 싶은 사람에게 딱인 책이었다. 지금은 경제라는 분야가 독립되어 있지만 처음에는 그렇지 않았다. 다른 분야도 그렇듯이 철학에서 출발했다. 경제라는 개념이 애덤 스미스의 '보이지 않는 손'부터 시작되었다고 한다. 빵집 아저씨가 열심히 빵을 구워 판다. 그는 절대로 주변 사람들을 이롭게 하기 위한 것이 아니다. 자신이 잘 먹고 잘 살기 위해서다. 이런 행위로 누군가는 맛있는 빵을 사 먹는다. 그로 인해 배불리 먹는다. 이처럼 보이지 않는 손이 경제를 작동시키는 원동력이라 한다.

애덤 스미스가 쓴《국부론》은 그렇게 경제는 물론이고 자본주의의 시작이 되었다. 이로부터 본격적으로 사회가 발전하고 변화하면서 관련된 이론이 등장한다. 애덤 스미스 시대는 농사가 우선인 중농 시대였다. 농사기술은 한계가 있고 토지는 유한적인데 갈수록 인구는 늘어나며 곧 식량부족 사태가 펼쳐지고 인구가 멸망할 것이라는 주장을 한 맬서스가 등장한다. 점차적으로 사회가 발전하며 교역이 이뤄졌다. 이로 인해 어느 정도 식량부족은 해결된다. 물론 엄청난 기근과 질병으로 인구가 줄어든 영향도 컸다.

그 이후 교역이 본격적으로 활발히 펼쳐지며 중상주의가 득세한다. 무역이 활발히 이뤄져야 한다는 측과 일정 부분 통제해야 한다는 측이 서로 부딪친다. 데이비드 리카도, 제러미 벤담, 존 스튜어트 밀 등이 당시를 이끌던 경제학자였다. 이들은 경제학자라기보다는 철학자였다. 현대에 들어 경제학자로 명명하게 되었다. 산업혁명으로 인해 아이들에게도 노동을 시키는 시대가 시작되었다. 이에 반기를 들고 카를 마르크스가 자본주의 몰락을 예고하며 엄청난 반향을 이끌었다.

경제학사에 대한 자세한 이야기는 관련 책을 통해 배우면 되니 압축하자면 그 후에 공황이 오며 국가가 SOC사업 등으로 일자리를 만들어야 한다는 케인즈의 주장이 대세가 되었다. 시간이 좀 더 지나 통화량을 조절해서 경제를 관리해야 한다는 밀턴 프리드먼까지 온다. 그 후에 다양한 이론이 등장했다. 책에서는 행동경제학 직전까지의 경제 역사에 대해 알려준다. 당시에는 그저 재미있는 역사책을 읽는다고 생각했다. 각 이론에 따라 어떤 식으로 경제가 흘러갔는지까지 이해하고 쫓아가지는 못했다. 경제 입문서로 다양한 책이 있을 텐데, 그중에서 지금까지 경제와 역사가 어떤 식으로 밀접한 연관이 있었는지 보여주는 책이 그나마 읽기에도 흥미롭다. 이런 종류 책을 처음 읽는 사람이라면 다소 버거울 수 있어도 역사책을 읽는다 생각하면 그나마 재미있게 읽지 않을까. 유시민의《부자의 경제학 빈민의 경제학》도 같은 종류다. 경제 역사에 대해 시대순으로 하나씩 해석한 책이다. 함께 읽으면 좋다.

투자하는 사람에게 짐 콜린스의《좋은 기업을 넘어 위대한 기업으로》는 자신들이 찾는 기업에 대해 알려주는 책이었다. 이를테면 코카콜라 같은 경우는 역사도 오래되었지만 여전히 뛰어난 독점력을 갖고 매출과 이익을 올리고 있다. 거기에 주가도 장기적이고 지속적으로 상승하고 있다. 과연 어떤 기업이 단순히 좋은 기업이 아닌 위대한 기업으로 영속성을 보여줄 수 있는가를 파악하는 것은 그만큼 중요하다.

대부분 기업은 좋은 기업에서 멈춘다. 좋은 기업은 무척이나 많다. 그 기업 중에 어떤 기업이 위대한 기업이 되는지 그 사례를 알려주는 책이었다. 단순히 사례에만 그치는 것이 아닌 직접 미국 기업 중에 선정해서 알려줬다. 이 기업이 무엇 때문에 위대하고 여타의 기업에 비해 앞서가는지 알려준 책이었다. 책이 나왔을 때 화제를 불러일으켰다. 이런 기업을 찾아왔던 사람들에게 특히나 책에서 소개한 기업은 투자 1순위에 놓일 정도였다.

엄청난 조사와 수많은 인터뷰 등으로 자신의 주장을 뒷받침하며 성장할 기업을 찾아내려 노력하는 사람들에게 읽어야 할 책으로 각광받았다. 영어로도 《Good to Great》로 아주 심플하면서도 머릿속에 팍 와 닿게 했다. 책에서 소개한 위대한 기업 중 시간이 지난 후에 아쉽게도 사라진 기업도 있다. 미국에는 다우지수가 있다. 미국에서 대단한 기업 몇 개를 선별한 지수다. 지난 100년간 다우지수에서 처음부터 끝까지 유지한 기업이 없다.

기업이 오래도록 살아남아 매출과 이익을 올릴 뿐만 아니라 성장하는 것이 얼마나 어려운지 알 수 있다. 그런 상황에 직면한 짐 콜린스는 그 후에 《위대한 기업은 다 어디로 갔을까》라는 책으로 자기반성을 한다. 절대로 망하지 않을 기업이라고 봤는데 어떤 일이 벌어졌는지 추적 조사했다. 기업이 오랜 기간 동안 망하지 않고 경영된다는 것이 얼마나 어려운지 깨닫게 해준 책이다.

당시 영업을 하고 있던 와중에 읽던 경제경영 서적들은 지금 봐도 훌륭한 책이 많았다. 거기에 더 놀라운 것은 그 책들을 지금도 여전히 다 이해하지 못했다. 그랬으니 당시에 책을 읽으며 얼마나 악전고투했을지 알 수 있다. 경제와 경영에 대해 아무것도 모르던 사람이 쉬운 책도 아니고 두꺼운 책을 보려니 정말로 꾸역꾸역 읽었다.

전문 분야 책을 읽는 사람에게 내가 말해주고 싶은 독서 방법은 모든 걸 다 이해하려 하지 말라는 것이다. 이해하며 읽으려면 결국에는 완독하지 못한다. 중요한 것은 그 어렵고 이해되지도 않는 책을 끝까지 다 읽어냈다는 점이다. 그런 작지만 큰 성취가 관련 책을 또 읽을 수 있는 용기를 선사한다. 그저 모르는 것은 넘어가면서 읽히는 부분이라도 즐겁게 읽으면 된다. 그렇게 쌓이고 쌓이면 관련 지식의 테크트리가 만들어진다.

자아를
찾아라

지금도 여전히 인기를 끌고 있는 베스트셀러《연금술사》의 작가인 파울로 코엘료는 산티아고 순례길을 걸은 후 인생이 변화되었다고 한다. 스페인에 있는 산티아고 순례길은 수많은 사람들이 걷고 깨달음을 얻었다고 한다. 내가《연금술사》를 읽을 때는 저자나 뒷이야기는 자세히 알지 못했다. 워낙 유명한 책이고 사람들의 추천이 많아 읽게 되었다.

주인공 이름은 산티아고다. 산티아고는 보물을 찾는 여행을 시작한다. 많은 사람들을 만나며 수많은 경험을 했는데 결국 보물은 자신에게 있다는 내용이다. 내용 자체는 뻔할 수 있다. 밖이 아닌 내 안에 모든 것이 이미 있다는 내용 말이다. 자꾸 내가 아닌 다른 곳에서 무엇인가를 찾으려 했는데, 그럴 필요가 전혀 없었다. 그렇게 머나먼 여행을 떠났기에 자신에게 있는 보물을 알아볼 수 있었던 것은 아닐까. 오히려 소중함은 익숙할 때 모른다. 떠났기에 자신이 갖고 있는 것들의 소중함을 발견할 수 있었던 것은 아닐까.

코엘료의 소설은 대부분 무엇인가 비밀스러웠다. 구체적인 걸 선사하기보다는 다소 몽환적이면서 안개 같은 느낌이었다. 그럼에도 그가 쓴 소설은 항상 나라는 인물에 대해 이야기한다. 세상 중심은 나이며 나를 믿고 해야 한다고 말한다. 다양한 인물과 배경이 등장하지만 그런 면에서 자기계발적 요소가 있는 소설이라 할 수 있었다. 《연금술사》를 시작으로 《피에트라 강가에서 나는 울었네》, 영화로도 만들어진 《베로니카 죽기로 결심하다》를 비롯해서 《악마와 미스 프랭》, 《11분》, 《오 자히르》, 《순례자》, 《포르토벨로의 마녀》, 《흐르는 강물처럼》, 《승자는 혼자다》, 《브리다》, 《알레프》 등을 읽었다.

그가 쓴 가장 대표작인 《연금술사》는 여전히 누군가에게 추천하고 싶은 책이다. 우리는 누구나 꿈을 꾸고 살아간다. 꿈을 꾸지 않는 사람은 삶의 의미가 퇴색된다. 나이 먹을수록 재미가 사라지는 가장 큰 이유가 바로 거기에 있다.

꿈이 점점 사라지며 삶의 희망과 목표가 희미해진다. 꿈을 찾아가는 인생은 멋지다. 청춘이 항상 밝고 긍정적인 것은 바로 꿈을 간직하기 때문이다. 무엇이 될지 모르지만 무엇이라도 될 수 있는 시기다. 이럴 때 무엇인가를 찾기 위해 떠나는 산티아고와 같은 삶을 동경하게 된다. 꿈을 포기하지 않고 간직한다면 언제나 청춘인 이유다. 나이가 많고 적음이 중요한 것이 아니다. 언제나 꿈을 품고 이루기 위한 노력이 필요하다.

지금에 와서 보면 터무니없는 행동이었다. 불가능에 도전한 것과 마찬가지다. 뜻하지 않게 연금술사들의 활약에 힘입어 인류는 더욱 발전한 과학기술을 갖게 되었다. 금을 만들기 위한 노력이 온갖 실험을 할 수 있게 만들었다. 그리고 여러 가지 발명이 탄생했다. 이처럼 꿈은 우리로 하여금 발전하게 만든다. 꿈꾸고 이루기 위한 과정에서 시행착오도 거치고 비록 다른 결과가 나올지라도 말이다.

아직도 《연금술사》는 많은 사람들에게 큰 사랑을 받고 있다. 지금 이 글을 쓰고 있는 나도 '다시 한 번 또 읽어야지'라는 생각이 들 정도다. 꿈을 꾸고 싶은 사람이라면, 꿈을 다시 찾고 싶은 사람이라면, 꿈이 없는 사람이라면 읽어볼 책이다.

거인은
내 안에 있다

다소 뜬구름 잡는 이야기가 될 수 있어도 자기계발 도서는 분명히 큰 도움이 된다. 특히나 아직까지 자기 훈련이 되지 않은 사람에게 가장 좋은 방법이 책이다. 이미 검증된 방법을 통해 알려주는 책이 대다수다. 책을 펴내기 위해서는 무작정 된다라는 식의 내용 전개는 통하지 않는다. 실용서의 경우 검증되지 않은 내용으로 사람들을 설득하기란 쉽지 않다. 내용 전달은커녕 그런 책은 사람들에게 선택받기도 힘들다.

이 분야는 미국이 가장 활발하고 시장도 크다. 개척 정신으로 미국을 일으켜 세운 미국인답다고 할까. 프런티어 정신으로 성공스토리를 완성시키는 미국이기에 가능하다. 이 분야는 사실 종교에서 출발했다. 그 기원을 쫓아가면 청교도 정신에서부터다. 열심히 현세에 일을 하면 내세에 천국에 갈 수 있다. 현실이 힘들고 어렵지만 열심히 일한 사람에게는 축복이 온다. 이를 위해서는 스스로 믿어야 한다. 믿으면 당신을 도와주는 에너지가 온다. 다소 허황돼 보이지만 모든 것이 내 마음에서 출발한다는 사실은 분명하다. '할 수 없다' 생각하는데 될 리가 없다. '할 수 있다'고 생각해야 할 수 있다.

워낙 많은 책이 있고 이미 몇 권의 책과 저자를 설명했는데 미국에서 가장 유명하고 영향력 있는 인물은 토니 로빈스다. 그의 《네 안에 잠든 거인을 깨워라》는 책 제목처럼 이미 내 안에는 거인이 있다는 뜻이다. 사람들은 자신을 스스로 자각하지 못한 채로 살아가고 있지만 얼마든지 자신이 어떤 식으로 생각하느냐에 따라 거인이 될 수 있다는 내용이다.

무엇보다 이 책에서 가장 인상적인 대목은 '나이아가라 증후군'이다. 나이아가라 폭포에서 물이 떨어지는 곳은 무척이나 시끄럽고 요란스럽다. 그 전까지는 고요하고 물살이 세지도 않다. 대부분 사람들은 바로 눈앞에 나이아가라 폭포가 있다는 걸 전혀 의식하지 않고 평안하게 산다. 분명히 나이아가라 폭포는 있다. 나이아가라 폭포 절벽에 도착했다는 걸 깨달았을 때는 이미 늦었다. 아무 생각 없이 살아가는 우리는 물결이 잔잔한 상태일 때 결단하고 살아가지 않는다면 반드시 나이아가라 폭포에 당도한다. 어떤 삶을 살아갈 것인가. 선택은 내 몫이지만 눈앞 폭포를 피할 수 없다는 건 확실하다.

워낙 두꺼운 책이라 쉽게 손이 가진 않는다. 오래전에 읽을 때도 꽤 각오를 하고 읽었다. 더구나 두 권이 합본되어 있어 가지고 다니며 읽다 손목이 아파 고생한 기억이 있다. 당시에 읽으면서 생각하기 나름이라는 깊은 깨달음을 얻었다.

금융위기 이후 어려움을 겪는 사람들에게 올바른 방법을 알려주려 썼다는《머니》는 미국에서 경제적으로 성공한 사람들에게 돈을 모으는 방법과 불리는 방법에 대해 구체적으로 인터뷰한 내용을 쓴 책이다.

자기계발 분야는 현대에 들어 강철왕 카네기가 나폴레온 힐에게 의뢰를 하면서 본격적으로 대중화되었다. 카네기가 미국에서 성공한 사람들을 찾아가 그들의 성공스토리를 세상에 알려달라며 기자였던 나폴레온 힐에게 제안한다. 그 후 나폴레온 힐은 20년 정도 미국을 돌아다니며 성공한 사람이 무엇 때문에 그렇게 되었는지 알려줬다. 이를 근거로 나폴레온 힐이 쓴《놓치고 싶지 않은 나의 꿈 나의 인생》이 시리즈로 나왔다. 이 책뿐만 아니라《생각하라! 그러면 부자가 되리라》도 함께 읽으면 좋다.

이 분야는 믿음이라는 단어로 표현할 수 있다. 믿느냐 아니냐 여부가 중요하다. 내가 최고가 될 수 있는지 믿을 것인가를 말한다. 그렇다고 이 분야를 뜬구름 잡는 이야기로만 치부하긴 어렵다. 플라세보 효과(Placebo effect)가 있다. 의사에게 약을 처방받는다. 환자는 이 약을 먹고 병이 다 나았다. 나중에 알고 보니 해당 약은 관련 질병과는 전혀 상관없는 비타민제라는 것이 밝혀졌다. 이처럼 우리는 마음먹은 대로 몸이 알아서 움직이고 반응한다. 이를 두고 뜬구름 잡는 이야기라고 할 수는 없다.

비근한 예로《성공의 법칙》을 쓴 맥스웰 몰츠의 이야기를 들어

볼 만하다. 그는 성형외과 의사였다. 굳이 얼굴을 고칠 필요가 있냐고 물을 수 있다. 맥스웰 몰츠의 이야기는 다르다. 의기소침하고 자신감이 없던 사람이 성형을 한 후에 완전히 다른 인물로 변해버린다. 무엇을 하든 자신감이 넘치고 더 활기찬 인생을 살게 되었다. 이미지 트레이닝이 있다. 운동선수들이 잘 활용하는 방법이다. 특정한 상황을 연습한다. 비슷한 상황이 경기 중에 생겼을 때 평소에 연습하던 대로 몸이 움직인다. 이를 위해 이미지 트레이닝을 한다.

우리 뇌는 현실과 가상을 인식하지 못한다. 공포영화를 보면서 사실이 아님을 알고도 무서워 소리를 지르고 눈을 감는 이유다. 자신이 성공할 것이라는 이미지 트레이닝을 하고 부자가 될 것이라고 믿는다. 자신이 부자인 것처럼 생각하고 행동하면 된다. 빈자의 생각과 부자의 생각이라는 표현처럼 부자처럼 세상을 바라볼 때 좀 더 나은 걸 얻을 수 있다. 이걸 믿느냐 아니냐 여부이기에 다소 공허하고 황당하게 여길 수 있다.

《시크릿》같은 책이 가장 대표적이다. 이 책은 자기계발보다는 종교 책에 좀 더 가깝다. 오로지 믿으면 된다는 책이다. 간절히 원하면 우주의 기운이 나에게 찾아와 도와준다고 한다. 100만 원이 필요할 때 간절히 바라고 바라면 어디선가 100만 원이 생긴다. 이런 이야기는 분명히 너무 많이 나간 측면이 있다. 최소한의 노력은 하면서 무엇인가를 간절히 바라야 한다. 아무것도 하지 않으면서 바란다는 것은 도둑놈 심보다. 그런 사람에게는 아무리 간절히 바라고 원하고 절박해도 오지 않는다.

《긍정의 힘》이라는 책도 있었다. 이 책은 미국에서 아주 유명한 조엘 오스틴 목사가 쓴 책이다. 책 제목에서 알 수 있는 것처럼 긍정적인 사람만이 성공할 수 있다는 뜻이다. 목사님이 쓴 책인데도 불구하고 종교적인 색채가 거의 드러나지 않는다. 이 책이 베스트셀러가 된 가장 큰 이유기도 하다. 게다가《목적이 이끄는 삶》도 마찬가지로 릭 워렌 목사가 쓴 책이다. 우리는 다들 목적을 갖고 태어난 존재다. 그 목적을 잊고 살아가는 사람들에게 올바른 삶을 살기 위해 목적이 있어야 한다고 알려준다. 이미 몇십년 전, 부에 대해 이야기한《부의 법칙》을 쓴 캐서린 폰더도 목사였다. 이처럼 자기계발은 종교와 밀접하게 연결이 되어 있다.

어차피 자신이 원하는 걸 얻으면 된다. 어떤 책이든 100퍼센트 마음에 들기는 어렵다. 특히나 책을 읽으면 읽을수록 어제 내가 알고 있던 것이 다가 아니라는 걸 깨닫는다. 이런 사실에 비춰볼 때 읽지 않는 것이 좋을까. 계속 책을 읽었기에 내가 모르는 걸 알 수 있게 되었다. 그렇기에 딱 한 권만 읽은 사람이 가장 위험하다. 자신이 알고 있는 지식이 전부인 것으로 오독하기 때문이다.

나의 경우 초반에 자기계발을 집중적으로 읽은 것은 마인드를 다잡기 위해서였다. 작심삼일이 될 가능성이 무척이나 많았다. 삼일마다 반복적으로 읽으며 뜨거워진 마음이 차갑게 변할 틈 없이 또다시 뜨거워지도록 노력했다. 다른 것은 못해도 책이라도 읽으면서 마음을 계속 다잡으며 마인드 컨트롤했다. 이 세상 모든 것은 분명히 마음먹기에 달려 있다. 마음먹는 대로 전부 되는 것은 분명히 아니다. 힘든 일을 할수록 어떤 마음가짐이냐가 중요하다. 나처럼 아무것도 없고 무엇을 해야 할지도 모르는 사람에게 책은 최고의 선물이고 방법이다.

누구도 가르쳐주지 않았지만 끊임없이 마인드 관련 책을 읽고 또 읽으면서 내 안에 잠든 거인을 깨웠다. 당신도 할 수 있다. 누구도 당신에게 거인이 있다는 걸 알려주지 않는다. 그러나 책은 가능하다. 책을 읽는 당신이 바로 거인이다. 잘 모르겠다면 관련 책을 계속 읽어라. 결국에는 당신 안에 잠들어 있는 거인이 일어나 당신을 깨울 것이다. 나는 그랬다. 분명히 당신도 그럴 것이다.

경제는
실생활에서 발견

경제라고 하면 일단 어렵게 느껴진다. 왠지 경제를 알려면 GDP는 기본이고 환율이나 각종 경제지표를 알아야 할 것처럼 생각된다. 물론 중요한 것은 사실이지만 그런 관점으로만 바라보면 제대로 알기도 전에 질려버리는 경우가 많다.

경제는 멀리 있는 것이 결코 아니다. 우리가 살아가는 모든 생활에서 발생하는 것들이 전부 경제라는 큰 틀에서 벌어진다. 현대는 자본주의다. 과거와 달리 우리가 하는 대다수를 금전으로 환산할 수 있다. 인간은 대체적으로 특별한 일이 없으면 인센티브로 움직인다. 자신에게 이득이 되는 조건 아래 행동한다. 실제로 이런 실험을 경제학에서 연구한다. 가상의 조건을 세운 후에 어느 정도 돈을 주면 움직이는지 실험하기도 한다. 인간 사회에서 생기는 수많은 상황을 금전으로 환산해서 가치를 따져보기도 한다.

경제는 어렵고 딱딱하고 온갖 숫자로만 계산되는 학문이라는 내 생각은 책을 읽으며 바뀌었다. 팀 하포드의《경제학 콘서트》를 읽으면 우리 실생활에서 벌어지는 현상을 경제학으로 풀어낸다. 그것도 숫자보다는 재미있는 이야기로 접근해 설명한다. 이를테면 스타벅스의 커피는 비싼 편이다. 대부분 목 좋은 곳에는 어김없이 스타벅스가 한 자리씩 차지하고 있다. 우리가 생각할 때 그만큼 임대료가 비싸 커피 값이 비싸다고 생각하지만 아니다. 그보다는 고객이 스타벅스의 비싼 가격을 용인하고 받아들였기 때문이다. 스타벅스만의 분위기를 사랑하니 비싼 것을 당연하게 여긴다. 여기서 멈추지 않고 경제학자의 경제 사조를 근거로 그 이유를 밝힌다. 어렵다고 생각했던 경제가 어느 순간 바로 내 눈앞에 펼쳐지게 된다.

중고차를 사 본 적이 있는가. 차에 대해 잘 모르는 사람은 중고차 구입이 힘들다. 무엇보다 과연 중고차의 상태를 믿을 수 있는지에 대한 의문이 든다. 중고차 가격은 싼 것일까, 비싼 것일까. 이 부분을 자세히 모르니 중고차를 살 때는 언제나 강박관념에 시달리고, 혹시나 비싸게 사는 것은 아닐까 하는 의심 때문에 힘들다. 그러나 지인에게 구입하는 중고차는 가격이 비싼지 여부를 따지지 않는다. 합리적으로 판매했을 것이라 믿는다. 반면에 중고차 시장은 정보의 비대칭이 극대화되어 선택 장애가 온다. 이런 상황에서 어떤 선택을 해야 최선이 될지 알려준다.

이처럼 어렵고 힘들고 나와는 전혀 상관없다고 생각되는 경제가 생활의 일부분이라는 걸 깨닫게 한다. 내가 하는 모든 행동이 쌓여 자본주의 시스템 안에서 활동하고 있다는 걸 자각하고 인식하게 된다. 팀 하포드의 책은 이것 말고도《경제학 카운슬링》,《어댑트》,《당신이 경제학자라면》도 함께 읽으면 좋다. 이중에서《당신이 경제학자라면》은 경제 현상에 대해 쉽게 알려주는 책이다. 일상이 아닌 진짜 경제를 바라보는 시선에 대해 알려주는 책이니 큰 도움이 될 듯하다.

스티븐 레빗과 스티븐 더브너의《괴짜 경제학》도 그 당시에 읽었던 책이다. 마약이라고 하면 부정적인 이미지다. 여러 매체를 통해 접하는 마약상은 엄청난 부자다. 금으로 온몸을 치장하고 비싼 차에 고급 주택에서 거주하는 이미지를 떠올린다. 막상 대부분 마약상은 의외로 부모님과 함께 살고 있다. 이들이 효자라 그런 것일까. 아니다. 이들은 가난한다. 하루살이로 벌고 있다. 게다가 이들이 살해당할 확률은 무려 25퍼센트나 되고, 시간당 버는 금액은 겨우 3.3달러다. 이렇게 목숨 걸고 판매하다 잡히면 교도소에 가는데도 불구하고 버는 금액은 아주 적다. 그럼에도 이들은 다른 노력을 하지 않는다. 대다수가 제대로 교육받지 못해 이런 삶을 체념하고 받아들인다.

이미 언급한 경제에서 인센티브는 절대적인 영향을 미친다. 누구도 인센티브가 없다면 움직이지 않는다. 책에서는 이런 생각에 반기를 들기도 한다. 꼭 인센티브만으로 사람들은 움직이지 않는다. 이런 현상을 어려운 숫자와 이론으로 제시하는 것이 아닌 실생활에서 벌어지는 현상으로 설명한다. 특히나 과도한 인센티브는 인간의 도덕 불감증을 만들어 잘못을 해도 오히려 떳떳하게 만든다. 정당하게 지불한 행동에 대해 지적할 수 없는 상황을 만든다. 이런 현상을 보면 인센티브가 모든 것의 절대선이 될 수는 없다.

그 밖에도 《슈퍼 괴짜 경제학》이나 《괴짜처럼 생각하라》 등을 읽어도 경제가 우리 생활과 얼마나 밀접한 관계를 맺고 있는지 깨닫게 된다.

심리가
중요하다

주식투자에 대해 공부할 때 워런 버핏이 최고라 생각했다. 그 점은 지금도 다르지 않다. 워런 버핏은 최고지만 나 같은 개인이 따라하기 힘든 건 사실이다. 그 외에도 성공한 수많은 투자자가 있다. 그들이 성공한 배경에는 인간의 심리를 파악하는 것이 중요한 요소였다. 분명히 해당 기업을 분석하는 것은 중요하다. 긴 호흡에서 볼 때 주가는 해당 기업의 실적에 따라가기 마련이다. 이 사실은 변하지 않지만 주가는 늘 움직인다. 상승할 때와 하락할 때가 있다.

해당 기업에 투자하려면 주가의 움직임에 대한 반응을 잘 살펴야 한다. 주식을 사고파는 것은 사람이다. 사람은 절대로 이성적인 판단에 따라 합리적으로 움직이지 않는다. 그에 따라 사람들의 심리가 여기저기로 쏠림현상이 나타나게 된다. 이를 이용해서 돈을 번 사람들이 많다. 차트투자는 그런 방법 중 하나다. 주가의 흐름과 추세를 보면서 상승할 것인지, 하락할 것인지를 판단한다. 이것은 결국 사람들의 심리다. 올라갈 것은 더 올라갈 것 같고, 떨어질 것은 계속 떨어질 것 같은 추세.

두 명의 유명한 투자자가 있다. 유럽에서는 앙드레 코스톨라니, 미국은 제시 리버모어. 제시 리버모어가 활동하던 시기는 정보가 그다지 많지 않았다. 1900년대 초 주식거래소에는 컴퓨터가 없었고 직접 나가서 사람을 통해 매수와 매도를 했다. 현장에서 아주 작은 소문만으로도 사람들은 사자와 팔자를 외쳤다. 15세에 처음으로 주식투자를 시작한 제시 리버모어는 추세를 주로 보며 투자했다. 현장에서 주가를 지속적으로 관찰하며 상승 추세가 되었을 때 매입하는 방법을 썼다. 이 방법을 피라미딩 전략(Pyramiding Strategy)이라 한다. 개인 투자자로 엄청난 수익을 거둬 1929년에 1억 달러를 벌 정도였다.

그가 하는 방법은 추세를 쫓아가는 투자라 손해를 볼 때도 컸다. 몇 번이나 파산을 할 정도로 다소 위험천만한 방법이기도 했다. 그는 J. P. 모건이 직접 협조를 요청할 정도로 거물이기도 했다. 엄청난 투자자였지만 마지막은 자살로 생을 끝낸 불행한 투자자기도 했다. 《어느 주식투자자의 회상》이라는 책은 제시 리버모어를 주인공으로 에드윈 르페브르가 썼다. 《주식 매매하는 법》책도 있다. 가독성과 재미로는 소설 형식이 더 잘 읽힌다. 심리로 투자하는 방법이라 할 수 있어 좋은 내용이 많았다. 나름 가치투자를 지향한다고 했지만 워낙 유명한 책이라 읽게 되었다. 꼭 추세매매와 같은 투자를 하지 않더라도 투자를 하는 데 있어 큰 도움과 뷰를 얻을 수 있었다.

워런 버핏만큼이나 오랜 시간 동안 유럽에서 투자자로 활동했던 앙드레 코스톨라니. 무엇보다 앙드레 코스톨라니 하면 달걀이론이 가장 유명하다. 자산시장의 상승과 하락을 보여주면서 항상 반복한다는 걸 알려준다. 상승과 하락에 따라 어떤 식으로 투자자들이 판단하고 행동해야 할지 알려준다. 달걀이론은 여전히 아직도 적용할 수 있다. 큰 흐름을 보며 투자하는 데 도움이 된다.

다양한 방법으로 투자한 앙드레 코스톨라니는 평생을 투자자로 살았다. 90세가 넘을 때까지 투자를 했다. 무엇보다 그는 온갖 투자를 하면서 사회 지도층이나 기업의 사장들과도 친분이 있었다. 이를 이용하거나 이용당한 이야기를 책으로 알려준다. 사람들이 얼마나 바보같이 심리에 약한지를 알려준다.

그가 쓴 《돈, 뜨겁게 사랑하고 차갑게 다루어라》,《투자는 심리게임이다》,《실전 투자강의》는 물론이고 《돈이란 무엇인가》와 《돈 사랑한다면 투자하라》까지 무척이나 다양한 투자 사례를 알려주고 있다. 사람들이 얼마나 어처구니없는 투자를 하는지 남도 아닌 본인 사례로 들려준다. 어떤 기업이 너무 좋다는 이야기를 듣고 투자한다. 가격이 떨어졌지만 확실하다는 생각으로 돈을 빌려서 투자한다. 결국에는 수익을 내고 해당 기업을 팔았다. 나중에 해당 기업은 이름이 비슷한 완전히 다른 분야의 기업이라는 사실을 알게 된다. 투자가 얼마나 우스운지 알려주는 일화였다.

장기투자와
투기

투자 관련 책 중에 한국인이 쓴 책을 읽으면 빨리 투자하고 싶어진다. 투자로 큰돈을 벌고 싶다는 부푼 꿈에 가득 찬다. 투자를 해본 적은 없어도 책에서 배우는 투자 세계는 너무 쉽게 느껴진다. 당장이라도 돈을 갖고 투입하면 수익이 날 것 같은 기분에 사로잡힌다. 대부분 책에서는 투자로 돈을 버는 지난한 과정은 전혀 알려주지 않는다. 돈을 번 포인트만 알려주니 투자가 쉽게 느껴졌다.

금방 돈을 벌고 싶다는 욕심과 함께 돈을 넣고 진득하니 기다리는 방법은 성에 차지 않는다. 이렇게 쉽게 돈을 벌 수 있는데 돈을 넣고 빨리 버는 방법을 선택해야 하는 것은 너무 당연하게 느껴졌다. 이럴 때 투자를 오랫동안 한 사람의 이야기는 뼈가 되고 살이 된다. 한국은 투자를 오래 한 사람들의 책이 없었지만 외국은 충분히 많았다. 그중에서도 주식과 관련해 100년이라는 시간 동안 주식 수익률을 보여주는 책이 있다. 《제레미 시겔의 주식투자 바이블》인데 현재는 《주식에 장기투자하라》라는 제목으로 개정 5판이 나왔다.

주식투자를 생각하면 과연 돈을 벌 수 있을까에 대한 의문이 생긴다. 무엇보다 하루에도 주가가 상승했다, 하락했다는 물론이고 손해봤다는 사람만 널렸다. 수익을 냈다고 하는 사람들도 시간이 좀 더 지난 후에는 손해본 상태라고 말하는 경우가 대부분이다. 이런 이야기를 하는 대다수는 주식투자를 거래의 관점에서 사고팔면서 제대로 된 수익을 내지 못하는 경우가 많다. 주식투자는 수많은 투자 방법이 알려져 있다. 그 방법으로 과연 수익을 볼 수 있는지 여부가 늘 의문이다.

이런 사람들을 위해 미국에서 지난 100년이 넘는 시간 동안 주식에 투자했을 때 돈을 번 사례를 들려준다. 무엇보다 가장 중요한 것은 책 제목에도 나와 있는 것처럼 장기투자를 해야 한다. 단기로 종목을 사고파는 것이 아닌 장기로 기업을 매수한다. 해당 기업의 매출과 이익이 늘어난 만큼 주가도 함께 움직인다는 것을 장기 시계열로 보여주는 책이다. 무엇보다 인상적인 것은 배당을 다시 재투자했을 때 엄청난 수익이 난다는 것도 알려준다. 더구나 각 연도에 유행했던 기업을 매수하는 것이 아닌 전통적인 기업이지만 다소 재미없다고 느껴졌던 기업에 투자했을 때 큰 수익을 냈다는 걸 보여준다.

주식을 보유하면서 수많은 경험을 하게 된다. 경기가 하락하기도 하고, 경제가 좋아서 다들 신나 할 때도 있다. 금리가 하락하거나 상승할 때도 있다. 이렇게 다양한 변수를 감안했을 때 장기로 보면 가장 수익이 좋은 것은 주식이라는 걸 책에서는 실증적인 분석을 통해 알려준다. 주식이 갖고 있는 변동성이라는 위험성만 잘 관리된다면 주식보다 수익이 좋은 것은 없다. 책은 비록 한국이 아닌 미국 사례이고 기업 이야기라서 무조건 한국에 적용하기는 힘들지라도 충분히 한국에서도 통할 수 있다는 간접경험을 보여준다. 저자가 쓴 또 다른 책인《투자의 미래》도 역시나 같은 내용이다. 많은 사람들이 그다지 신경 쓰지 않고 지루하다고 생각하는 담배 기업이 지난 100년 동안 누적으로 가장 큰 수익을 냈다는 사실을 보여준다.

실증적인 분석으로 주식에 장기투자했을 때 가장 수익이 좋다고 보여줬지만 어떤 기업에 투자할 것인지에 대해서는 선택이 힘들다. 여기서 투자와 투기를 가르는 방법 중 하나가 바로 재무제표로 불리는 영업보고서다. 주식투자는 어디까지나 해당 기업이 어떤 분야에서 돈을 벌고 있느냐가 핵심이다. 매출과 이익이 나오지 않는데도 사람들은 거래를 한다. 그저 해당 기업의 미래가 좋을 것이라는 막연한 기대만 갖고 투자한다. 특히나 환상이 결부될 때 기업의 실체와는 상관없이 끝을 모르고 상승할 때도 많다.

이런 기업에 대해서 제대로 분석하지도 않고 투자한다는 것은 투기나 마찬가지다. 어차피 해당 기업에 종사하는 임직원에 비해 많은 걸 알 수는 없다. 또한 기업이 스스로 노출한 정보만 확인할 수 있다. 그 이야기는 해당 기업에서 분기마다 발표하는 사업보고서보다 훌륭한 자료는 없다는 뜻이 된다. 내가 투자하려는 기업이 어떤 분야에서 무엇으로 돈을 버는지 알려준다. 다른 기업과 비교했을 때 어떤 장점이 있는지도 보여준다. 과거부터 현재까지 어떻게 일을 했고 돈을 벌었는지 일목요연하게 보여주는 사업보고서보다 좋은 것은 없다.

그런 측면에서 하상주의 《영업보고서로 보는 좋은 회사 나쁜 회사》는 큰 도움이 된다. 2005년에 나온 책이지만 그 후로 계속 개정되어, 현재 2016년 개정판이 있다. 많은 사람들이 주식투자를 하려면 영업보고서를 봐야 하는데도 전혀 볼 생각을 하지 않는다. 아니 못한다. 제대로 된 공부를 하지 않기 때문이다. 그런 걸 봐야 하는지도 모르는 사람도 많다. 분명히 이야기하면 봐야 한다. 영업보고서도 보지 않고 주식투자를 한다는 것은 대놓고 투기나 도박한다는 것과 같은 뜻이다.

막상 영업보고서를 보려면 무엇이 중요하고 어떤 걸 봐야 하는지 모르는 경우가 많다. 책은 그런 사람들을 위해 친절히 설명해준다. 여러 기업을 예로 영업보고서에 나온 수치와 용어를 설명해준다. 그것만으로도 아무 생각 없이 주식투자한 사람들에게는 망치로 때린 것과 같은 충격을 줄 것이다. 내가 투자하는 회사가 어떤 회사인지도 모르고 투자했다면 이 책을 읽고 찾는 방법을 알게 될 것이다.

주식투자가 반드시 가장 최고라는 이야기는 할 수 없지만 개인이 현재를 탈출하기 위한 방편으로 좋다. 막연히 생각하고 카더라 투자를 하는 많은 사람들에게 이 정도의 지식을 갖추지 않고 투자한다는 것은 소중한 내 돈을 그저 태워버리겠다는 뜻과 마찬가지다. 내가 투자하는 분야에서 무엇이 중요한지 아는 것만으로도 훌륭하다. 이 정도는 알고 나서 투자해야만 잃지 않는다.

이런 책을 읽고 그 이후로 투자에서 잃지 않았냐고 묻는다면, 아니다. 이렇게 했는데도 불구하고 잃었다. 이론과 경험이 함께 쌓이지 않으면 안 된다. 투자라는 것이 그렇게 쉽지 않다는 것을 시간이 지날수록 더 크게 깨닫는다. 이때 읽었던 책들은 나에게 그렇게 뿌리가 되었다.

책과 함께
성장하다

2000년대부터 본격적으로 독서를 시작했다. 이미 언급한 것처럼 그 전에도 독서는 제법 하는 편이었다. 당시에는 독서한다는 의식을 전혀 하지 않았다. 그저 책 읽는 게 재미있어 소설 위주의 독서를 했을 뿐이다. 2000년대 들어 나는 생존을 위해 독서해야 한다는 자각을 하고 시작했다. 생존을 위한 독서였기에 초반에는 주로 경제경영 분야였다. 그중에서도 자기계발과 투자 책이었다. 이 당시에 읽었던 책은 두고두고 내 자양분이 되었다.

한 권을 읽고 같은 분야 책을 계속 연달아 읽어나가는 스타일로 독서했다. 어떻게 읽는 것이 맞는지는 모른다. 내가 할 수 있는 최선이었다. 그때는 독서에 방법이 있다고 생각도 안 했고 지금처럼 남과 비교할 수도 없었다. 독서 방법에 대한 책도 없었다. 더구나 내가 읽던 책은 거의 대부분 경제경영이라 이 분야에 대한 올바른 지침도 없었다. 지금은 그나마 독서 방법에 대해 알려주는 책도 많다.

내가 남들에게 도움을 받았던 것처럼 나도 똑같이 했다. 월마다 독서 후 읽은 책 목록을 탁상 달력에 기입했다. 그 목록을 연말이면 다시 월별로 정리한 후에 특정 카페에 올렸다. 자주 가던 재테크 카페인 텐인텐에 올렸던 것이 상당히 인기를 끌었다. 월별로 읽은 목록과 함께 추천하고 싶은 책은 따로 표시했다. 나중에는 추천하는 책에 간단한 코멘트도 달았다. 올린 책 목록이 100권 이상이라 많은 사람에게서 엄청난 덧글을 받았다. 자극이 된다는 글부터 어떻게 이렇게 많이 읽을 수 있냐는 질문까지 다양했다.

아쉬운 것은 그 작업을 처음부터 했으면 좋았을 텐데 나중에 시작했다. 그러다 보니 읽은 책 목록이 2004년부터 시작한다. 그 전에 기록했던 한글 파일은 제대로 관리를 못해 남아 있지 않다. 그런 측면에서 볼 때 지금처럼 블로그에 하는 것이 중요하다. 그렇게 책만 읽다 스스로 독서를 업그레이드하기 위해 블로그를 시작했다. 블로그에 2009년부터 본격적으로 읽은 책에 대한 리뷰를 썼다. 나는 책을 소개하는 리뷰 형식보다는 읽고 난 느낌과 생각을 적는 독후감이라 할 수 있는 걸 썼다. 이 부분은 《책으로 변한 내 인생》과 《파워블로그의 첫걸음, 블로그 글쓰기》에 자세히 설명했다.

누구를 의식하거나 보여주기 위해 시작한 글쓰기가 아닌 독서를 한 단계 성장시키기 위한 독후감이었다. 지금까지 쌓인 리뷰만 해도 어느덧 1500권이 넘었다. 이것도 중복된 책은 제외한 분량이다. 두 번 읽은 책도 리뷰를 쓰지만 블로그에 해당 책을 등록하지는 않았다. 이렇게 쌓인 독후감은 나에게 엄청난 콘텐츠가 되었고 자랑거리가 되었다.

그런 의미에서 스스로 블로그 책 리뷰를 한 후에 태그로 항상 '1등 리뷰어'라는 표현을 쓴다. 내 리뷰가 그다지 훌륭하지 않을지라도 누구와 비교해도 결코 뒤떨어지지 않을 독서 리뷰 분량이 있다. 이것만큼은 그 누구에게도 뒤지지 않는다. 오랜 세월 쌓아온 내 책 리뷰는 자신 있게 내밀 수 있는 자산이고 콘텐츠다. 사람들이 경제경영 분야 책을 검색할 때마다 내가 쓴 리뷰가 보인다고 말한다. 그로 인해 나는 뜻하지 않게 사람들에게 독서 리뷰어로도 유명해지게 되었다.

책을 읽는 것이 중요한 것이 아니라 생각하고 행동하는 것이 핵심이다. 얼마나 내 생각이 깊은지 여부는 잘 모른다. 스스로 그런 것을 알 만큼 대단한 생각을 하지도 못한다. 그저 예전보다는 훨씬 더 생각을 많이 했다는 것은 이야기할 수 있다. 리뷰 숫자가 쌓이면 쌓일수록 내 생각도 그만큼 더 넓어지고 깊어지며 켜켜이 쌓이고 있다. 그중에는 오랜 생각을 거쳐 실행한 것도 많다. 독서는 그처럼 나에게 새로운 인생을 선물했다. 《책으로 변한 내 인생》제목처럼 나는 책으로 변했다.

나는 '책을 읽으면 읽을수록 자산이 늘어난다'는 표현을 하는데 실제로 과거와는 비교도 할 수 없을 만큼 자산이 늘었다. 한때는 먹고살기 위해서 카드 돌려막기를 했을 정도였다. 매월 기본적인 생활비를 마련하기 위해 어쩔 수 없이 카드로 돌려막기를 했다. 지금은 신용카드 자체가 없다. 오로지 체크카드만 쓰고 있을 정도로 독서만 했을 뿐인데 달라진 나의 일상이다. 책 읽고 생각하고 실행했다는 점이 핵심이긴 하지만 말이다.

어제와 오늘의 나는 다른 사람이다. 오늘과 내일은 또 다른 사람이다. 나는 그런 사람이라는 걸 자신한다. 매일같이 하루도 빠지지 않고 책을 읽기에 가능하다. 매일 읽는 책에는 나에게 정보와 지식은 물론이고 사고와 세상을 바라보는 시선을 선사했다. 단 하루도 빼놓지 않고 책을 읽기에 나는 매일 다른 사람이 될 수밖에 없다. 이런 독서생활이 쌓이고 쌓여 시간이 갈수록 나는 어제와 다른 사람이 될 수밖에 없다.

나는 대단한 사람은 아니다. 벼가 익을수록 고개를 숙이는 것처럼 독서를 많이 할수록 스스로 부족함이 보인다. 이 세상이 얼마나 넓고 깊은지 깨닫게 된다. 여전히 모르는 것투성이고 알아야 할 것들이 한가득이다. 이런 상황에서 누가 누구에게 이것이 맞다는 주장을 할 수 있겠는가. 그런 주장을 한다는 것은 스스로 모르는 것을 모른다는 뜻이다. 모르는 것을 안다고 착각하는 것이라 본다.

단지 이거 하나만큼은 확실히 말할 수 있다. 책과 함께 나는 성장했다. 지금까지 수많은 책을 읽으며 모르는 것을 알게 되면서 과거와는 비교할 수 없을 만큼 성장했다. 그리고 그 성장이 멈추지 않았다는 사실이 더 중요하다. 아직도 내가 성장할 여지는 무궁무진하다. 읽어야 할 책은 평생에 걸쳐 읽어도 부족하다. 한 마디로 내가 성장할 수 있는 한계는 없다는 뜻이다. 성장할 수 있기에 독서가 즐겁다.

자기혁명 독서법

더 성장할 수 있는 내 미래를 볼 때 더할 나위 없이 기쁘다. 성장하는 데 한계가 없다는 사실만으로도 정말 기쁘다. 그 성장의 기쁨을 이 책을 읽는 독자들과 함께했으면 좋겠다. 이보다 더 쉽게 성장할 수 있는 비법이 있을까. 한계 없는 성장, 그 누구도 아닌 당신이 할 수 있다. 우리 함께 해내자.

02

독서로 배운
세상

나를
사랑하는 나

수많은 자기계발서가 공통적으로 이야기하는 것이 있다. 모든 것은 나로부터 출발한다는 점이다. 내가 상상하고 생각한 대로 할 수 있다고 말한다. 그러나 할 수 있다고 믿는다고 모든 걸 할 수 있는 것은 분명히 아니다. 간절히 바라면 된다고 하는데 가끔 터무니없게 느껴지기도 한다.

다른 측면에서 보자면 내가 할 수 있다고 생각하지 않는데 할 수 있을까? 할 수 있다고 생각해도 쉽지 않은데 최소한 할 수 있다는 자기최면이라도 걸어야 하지 않을까. 그런 면에서 무조건적으로 비판하기는 힘들다. 자신을 믿고 실행해도 힘든 것이 사실인데 자신을 믿지 못한다면 실행은 더 힘들지 않을까. 플라세보 효과를 생각해보면 믿을 때 분명히 효과가 있긴 한 것 같다.

성형수술에 대해 부정적인 사람들이 있다. 그러나 정작 성형수술을 한 사람들의 만족도는 엄청나게 높다. 무엇보다 자신감이 없던 사람이 자신감이 생기며 많은 것들이 달라지기 때문이다. 이런 상황에 대해 알려주는 책이 맥스웰 몰츠의《성공의 법칙》이다. 성공한 사람처럼 행동하기만 해도 훌륭한 효과가 있다고 말한다.

운동선수들은 이미지 트레이닝이라는 걸 한다. 특정 상황에서 내가 어떻게 움직일지 직접 행동하지 않고 상상으로 훈련한다. 이런 이미지 트레이닝을 반복적으로 하고 그런 상황이 오면 자기도 모르게 몸이 반응한다. 훌륭한 선수일수록 이런 이미지 트레이닝을 많이 한다. 같은 맥락에서 보면 자기계발서에서 이야기하는 간절히 바라고 원해야 한다는 걸 무조건 경시하거나 무시할 수는 없다. 특히 이 책은 성형외과 의사였던 저자가 다양한 사람들을 상담하고 수술하며 이미지 트레이닝만으로도 어떻게 변화시켰는지 알려준다.

대부분 사람들이 불행한 것은 남과의 비교다. 내가 즐겁게 살아도 어느 날 갑자기 내 주변 사람과 비교해서 부족하다고 느끼면 불행하다. 나보다 뛰어난 사람과 함께하면 불행하고 나보다 못한 사람과 함께하면 행복한 것일까. 꼭 그런 것은 아니겠지만 대부분 사람들이 그렇다는 걸 부정하긴 힘들다. 가난한 나라 행복지수가 더 높다는 이야기를 한다. 그들이 행복한 이유는 남과의 비교가 힘들어 그렇다고 한다. 선진국에서도 북유럽처럼 복지가 잘된 국가는 행복지수가 높다. 한국은 둘 다 힘들다.

행복해지기 위해서는 이기적일 필요가 있다. 타인의 시선에서 자유롭고 주체적인 삶을 살아갈 때 오히려 행복하다. 웨인 다이어의《행복한 이기주의자》는 나에 집중한다. 성공보다는 행복을 추구한다. 가장 큰 이유는 성공보다는 행복이 훨씬 더 쉽기 때문이다. 성공하는 것은 어렵지만 행복하게 사는 것은 쉽다. 돈을 많이 버는 것은 어려워도 적은 돈으로도 행복한 삶은 얼마든지 가능하다. 이런 것들은 분명히 타인의 시선에서 자유로워야만 가능하다.

무엇을 하든지 내가 나를 사랑하지 않는데 행복할 수 있을까. 절대로 불가능하다. 어떤 일을 할 때마다 항상 맞닥뜨리는 것은 내 의지나 자신감 등이다. 이런 부분을 스스로 믿지 못하면 안 된다. 그렇기에 성형수술도 분명히 도움이 된다. 아무리 내면의 아름다움이 더 중요하다고 해도 외면을 무시할 수 없다.

지금까지 자신을 사랑하지 못한 사람이 어떤 일을 할 때 잘할 수 있을까. 그런 사람이 과연 행복한 삶을 살아갈까. 결코 그렇지 않다. 행복은 나를 사랑하는 것부터 출발한다. 나르시시즘은 과도한 자기애지만 그 누구보다 더 행복한 삶을 살아갈 수 있다. 내가 나를 그토록 사랑하는데 불행할 이유가 없다. 내가 나를 사랑하니 남 눈치를 볼 필요도 없다.

성공은 그런 측면에서 볼 때 무엇보다 나를 사랑해야 한다. 성공한 사람을 볼 때 자존감과 자신감이 넘치는 이유다. 그들이 특히나 행복해 보이는 이유는 단순히 돈이 많아서가 아니다. 스스로 자기애가 강하고 성공할 것이라는 확신을 갖고 살아가기 때문이다. 현재는 비록 부족할지라도 자신이 성공한 상상을 하며 행복을 느낀다. 성공한 사람이 되고 싶다면 나를 사랑하는 것부터 시작해야 한다.

경제에서
알아야 할 것

부자가 알고 있는 경제와 가난한 사람이 알고 있는 경제는 다르지 않다. 경제는 빈부를 따지지 않는다. 모든 사람들의 경제활동을 집계해서 경제는 돌아간다. 누구에게나 똑같은 경제지만 부자가 바라보는 시선이 다를 뿐이다. 도대체 부자는 어떤 식으로 경제를 보는 것일까. 그들이 보는 경제는 무엇이 다른 것일까. 다르게 보는 시선을 갖고 있기에 부자가 되는 것일까.

　박경철의 《시골의사의 부자경제학》은 책 제목에서 알 수 있는 것처럼 부자 관점에서 바라보는 경제현상이다. 책이 나왔을 때 무엇보다 화제가 되었던 것은 박경철이라는 존재다. 외과의사지만 주식투자로 더 유명해졌다. 남들이 미처 알지 못했던 미래를 보고 투자한 기업에서 큰돈을 벌었다고 알려졌다. 그 이후로 주식투자에 대해 상당히 많은 강의를 했음은 물론이다. 경제에 대해 학문적으로 접근하지 않고 일반인의 관점에서 이해하기 쉽게 알려준다. 부자의 기준에 대해서 알려줄 뿐만 아니라 금융지식이 왜 중요한

지를 부자가 되는 필수요건으로 설명한다.

경제를 보는 가장 큰 축은 역시나 금리와 인플레이션이다. 이 두 축은 모든 경제에 영향을 미친다. 금리가 상승하느냐, 하락하느냐에 따라 자산으로 이동하는 자본이 변한다. 인플레이션이라는 놈으로 인해 각종 자산 가치가 어떻게 변하는지 알게 된다.

금리와 인플레이션의 관계는 물론이고 상태에 따라 사람들은 자신도 모르게 움직인다. 거대한 흐름에 따라 사람들은 움직이지만 다들 그 사실을 자각하지 못한다. 자산은 상승과 하락을 반복하며 상승한다. 금리가 오르고 인플레이션이 상승할 때 자산은 본격적으로 움직인다. 그 반대인 경우 자산은 처참하게 무너진다. 이런 큰 흐름에 따라 부자는 관심 갖고 투자를 결정한다. 일반인은 큰 흐름은 관심 없고 눈앞의 이익에만 집중한다. 최종적으로 항상 부자가 돈을 버는 가장 큰 이유다. 큰 흐름에 따라 투자하는 부자가 언제나 최종 승자로 더 큰 자산을 축적한다.

경제는 성장한다. 그 과정에서 다양한 흐름이 보인다. 대부분 일반인은 큰 흐름을 보지 못한다. 상승할 때는 상승이 무한정 진행될 것처럼 생각한다. 하락이 시작되면 끝없이 추락하며 도저히 상승할 것이라 상상조차 못한다. 이런 일이 반복적으로 일어나며 언제나 가난한 사람의 시선은 부자의 시선을 쫓아가지 못하고 자산도 축적하지 못한다. 그 시선을 획득해도 막상 실행하려면 언제나 어렵고 힘들다. 머리로 아는 것과 행동하는 것은 엄청난 차이가 있다.

경제는 언제나 우리가 예상한 대로 흘러가지 않는다. 큰 흐름을 알고 있어도 꼭 예측대로 진행되지 않는다. 지나고 나서 알 수 있는 경우도 무척 많다. 과거에는 규모의 경제를 가장 중요시 여겼다. 80/20법칙이라 하여 대부분 소유를 작은 20이 80이나 하고 있다는 뜻이다. 각 회사에서도 제품은 다양하지만 잘 팔리는 것은 대부분 제품에서 극소수다. 각 기업은 이런 면에서 좀 더 중요한 부분에 집중하는 것이 더 큰 이득이다. 즉 소규모로 제작하고 판매하는 것은 기업에게 큰 도움이 되지 않았다.

이런 생각에 반기를 든 책이 크리스 앤더슨의 《롱테일 경제학》이다. 히트 상품은 대다수 엄청난 수량을 동반해서 일시적으로 판매된다. 가끔 역주행으로 소비자들에게 선택되는 경우도 있지만 대부분 출시 초기에 대규모로 팔린다. 사람들은 익숙하고 친숙한 제품만 선택하며 외면받는 제품은 사라졌다. 인터넷의 발달과 함께 이런 현상이 변했다. 특정 오타쿠로 불리는 사람들만 좋아할 것이라 여겼던 제품이 지속적으로 판매되었다. 롱테일하게 팔리는 제품이 의외로 더 돈이 된다고 했다.

수많은 기업이 더 많이 팔기 위해 노력한다. 약간의 출혈을 감수하고도 판매에 집중한다. 많이 팔아 일정 규모 이상이 되면 수익이 된다. 이런 분야는 거의 대다수가 레드 오션으로 수익이 적다. 롱테일은 어떻게 보면 틈새시장이다. 남들이 그다지 관심 갖지 않지만 분명히 수요는 있다. 이 수요가 제품을 구매하면서 생각보다 큰 이익이 된다. 롱테일이 엄청나게 길게 이어지며 이들을 합친 이익이 오히려 더 좋았다는 뜻밖의 결과도 보여준다.

책이 나왔을 때는 엄청난 반향을 일으켰다. 이후에 롱테일은 다소 시들해졌다. 역시 기업 입장에서는 대규모 매출이 더 도움이 되었다. 그럼에도 충분히 경쟁력이 있는 분야에서는 대규모로 밀어내기를 통한 판매를 하지 않아도 이익을 낼 수 있다는 걸 보여준 책이다. 무엇보다도 과거와 달리 IT가 발달하며 온라인에서는 충분히 가능한 방법이다.

경제는 큰 흐름을 봐야 하지만 작은 부분도 놓치면 소탐대실할 가능성이 크다. 거대한 흐름 안에 생기는 실질적인 현상도 중요하다는 뜻이다. 기존 경제학에서는 다루지 않고 언급되지 않던 새로운 흐름이 생겼다. 역사는 반복된다고 하지만 늘 새로운 모습을 하고 나타난다. 끊임없이 새로운 경제 관련 책을 읽으면서 체크해야할 필요가 있다.

자본주의 사회가 된 이후에는 반복적으로 되풀이되는 흐름이 있다. 언제나 경제 호황과 불황이 반복된다. 경제 호황이 왔을 때 모든 사람이 좋아한다. 이런 시절이 계속 이어질 것 같은 분위기가 팽배해진다. 모든 것이 전부 용서되고 감춰진다. 자산 가격이 올라가며 모든 사람은 들뜬 마음에 도취된다. 이런 시기가 오래 지속될수록 버블이 더욱 쌓인다. 이런 현상은 과거부터 계속 있었다.

찰스 P. 킨들버거의 《광기, 패닉, 붕괴 금융위기의 역사》는 인류가 지금까지 지속적으로 반복한 버블의 역사를 보여준다. 많은 사람들이 알고 있는 네덜란드의 튤립버블부터 영국 남해회사, 프랑스 미시시피회사, 일본의 1990년 거품까지 다룬다. 여기에 우리도 함께 겪었던 동아시아 외환위기에서 2000년의 미국 나스닥 버블까지, 어떻게 이렇게 반복적으로 버블이 생길 수 있는지 신기하다 싶을 정도로 지속된다.

과거에는 버블이 쌓일 때까지 상당히 오랜 시간이 흘러야 했다. 몇십년 정도 기간이 지나야만 버블이 쌓이고 쌓여 터졌다. 요즘은 버블의 주기가 점점 짧아지고 있다. 이런 현상은 기술과 금융의 발달과 함께 풍선이 더욱 커진 후에 터지고 있다. 공교롭게도 이 책이 한국에 출간된 2006년 이후 버블의 정점이었다. 그 이후 몇 년 되지 않아 자산시장은 꺼지고 말았다. 미국의 서브프라임을 통한 전 세계 자산시장의 즐거운 시간은 끝이 나고 말았다.

이처럼 언제나 역사를 되돌아볼 때 돌고 돌아 다시 제자리라는 이야기가 허튼 소리로 들리지 않는다. 자산시장에서 가격이 가장 높을 때가 가장 위험하고 자산시장이 하락해서 공포로 넘실거릴 때가 가장 안전하다. 매수라는 관점에서 볼 때 그렇다. 이런 책을 읽으면서 역사를 살펴보고 반복되는 흐름을 깨닫는 것은 중요하다. 경제는 우리 일상과 동떨어져 있지 않다. 한국에서 지금까지 IMF 사태와 금융위기가 터졌을 때 어떤 일이 벌어졌는지 살펴보면 더욱 그렇다. 경제를 공부해야 내 자산을 지킬 수 있다.

인간이란

책을 읽다 보면 자연스럽게 인간에 대한 궁금증이 생긴다. 인간에 대한 끊임없는 탐구는 철학을 비롯해 과학, 심리학, 최근 뇌과학 같은 학문의 발전을 살펴보면 알 수 있다. 심리학은 다소 뜬구름 잡는 것 같기도 하지만 다양한 상황에서 실험하고 연구해 인간을 탐구하는 학문이다. 과학은 인간 본질에 대해 추론하고 가설을 세우는데 그치지 않고 증거를 대거나 반대 증명을 한다. 이런 다양한 실험과 이야기를 연대순으로 알려주는 책이 로렌 슬레이터의 《스키너의 심리상자 열기》다.

책에는 재미있는 실험이 참 많이 소개되어 있다. 일부러 정신병원에 입원한 환자도 있는데, 자발적으로 입원했지만 그곳에서는 환자와 똑같이 취급하며 몇 개월을 감금된 상태로 머물게 된다. 여기에서는 인간의 좌뇌와 우뇌가 다른 역할을 한다는 걸 보여준다. 뇌의 특정 부위가 상처를 입었을 때 엉뚱한 행동을 한 사람의 사례도 소개한다. 그저 읽는 것만으로도 흥미진진하다.

나는 지극히 평범한 사람이다. 책을 많이 읽었어도 여전히 모르는 것투성이였다. 성공한 사람들은 도대체 무엇이 다른 걸까. 거창해 보이는 점도 없지 않아 있겠지만 사물을 다르게 보는 것이 아닐까 한다. 여기에 한 발 더 나아가서 위대한 사람들은 어떤 생각을 했기에 남들과 다른 창조물을 세상에 선보인 것일까. 이에 대해 로버트 루트번스타인과 미셸 루트번스타인 부부가 쓴《생각의 탄생》이 알려준다.

　결국에는 생각이 핵심이다. 더 많은 생각과 다른 사고도 중요하다. 책에서는 다음과 같은 방법으로 생각했던 위대한 사람을 소개한다. 관찰, 형상화, 추상화, 패턴인식, 패턴형성, 유추, 몸으로 생각하기, 감정이입, 차원적 사고, 모형 만들기, 놀이, 변형, 통합 등이다. 똑같은 생각이라도 이런 자신만의 툴을 통해 기존에 없던 걸 만들거나 보여준다. 또는 기존에 없던 개념을 세상 사람들에게 심어준다. 책 제목처럼 생각이 어떻게 탄생했는지 보여준다.

　우리가 현재 알고 있는 수많은 것은 이미 우리보다 앞서간 사람들의 생각이 발전하고 융합하고 통합된 덕분이다. 과거에는 전혀 생각하지 못했던 개념을 우리는 현재 너무 익숙하게 받아들인다. 힘들고 어렵게 생각해낸 그 사고를 지금 우리는 쉽게 한다. 이를 통해 우리도 얼마든지 노력한다면 남들과 다른 생각을 할 수 있다. 아주 작은 생각의 차이만으로도 충분히 남들과 다른 삶을 살 수 있다.

　책을 읽는 가장 큰 이유가 바로 남과 다른 생각을 하기 위해서다. 혼자 아무리 고민하고 노력해도 다른 생각을 갖기는 힘들다. 아는 것이 있어야 다른 생각도 할 수 있다. 안다는 것은 쉽지 않지만 독서를 통해 모르는 것을 알 수 있다. 앎의 단계를 지나야 생각하는 단계로 진입할 수 있다. 이 단계는 자연스럽게 이어진다. 억지로 노력할 필요도 없이 독서를 꾸준히 한다면 어느 순간 생각하는 자신을 발견할 수 있다.

정보와 지식이라는 측면에서 독서를 할 필요는 없다. 최근 대세인 유튜브와 같은 동영상이 훨씬 더 많은 정보와 지식을 우리에게 전달한다. 전달이라는 표현처럼 무엇을 숙성시켜 내 것으로 만드는 것은 독서만이 가능하다. 독서는 읽으면서 정보와 지식을 줄 뿐만 아니라 생각이라는 선물을 준다. 생각하지 않으면 정보와 지식은 필요 없다. 독서는 생각을 만나 무가치한 것을 가치 있게 변화시킨다. 변화하고 발전하고 싶다면, 어제와 다른 나를 만나고 싶다면 독서를 해야 한다.

혼자는
외로워

인간은 사회적 동물이다. 주체적으로 스스로 판단하면 좋겠지만 대부분 상황에서 그렇지 못하다. 자신이 옳다고 생각해도 남들이 틀리다고 하면 자신의 신념마저 꺾는다.

한 실험을 살펴보자. 갈색과 빨간색으로 된 선이 있다. 혼자 있을 때는 자신 있게 갈색과 빨간색이 있다고 대답했다. 그리고 여러 명이 함께 똑같은 테스트를 했다. 빨간색과 갈색이 있다고 말하기 전에 한 명이 전부 빨간색이라 말한다. 다음 사람도 그렇게 말한다. 실험에 참여한 10명이 전부 빨간색만 있다고 말한다. 실험자 차례가 왔을 때 그는 분명히 갈색을 봤어도 전부 빨간색이라 말한다. 실험이 끝나고 실험자에게 물어보자 모든 사람들이 빨간색이라 해서 어쩔 수 없이 대답했다고 고백했다. 10명이나 되는 사람이 한결같이 주장하는 바를 혼자서 달리 대답할 사람은 극히 드물다.

어느 방송에서 한 실험도 있다. 강남역 근처에서 길을 가던 한 사람이 갑자기 걷던 반대편 건물을 손가락으로 가리키면서 본다.

이 사람의 행동에 어느 누구도 관심을 갖지 않는다. 이번에는 두 사람이 같은 행동을 한다. 한 명일 때보다 지켜보는 사람이 많아졌지만 여전히 극히 일부다. 이번에는 세 사람이 동시에 특정 건물을 가리키며 본다. 지나가던 사람이 전부 길을 멈추고 손가락으로 가리키는 곳을 본다. 그곳에는 아무것도 없지만 사람들은 두리번거린다.

이런 상황을 볼 때 대다수 사람들이 하는 행동을 혼자서 거절하거나 외면하기는 힘들다. 귀스타브 르봉의 《군중심리학》은 이런 인간의 집단행동에 대해 말한다. 개개인은 현명하게 행동하고 차분히 고민하며 최선의 선택을 한다. 이런 사람들도 집단으로 움직일 때는 이성이 전혀 작동하지 않는다. 이런 면에서 볼 때 차라리 군중에서 독립적으로 떨어져 있을 때 더 이성적인 판단으로 올바른 선택을 할 수 있다. 직간접적으로 주변 사람들에게 영향을 받을 수밖에 없다. 주변 사람들이 나와 생활방식, 직업, 성격, 가치관이 비슷하지 않아도 그렇다. 그들이 군중이 되었을 때 나도 모르게 군중의 집단정신에 예속되어버린다. 개인과 군중은 같으면서도 완전히 다른 성향을 보인다. 개인인 내가 군중에 속했을 때 개인은 죽어버리고 군중으로 생각하고 판단해 행동한다.

이토록 군중에 속하려는 이유 중 하나가 '불안'이다. 남들과 다르게 행동했을 때 나타나는 이질감을 못 견디는 것이다. 군중 속에 함께 있을 때와 달리 독립적으로 다니는 순간 야생동물의 습격을 받는다. 이런 습성은 인간에게 혼자 있을 때 불안감을 느끼도록 만든다.

　이런 불안에 대해 알랭 드 보통의 《불안》은 다양한 이야기를 들려준다. 남들에게 인정을 받지 못할까봐 오는 불안감도 있다. 무엇보다 가장 큰 불안감은 남들과 다른 행동을 할 때다. 남들보다 더 큰 지위를 얻었을 때 오는 자신감은 반대로 볼 때 불안감의 극대화다. 오롯이 자신이라는 개인 인정을 받지 못하고 지위로 자신의 행동을 무마하거나 덮으려 한다.

　사람들은 주택 가격이 상승하면 불안감을 느낀다. 가격 상승에 나 혼자만 뒤처졌다는 불안감이 엄습한다. 군중에 합류하지 못하면 안 된다는 절박감마저 들면서 무리를 해서라도 주택을 구입한다. 나도 합류했다는 안도감을 갖지만 가격이 조금만 떨어지면 또다시 불안에 어쩔 줄 몰라 한다.

　실질적으로 아파트는 지위가 되었다. 누구나 다 선호하는 서울 아파트에 합류해야 한다. 아파트 중에서도 강남 4구(강남구, 서초구, 송파구, 강동구)나 못해도 마용성(마포구, 용산구, 성동구)에 들어가야 그나마 남부럽잖게 지위를 얻는 것으로 본다. 그곳에 들어가지 못하면 실패한 인생과 같은 불안을 갖는다. 이런 욕망과 공포는 사람들에게 더욱 불안을 부추기고 군중심리가 팽배해져 제대로 된 판단을 할 수 없게 한다.

　군중심리는 이런 불안에서 오는 것이다. 각 개인이 생각할 때 히틀러의 나치가 벌인 만행은 도저히 용납할 수 없는 행동이다. 유대인을 말살하려고 독가스실에 넣어 죽여버린다. 이런 행위에 합류하지 않았을 때 소외당하는 불안감은 인간에게 참을 수 없는 고독을 선사한다. 현대에 들어 이처럼 극단적인 선택을 군중이 하지 않으리라 보는가. 얼마든지 기회만 되면 군중이라는 이름으로 양심을 버리고 할 수 있다. 지금도 현대 사회 곳곳에서 이런 군중심리에 의해 벌어지는 일들이 비일비재하다. 남들과 다르다고 불안을 느낄 필요 없다. 자신이 옳다고 생각하거나 맞다고 판단되는 것은 군중에 휩쓸리지 말고 당당하게 거절할 줄 알아야 한다.

인간이 불안을 느끼는 것은 당연하다. 남들에게 인정을 받으려 노력하는 불안에서 탈출해야만 군중심리에서 벗어날 수 있다. 지위에서 오는 평안함은 헛된 망상이다. 지위를 추구하면 할수록 공허하다. 지위가 사라졌을 때 모든 배경이 사라진 나라는 존재가 초라해진다. ○○구 ○○동 ○○아파트에 거주해야만 만족을 느끼고 평안함을 느낀다면 그것은 바로 군중심리가 나에게 제대로 작동했다는 뜻이다. 나는 오로지 내가 갖고 있는 유무형 가치의 총합이다.

나도 모르게 군중심리에 함몰되는 걸 방지하는 것은 바로 독서에서 출발한다. 바로 적용하거나 실생활에서 즉각적으로 응용할 수 없어도 독서를 통해 경각심을 갖게 된다. 무엇보다 어디에 거주하느냐는 유형 가치가 아닌 나라는 개인의 무형 가치에 집중하게 된다. 무엇이 중요한지 그 가치를 파악하게 만들어준다. 다양한 독서로 내 지식은 물론이고 가치를 확장한다. 사회적 동물인 내가 혼자 살 수는 없어도 군중심리에 밀려다니지 않을 수 있는 원동력이 바로 독서였다.

워런
버핏

워런 버핏, 투자에 관심 있는 사람이라면 누구나 한 번쯤은 들어봤을 이름이다. 그의 책도 한 권쯤은 읽어봤을 것이다. 워런 버핏은 싸게 사는 걸 기가 막히게 잘한다. 무조건 싸게 사는 것은 아니다. 적당한 가격이라면 산다. 적당한 가격이라는 것도 워런 버핏 스스로 한 말일 뿐 우리 같은 사람들이 볼 때는 저렴하게 매수한 것이다.

　우리는 돈이 있을 때 투자처가 보이면 사지 못해 안달이 난다. 그리고 거의 틀림없이 후회한다. 하지만 워런 버핏은 이럴 때 절대로 쉽게 매수하지 않는다. 아무리 좋은 기업이라도 본인이 판단하기에 가격이 비싸면 절대로 매수하지 않는다. 몇 개월은 기본이고 몇 년이 되어도 인내하며 기다린다. 자신이 생각하는 가격대가 왔을 때 매수한다.

　처음 투자 공부를 할 때 워런 버핏을 만나는 것은 너무 자연스러웠다. 주식투자와 관련된 책 중에 읽을 만한 것은 대부분 워런 버핏이 제목으로 들어가거나 워런 버핏 투자 방법을 알려주는 책이었다. 심지어 워런 버핏의 며느리가 쓴 책도 있다. 그러나 워런 버핏이 직접 쓴 책은 없다. 그나마 워런 버핏이 사업보고서에 쓴 투자자 레터라는 글이 있는데 이걸 엮은 《워런 버핏 바이블》 정도다. 그 외에는 전부 워런 버핏의 투자 방법을 설명하는 책이다.

유일하게 워런 버핏의 허락을 얻은 책이 있다. 앨리스 슈뢰더가 쓴 《스노우볼》이다. 두 권으로 출간됐는데, 워낙 내용이 자세해 워런 버핏이 몇몇 부분은 삭제했으면 했다는 뒷이야기가 있다. 이 책에는 워런 버핏의 삶과 투자에 대한 내용이 아주 잘 나와 있다. 어린 시절 코카콜라 병을 팔아 치운 이야기나 핀 볼 사업은 물론이고 도서관에 있는 모든 경제경영 책을 다 읽었다는 이야기도 있다. 그 후에 워런 버핏이 젊은 시절 스승인 벤저민 그레이엄이 쓴 《현명한 투자자》를 읽고 큰 감명을 받아 그가 있는 대학으로 간다. 함께 투자회사에서 근무하다 다시 고향인 오마하로 돌아와서 투자를 본격적으로 시작하는데, 그가 오마하라는 시골에서 전국구 투자자를 넘어 전 세계적 투자자가 되기까지 일대기를 보여준다. 투자뿐만 아니라 가족을 비롯한 삶까지 보여주어 입체적으로 워런 버핏을 이해할 수 있다.

워런 버핏은 투자에 있어 가치투자를 신봉한다. 가치보다 저렴한 걸 사야 한다는 개념을 듣자마자 이해하지 못하는 사람은 아무리 설명해도 모른다고 말한다. 워런 버핏이 평생 동안 투자한 회사를 보면 남들이 이해하지 못하는 기업에 투자한 적이 없다. 언제나 아주 쉬운 분야에서 돈 버는 기업을 선택한다. 바보라도 운영할 수 있는 회사가 높은 이익을 꾸준히 내고 있다면 바로 그 회사가 워런 버핏이 찾던 기업이라고 알려준다.

투자하는 사람들은 고리타분한 분야에서 이익을 내는 회사보다는 무엇인가 대단한 걸 만들어낼 것 같은 회사에 투자한다. 당장은 별 볼일이 없어도 한순간에 무엇인가 터져 대박이 나는 회사를 찾아다닌다. 이런 회사는 대체로 장밋빛 전망은 출중하지만 매출과 이익 측면에서는 그다지 볼 것이 없는 경우가 많다. 워런 버핏은 확실하게 매출과 이익이 나면서도 안정적인 기업을 선호한다. 이런 기업은 당장 엄청난 청사진이 없더라도 꾸준히 자기 분야에서 매출과 이익을 내는 단순한 업종인 경우가 많다.

이 책과 함께 앤드류 킬패트릭이 쓴 《워런 버핏 평전》도 읽으면 좋다. 이 책은 두 권으로 나뉘어 있다. 워런 버핏이라는 인물과 투자로. 나는 투자 파트보다 인물 파트가 더 좋았다. 내게 도움이 되고 참고할 만한 내용은 인물 파트에 더 많았다. 어찌 보면 그만큼 워런 버핏의 삶과 투자는 떼어놓을 수 없는 것인지도 모른다. 그가 살아온 삶 자체가 투자다. 실제로 워런 버핏은 아침에 출근해 보유 기업의 CEO와 전화 통화를 한 후 사업보고서를 읽고 책을 읽는다. TV로는 증권방송을 음소거한 후에 틀어놓고, 회사 일이 끝난 후에 집에 와서는 저녁 식사 후 다시 투자 관련 잡지 등을 읽는다. 하루 종일 투자에 집중한다.

지난 20년 동안 부자 순위에서 3위 밖으로 밀린 적이 없는 워런 버핏의 삶과 투자에 대해 공부하는 것만으로도 올바른 투자자의 길로 들어서는 경험이 될 것이다. 기본적인 내용을 알려주고 투자의 핵심에 대해 설명하는 책이다.

수많은 워런 버핏 관련 책이 있지만 내가 읽은 정도면 충분하지 않을까 싶다. 기본은 언제 다시 읽어도 좋다. 늘 반복하며 초심을 잃지 않고 투자한다면 워런 버핏과 같은 투자자가 될 수 있지 않을까. 워런 버핏의 지난 60년 평균 수익률은 20퍼센트다. 꾸준히 투자한다면 워런 버핏만큼은 아니어도 경제적으로 조금은 자유를 얻을 수 있지 않을까 한다.

여기서 태어나
행운이야

사람들은 대부분 '나는 왜 이렇게 운이 없을까'라고 생각한다. 우리 부모님이 부자였다면 나는 지금보다 더 잘 살고 있었을 텐데. 그러나 결코 그렇지 않다. 무엇보다 한국에서 살고 있는 모든 사람은 기본적으로 엄청난 행운을 갖고 태어났다. 그럼에도 항상 남들과 비교하며 나는 왜 이 모양이냐며 불평불만을 갖는다. 비교는 언제나 나보다 잘난 사람을 상대로 한다. 언제나 불행하다고 느끼는 가장 큰 이유다. 비교 대상을 훨씬 대단한 사람으로 하니 더욱 힘들고 어렵다.

아프리카나 이슬람 국가에서 태어났다면 개인의 자유는 억압된다. 내가 의도한 바를 할 수 있는 자유 자체가 없다. 최소한 한국 사회에서는 내가 하고 싶은 걸 할 수 있는 자유가 있다. 감히 꿈도 꿀 수 없는 환경과 그래도 꿈은 꿀 수 있는 환경 중에 어떤 곳이 더 좋을까.

와리스 디리가 쓴《사막의 꽃》과 할레드 호세이니가 쓴 자전적

소설 《천 개의 찬란한 태양》을 읽어보면 한국에서 태어났다는 사실 자체를 다행이라 생각할 것이다.

패션모델은 최근에 많은 청춘들에게 되고 싶은 직업 중 하나다. 무엇보다 전 세계를 돌아다니며 마음껏 자신의 매력을 뿜내는 포즈는 누구도 따라하지 못할 자신만의 독특한 가치다. 너무 화려한 세계라 모델들은 모두 엄청난 사람일 것이라는 착각마저 든다. 모델이 된 계기는 사람마다 다르겠지만 그들이 겪은 과거를 우리는 모른다. 눈에 보이는 화려한 모습만 보고 동경하며 모델을 꿈꾼다.

《사막의 꽃》의 와리스는 화려한 모델이지만 그가 세계적인 모델이 되기 전까지 엄청난 고생을 했다. 소말리아에서 태어난 와리스는 이슬람의 전통에 따라 할례를 받아야 했다. 정작 코란 경전을 비롯한 그 어디에도 여성이 할례를 받아야 한다는 내용은 없다. 이런 것과 무관하게 이슬람 여성들은 '알라 신의 뜻'이라는 이름 아래 할례를 받아야 한다. 전 세계 여성 중에 무려 1억 명이나 된다. 할례 과정에서 과다 출혈로 사망하는 경우도 부지기수라고 한다. 한 마디로 어느 누구도 간호를 하지 않고 스스로 알아서 치유될 때까지 방치된다. 도중에 야생동물에게 해를 당할 수 있어도 운명처럼 받아들이는 문화다. 와리스는 바로 그곳에서 목숨을 걸고 탈출한다. 무엇보다 와리스가 있던 곳은 사막이었다. 그 사막을 혼자 탈출해서 문명 세계 서양으로 간다.

그곳에서도 먹고살기는 막막했지만 우연히 측면 얼굴이 찍힌 사진이 알려지면서 모델 일을 시작하게 되었다. 와리스는 영어로

'사막의 꽃'이라는 뜻이다. 이런 상황에서 와리스가 태어난 소말리아에서 살지 않는 내가 불행하다고 불평할 수 있을까. 자신의 인생을 마음대로 할 수 없는 곳에서 목숨을 걸고 탈출해야만 인간답게 살 수 있는데 말이다.

이번에는 아프가니스탄에 태어났다고 생각해보자. 수많은 외적의 침입을 받았지만 지금까지 단 한 번도 외세에 굴복하지 않은 국가라 한다. 그럴 수밖에 없는 것이 아프가니스탄은 워낙 점처럼 국가 지형에 따라 각종 조직이 구성되어 있어 국가를 다스리는 것이 어렵다. 이런 와중에 소련이나 미국이 점령한 적이 있지만 단 한 번도 제대로 통치를 한 적이 없다. 그들은 항상 게릴라처럼 출몰하며 적군을 물리치고 도망간다. 누가 적인지 시민인지도 구분이 되지 않을 정도다.

《천 개의 찬란한 태양》에는 마리암과 라일라가 나온다. 둘 다 아프가니스탄에서 이슬람 국가 여성으로 비참한 삶을 산다. 자신에게 가해지는 폭력이나 억압에 순응하는 마리암과 저항하는 라일라가 나온다. 둘 다 같은 국가에서 살아가지만 그나마 교육을 받은 라일라는 이슬람 체제에 순응하고 체념하며 살아가는 마리암에 비해 좀 더 상황을 벗어나려 노력한다. 그럼에도 둘 다 빈번한 내전과 외부의 침략으로 폭탄과 총알이 빗발치는 곳에서 살아간다. 멀쩡히 밥을 먹다 폭탄으로 가족이 순식간에 죽기도 한다.

이런 점뿐만 아니라 종교라는 이름으로 벌어지는 각종 폭력과 여자라는 이름으로 받는 각종 억압은 말할 수 없을 정도로 참혹하다. 게다가 교육을 받을 기회조차 박탈당하고 혼자서는 집 밖을 나갈 수도 없다. 아프가니스탄은 이슬람 국가에서도 종교적인 강박감이 강한 국가라 종교가 그 어떤 것보다 우선한다. 이런 상황에 대해 그저 순응하며 살아갈 수밖에 없는 수많은 사람들이 있다. 다른 삶이 있을 것이라고는 생각지도 못하고 살아간다. 이것이 자신들의 숙명이라 여기며 살아간다.

마리암과 라일라는 아프가니스탄에 태어나고 싶었을까. 와리스도 소말리아에서 태어나고 싶었을까. 그 누구도 그렇지 않다. 한국에서 내가 태어난 것이 축복이자 행운이 아니면 무엇이겠는가. 덕분에 난 먹고 싶을 때 먹을 수 있고, 보고 싶은 건 볼 수 있다. 하고 싶은 것도 내 마음대로 할 수 있다. 한국에서 최소한 인간답게 살수 있는 토대는 확실히 있다. 누가 날 억압하거나 폭력으로 폭압적인 분위기를 만들지도 않는다.

한국에서 태어나 정말 다행이다. 지금 이 순간 이렇게 글을 쓸수 있는 것도 한국에서 태어난 덕분이다. 이토록 소중한 순간이 있을까. 내가 소말리아나 아프가니스탄에서 태어났다면 이렇게 마음놓고 살 수 없었을 것이다. 정말 다행이다. 이처럼 축복받고 행운인 삶이 또 있을까. 없다. 나도 당신도.

공감하고
이해하기 위해

이미 이야기한 것처럼 나에게 독서는 소설을 읽는 것이었다. 그러나 본격적으로 지식을 쌓기 위해 시작한 독서 때문에 소설을 멀리하게 되었다. 소설을 읽어야 한다는 부채감은 늘 따라다녔고, 도서관에 가도 경제경영 코너에서 책을 보며 마음속으로 언젠가 소설 코너에서 맘껏 읽겠다고 생각했다. 소설을 읽는 것은 사치라며, 아직은 때가 아니라고 생각했지만 점점 때가 가까워지고 있었다.

정확하게 내가 소설을 본격적으로 읽기 시작한 것은 마이클 코넬리의 《시인》과 박민규의 《죽은 왕녀를 위한 파반느》를 비롯해서 스티그 라르손의 《밀레니엄》 시리즈였다. 지금도 그렇지만 남들이 읽는 책이나 손에 들고 있는 책에 관심이 많다. 누군가 읽고 있다는 것은 그 책이 그래도 괜찮을 가능성이 있다는 뜻이다.

《시인》을 가지고 있던 지인이 정말 재미있고 좀 무섭다는 이야기를 했다. 나는 그 자리에서 바로 빌려달라고 했다. 그렇게 추리소설에 입문하게 되었다. 추리소설은 그 안에서도 여러 장르가 있다. 스릴러도 있고 정통 추리도 있다. 워낙 지금은 파생된 장르가 많다. 대부분 범인이 누구인지 맞히는 게임이다. 누가 범인인지 꽁꽁 숨기며 작가와 독자의 추리 싸움이 시작된다. 범인과 주인공의 싸움이지만 실제로는 주인공에 감정 이입된 독자와의 싸움이나 마찬가지다.

추리소설은 대체로 미국과 유럽, 일본으로 나뉜다. 한국에 소개되는 대부분 일본 소설이 추리류로 인기가 좋다. 유럽은 정통 추리소설로 형사가 나오고 범인을 쫓는 과정이 대부분이다. 독일과 영국, 프랑스는 물론이고 북유럽 국가의 추리소설도 많이 소개된다. 반면에 미국은 정통 추리보다는 스릴러 장르가 많다.

추리소설은 대체적으로 소설을 많이 읽는 사람들이 즐겨 찾는 장르다. 작품성 있는 소설을 읽다 기분 전환용으로 읽는 경우가 많다. 워낙 추리소설은 부담 없이 읽을 수 있기 때문에 과거에도 지금도 미래에도 계속 사랑받을 장르로 생각한다. 그런 책 중에 정통 추리소설이라 할 수는 없지만 정말 시간 가는 줄 모르고 읽었던 소설이 《밀레니엄》 시리즈다.

작가인 스티그 라르손은 르포 기자였다. 스웨덴에서도 비리를 밝히는 기자라 생명의 위협까지 느꼈다고 한다. 그는 이 작품을 어디까지나 노후에 연금 목적으로 썼다고 한다. 이 시리즈를 총 10권으로 계획했는데 6권까지 집필하고 출간되기 6개월 전에 사망한다. 이후 시리즈는 전 세계적으로 엄청난 열풍을 일으키며 할리우드에서 영화로 2편이 제작될 정도였다. 이 책을 주말에 읽으면 주말 내내 아무것도 못하고 월요일에 출근할 것이라는 독자리뷰가 있을 정도로 몰입도가 장난 아닌 책이다. 최근에 공식 작가가 지정되어 쓰다 만 시리즈를 이어가고 있다.

추리소설에 이어서 본격적으로 소설을 다시 읽게 된 것은 사실 《죽은 왕녀를 위한 파반느》였다. 이 책도 역시나 누군가 재미있다고 이야기를 해서 읽게 되었다. 그동안 꽁꽁 숨겨왔던 내 젊은 시절의 추억을 다시 불러일으킨 소설이었다.

어느 누구나 시간이 지난 후에는 자신의 20대에 대해 추억하게 된다. 아무것도 모르고 열정과 패기만 넘치던 시기였다. 무엇을 해도 풋풋하고 용서가 되던 시기였다. 나에게도 20대는 그랬다. 그 20대를 완전히 잊고 살아가던 나에게 《죽은 왕녀를 위한 파반느》는 다시 추억을 되살려줬다. 배경과 주인공의 연령이 나와 비슷했고, 돈 벌겠다고 성공 관련 책만 읽던 나의 감정을 건드렸다.

소설은 나에게 인간에 대한 탐구를 알려준다. 모든 것은 인간에게서 나온다. 인간을 알아야만 한다. 경제경영에서 이야기하는 인간은 다소 이성적이고 감정이 배제되어 있다. 인간은 이성만 갖고 있지 않고 감정도 있다. 이성만 갖고 있는 인간에게 실수는 없다. 언제나 똑 부러지게 자신이 해야 할 일을 해낸다. 우리는 알고 있다. 인간은 결코 그런 존재가 아니라는 걸. 감정이 나를 지배할 때가 많다. 그러고는 후회를 한다. 다시 기뻐한다. 이런 걸 소설에서 배울 수 있다.

소설을 읽으면서 주인공에게 감정이입을 한다. 내가 주인공이라면 어떻게 할지 고민도 한다. 어떤 상황에 놓여 있을 때 전혀 이성적으로 판단내리고 행동하지 않는다는 걸 배운다. 다양한 인간 군상을 배울 수 있다. 사람과 사람 사이에 생기는 엄청나게 다양한 감정 교류와 보이지 않는 미묘한 에너지를 소설은 보여준다. 인간을 이해하는 데 있어 소설보다 더 좋은 것은 없다.

특정한 상황에서 어떤 감정을 느끼는지 소설은 보여준다. 내가 그런 상황일 때 나도 주인공처럼 행동할까, 판단 내릴까, 심리적 변화를 갖게 될까. 이런 걸 실생활에서 전부 알 수는 없다. 특히나 평소에 전혀 생각지도 경험하지도 못할 다양한 상황에 놓인 주인공에 대리 만족을 느끼기도 한다. 내가 평생 살면서 겪는 경험은 한계가 있다. 직접경험도 중요하지만 간접경험도 그만큼 중요하다. 어떨 때는 간접경험이 더 중요할 때도 있다. 소설은 내가 알 수 없고 생각지도 못한 수많은 상황을 우리에게 던져준다.

나는 다시 소설을 읽기 시작했다. 소설을 단 한 권도 읽지 않는 다독가들도 있다. 어차피 정답은 없다. 자신에게 맞는 스타일을 찾으면 된다. 소설이 맞지 않는 사람도 있다. 그럼에도 소설은 언제나 내게 알려준다. 인간은 감정의 동물이다. 인간은 다른 사람과 살아가며 다양한 상황을 겪는다. 시간이 지나도 인간의 본질은 변하지 않는다. 시대에 따라 보이는 면이 달라진다고 해도 본능은 언제나 같다는 걸 다시 한 번 깨닫게 만들어준다. 그도 아니면 소설만큼 시간 보내는 데 좋은 여가도 없다. 상상하며 읽는 소설만큼 내 뇌를 자극하는 것도 없을 것이다.

내 인생이
가장 소중하다

이미 돌이킬 수 없는 인생을 살고 있다고 생각하는가. 현재 살아가는 인생이 불만인가. 도저히 되돌릴 방법이 없는가. 비루한 인생이 싫지만 다른 대안이 없다. 나도 성공한 사람처럼 멋지게 살아보고 싶지만 현재 내 상황에서 어찌할 방법이 없다. 많은 사람들이 고민하고 있는 지점이다. 이런 부분에 있어 소설은 항상 대리만족을 준다. 나도 저런 인생을 살아간다면 어떨까 하는 위안도 준다. 우리는 이미 시작된 인생을 리셋하고 다른 방식으로 살아가는 것에 있어 전혀 방법을 모른다.

용기가 없다고 표현하는 것이 옳은 듯하다. 내가 지금 다니고 있는 회사를 때려치우고 다른 직장에 다닌다. 하던 일을 포기하고 새로운 직업을 얻는다. 늘 마음은 있지만 실행할 용기가 없다. 내가 갖고 있는 것이 크지 않더라도 포기하기는 힘들다. 자유롭게 날아다니는 새보다는 작은 것이라도 내 손에 있는 걸 포기하지 못한다. 우리 삶은 그렇게 흘러간다. 의도치 않게 새로운 인생이 나에게 주어진다면 나는 과연 다시 태어난 인생으로 살아갈 수 있을까. 내가 볼 때는 없다.

《빅 픽처》의 주인공은 운이 결부된 새로운 인생을 시작했지만 그가 그럴 수 있었던 배경이 있다. 사진을 찍을 수 있는 능력이 있었다. 그 능력으로 새롭게 다시 인생을 시작할 수 있었다. 당신은 할 수 있겠는가. 그럴 만한 능력을 현재 갖고 있는가. 아무리 다른 인생을 꿈꾸고 부러워해도 의미 없다. 정작 그런 기회가 나에게 와도 내가 준비되어 있지 않다면 아무런 변화가 없다. 또다시 미련과 후회는 물론이고 스스로 더 비참한 인생이 반복될 뿐이다. 하지 못한 것이 아닌 능력 부족이 맞다. 내가 다른 시도를 하지 못한 것은 스스로 알기 때문이었다. 그저 꿈을 꿀 뿐이다. 상상이 아닌 공상만 하고 있던 것이다. 상상은 노력으로 실천 가능하지만 공상은 노력해도 될 수 없다.

공상을 상상으로 되돌리기 위해서는 준비가 되어야 한다. 나에게 기회가 왔을 때 내가 할 수 있는 능력을 갖추지 못한다면 기회는 사라진다. 그럴 때 완벽히 다른 인생을 살아가는《빅 픽처》의 주인공처럼 될 수 있다. 그러려면 무엇을 해야 할까. 그것을 지금부터 고민하고 준비하면 되지 않을까. 그런 고민과 준비도 없으면서 백날 부러워하면 그저 그렇게 살아가는 인생이다. 그 이상도 그 이하도 아니다. 그렇지 않다면 계속해서 이런 소설을 읽거나 드라마를 보며 대리만족하며 살아간다.

스스로 인생은 무한하지 않다는 걸 깨달아야 한다. 꼭 남을 부러

위하며 살아가는 것보다는 현재 내 삶을 더 충실히 살아가며 조금씩 변화시키는 것이 더 좋을 수 있다. 누군가는 내 삶을 부러워한다. 내가 그걸 깨닫지 못하고 살아간다. 어떤 부모가 자녀에게 "너도 엄마 말 안 듣고 말썽 자꾸 피우면 저 누나처럼 된다"라는 소리를 들은 한 소녀가 있다.

그 소녀의 이름은 '아야'다. 그는 중학생 때 희귀병에 걸려 제대로 걷지도 못하고 남들과 다른 삶을 살아가야만 했다. 잘못한 것은 하나도 없다. 그도 부모도 어느 누구도 잘못은 없다. 자책하고 후회하며 살기보다 아야는 희망찬 인생을 살기 위해 노력한다. 일기를 쓰며 웃음을 잃지 않고 언제나 포기하지 않는다. 몸을 제대로 가누지 못해 넘어지고 상처투성이가 되어도 어머니의 사랑을 자신만 독차지 하는 것 같아 다른 형제자매들에게 미안해한다.

《1리터의 눈물》은 아야가 쓴 일기장이다. 점점 신체능력마저 퇴화되면서 나이를 먹을수록 일기 횟수는 줄어든다. 일기 마지막 단어는 '아리가토우'다. 21세에 그 단어를 마지막으로 아야는 더 이상 일기를 쓰지 못한다. 그 후 25세 나이로 일생을 마감한다. 남들의 시선에는 불쌍하고 피하고 싶은 사람으로 보였을 테다. 식구들에게는 짐이라고 느끼며 자존감마저 무너졌을 것이다. 이런 상황에서도 아야는 항상 웃음을 잃지 않은 순진무구한 사춘기 소녀로 항상 주변을 돌아보며 감사한 삶을 살았다.

《빅 픽처》의 주인공 벤은 새로운 인생을 살지만 자신 주변과 완전히 단절된 새로운 삶을 살아간다. 그 주변 사람들은 그를 사랑하고 응원했던 사람들이다. 그런 사람들을 전부 무시하고 외면한 새로운 인생이 과연 행복하기만 할까. 아야는 비록 주변 사람들을 힘들게 했지만 많은 사람들에게 좋은 추억을 남겨주고 가지 않았을까. 인생에 정답은 없다. 성공한 인생? 그런 것은 누가 정하는 것일까. 남들이 볼 때 성공한 인생이라고 본인도 만족한 인생일까. 결코 그렇지 않다. 정답이 없는 인생에서 정답을 찾으려 하니 없는 답이 어떻게 나올까.

지금 살아가는 내 인생이 가장 소중하다. 다른 누구도 대체할 수 없다. 어느 누구도 나처럼 살아가는 사람은 단 한 명도 없다. 다시 태어난다고 다른 삶을 살아가게 될까. 결코 그렇지 않다. 똑같은 일이 반복된다. 다른 인생을 살고 싶다면 누구를 부러워하지 말고 내가 살고 있는 현재를 바꾸려고 노력하는 것이 중요하다. 아야는 짧은 인생이지만 많은 사람들에게 큰 영향을 미쳤다. 내 '빅 픽처'는 완전히 다른 삶을 살아가는 것이 아닌 지금부터 준비해서 10년 후에는 훨씬 더 즐겁고 여유로운 삶을 살아가면 되지 않을까. 그게 바로 진정한 빅 픽처 아닐까. 내 주변 사람들과 단절할 필요도 없고 말이다. 당신의 '빅 픽처'를 응원한다.

SNS 하는
세상

나는 블로그를 주로 하고 있다. 블로그도 독서 리뷰를 쓰기 위해 시작했던 블로그였다. 이전에 사람들은 싸이월드를 많이 했었고, 그 이전에는 아이러브스쿨이 있었고, 더 전에는 천리안과 하이텔이 있었다. 블로그 이후에는 페이스북, 트위터를 많이 한다. 최근에는 인스타그램이 가장 트렌디한 SNS다. 전 국민적인 카카오톡은 여전히 많은 사람들의 대화창구가 되었다. 계속해서 변화하는 SNS에서 전 세계적으로 가장 인기 있는 페이스북은 한국에서도 많이 한다.

나는 페이스북 활동은 거의 안 하고 블로그에 쓴 글을 링크로 올리는 정도다. 페이스북은 애초에 친교를 위한 사교 목적이었다. 하버드대학에 다니던 마크 저커버그가 여자친구를 만들려고 했던 목적이 가장 크다. 태생이 친교이기에 친구신청을 해야 하고 친구도 5000명으로 한정된다. 친구가 그 이상 있다는 것도 어떻게 보면 좀 말이 안 되긴 하다. 페이스북은 놀이터에서 출발했지만 현재는 하나의 사업처가 되었다. 최초 의도와는 달리 변했다. 단순 친교 목적에서 만들었던 채팅사이트가 이제는 각종 마케팅 도구로 변했다.

엄청난 데이터를 가지고 사람들에게 맞춤 광고를 선보인다. 내의지와 상관없이 봐야 한다. 미국에서도 엄청난 주가 상승으로 마크 저커버그는 일약 스타이자 셀럽이자 부자가 되었다. 페이스북의 시작과 성장과정을 그린 책이 《페이스북 이펙트》다. 그저 재미삼아 시작했던 프로그램이 엄청난 성공을 거두고 함께 만들었던인물들과 성장했다. 성공 후에 정확히 어떤 일이 벌어졌는지 그 속사정은 전혀 알 수 없다. 관계자들끼리 소송을 진행했고 함구하기로 결정했다. 이런 과정이 흥미롭게 그려진다. 이 책을 기반으로 만들어진 데이빗 핀처 감독의 《소셜 네트워크》를 보는 것이 어쩌면더 좋을 수도 있다.

페이스북의 가장 강력한 점은 복제다. 누군가 올린 글이 마음에들거나 공감되면 사람들은 해당 글을 공유한다. 친구 숫자는 정해져 있지만 무한복제로 누구나 내 의지와 상관없이 누군가의 글을읽는 것은 가능하다. 실시간으로 엄청나게 전파된다. 그 속도는 사람의 인식능력을 능가한다. 페이스북으로 퍼진 소문은 되돌릴 방법이 없다. 여기에 점점 사람들은 보여주고 싶은 것만 보여준다. 얼마 전에 페이스북 하는 방법이라는 사진이 돌아다녔다. 남들이 부러워하는 해변에서 글을 쓴다. 엄청나게 화려한 장소에서 놀고 있는 것처럼 보인다. 이 모든 것들이 사실은 특정 부분만 배경으로두고 찍은 사진이었다.

사람들은 보여지는 면만 보고 자신을 초라하게 여긴다. 자신에게서 가장 좋은 면만 보여주며 직접 만나는 경우는 드물다. 갈수록 오프라인에서 만나는 경우가 드물고 온라인으로 소통한다. 분명히 많은 친구가 있고 외롭지 않게 여러 사람들과 소통하고 있다. 언제나 SNS에 접속하면 이야기할 친구가 있다. 대화는 아니지만 소통은 가능하다. 이런 현상은 과거에 비해 엄청나게 심해졌다. 실제로 인스타그램을 접속하면 대부분 사람들이 엄청난 몸매를 자랑한다. 그런 사람들만 사진을 찍어 올리는 것인지 궁금하다. 실제로 내 주변 사람들은 거의 없는 몸매다. 재미있게도 이 사람들은 아주 열심히 운동을 한다. 자신의 모습을 시간 날 때마다 찍어 올린다. 그들은 관련 제품을 판매하거나 관련 일에 종사하는 경우가 많다.

나 역시 이런 비판에 대해서 자유롭지는 않다. 내가 보여주고 싶은 좋은 모습만 SNS에 올리고 있다. 가끔 스스로 사람들이 이런 내 모습만 보면서 부러워하는 듯해 부담이 되기도 한다. 내가 갖고 있는 여러 모습 중에 아주 일부분이다. 그런 모습만 보고 나에 대해 오해하고 착각하게 만들고 있기에 스스로 자초한 측면도 강하다. 이런 모습은 SNS뿐만 아니라 현실에서도 나타난다.

갈수록 살아가는 것이 녹록치 않다. 부모에게서 독립해 살지 못하고 나이를 먹었어도 기생하는 자녀들이 많다. 천명관이 쓴《고령화가족》은 이런 모습을 보여준다. 아주 드물게 삼대가 모여 살고 있다. 방송에서 보여주는 삼대는 아주 화목하고 큰 저택에서 모여 살지만 이들 가족은 좁은 집에서 서로 일도 하지 않고 살고 있다.

심지어 이들 나이는 어느덧 50대인데도 엄마 집에서 살고 있다. 엄마도 힘들게 살고 있지만 삼겹살 정도는 구워줄 수 있다. 아주 특수한 날이라고 칭할 때만이라도.

가족이라는 울타리로 모여 있지만 서로가 서로를 잘 모른다. 오랫동안 서로 떨어져 있었고 상대방에게 관심도 없다. 같은 공간에 살고 있지만 어떻게 보면 SNS로 만나는 사람들보다 더 상대방을 모른다. 애써 좋은 면만 보여주려 하지도 않는다. 가족해체라는 단어는 이미 익숙하다. 현대에서 가족의 의미는 완전히 달라졌고, 인간은 사회적 동물이라 함께 살아야 한다. 그것이 꼭 가족을 의미하는 것은 아니라는 걸 현대 사회는 새롭게 보여주고 있다.

누군가와 의사소통을 한다면 그것만으로도 충분할 수 있다. 1인 가구의 증가는 그걸 증명하는지도 모르겠다. 1인 가구 중 상당한 퍼센트로 1인 가구를 유지하겠다는 비율이 많다. 그들은 남들과 만나고 즐기고 SNS로 의사소통을 하며 새로운 인간관계를 맺고 있다. 적당한 친목 관계를 유지하며 즐거운 시간을 보내는 경우도 많다. 갈수록 복잡다단한 사회에서 무엇이 정답인지는 어렵다. 분명히 SNS로 만나고 대화를 하지만 그들도 나 같은 사람이다. 인공지능과 대화하는 것이 아니다. 아직까지 인간만이 희로애락을 표현하고 상대방의 감정을 눈치챌 수 있다.

시대가 변화한다면 적응해야 한다. 인류 역사를 볼 때 항상 변화에 적응한 사람만이 살아남았다. 변화한 시대에 불평을 하면 나만 뒤처진 사람이 될 뿐이다. 좁은 세계에서 갇혀 살던 우리는 이제 드넓은 SNS라는 세계를 통해 훨씬 더 다양한 사람들을 만날 수 있게 되었다. 과거에는 생각지도 못하고 만날 것이라 예상하지도 못한 사람들을 만날 수 있는 시대가 되었다. 너무 SNS에 빠져 가족이나 친한 지인을 등한시하는 것은 경계해야겠지만 말이다. 나라는 사람도 얼마든지 블로그나 페이스북 같은 SNS를 통해 만날 수 있다. 더구나 나도 수많은 사람들을 SNS에서 만났다. 그들 모두가 좋은 사람들이었고 SNS가 아니었다면 만날 기회조차 갖지 못했을 것이다. 무엇이든지 내가 어떻게 받아들이고 활용하느냐에 달려 있다.

자산가형
부자가 되자

누구나 부자를 꿈꾼다. 부자가 되기 싫은 사람은 거의 없다. 특수한 사명감을 갖고 있거나 정치적, 종교적 목적이 아닌 다음에 부자가 되고 싶은 것은 본능이자 욕망이다. 할 수 없는 것들은 돈이 많아서가 아닌 없어서인 경우가 많다. 그런 의미로 볼 때 부자는 무엇이든 다 가질 수 있어 보인다. 우리가 부자를 부러워하는 것은 외적인 면에 치중될 때가 많다. 멋진 외제차를 타고 아주 비싼 옷을 입고 있다.

부자는 크게 두 가지 유형이 있다. 이를 《백만장자 불변의 법칙》에서 알려준다. 이전 판은 《이웃집 백만장자》인 이 책에서는 과시형 부자와 자산가형 부자로 나눈다. 책에서는 이런 용어로 구분하지는 않지만 내가 새롭게 만든 용어다. 과시형 부자는 대부분 전문가인 경우가 많다. 자산이 많은 것은 아니지만 소득이 높다. 높은 소득만큼 소비도 크다. 화려한 모습을 보여주는 대다수 부자가 바로 과시형 부자다. 중요한 것은 이들은 부자로 보일 뿐이다. 한 달만 일을 하지 않아도 소득이 끊겨 생활이 힘든 부자들이다.

전문가는 사실 누군가에게 무엇을 판매하는 사람들이다. 자신이 갖고 있는 정보나 지식 등을 세일즈해야 하는 직업이다. 이들은 어쩔 수 없이 잘 보여야 한다. 외모를 꾸민다든가 하면서 자신을 드러낼 수밖에 없다. 이런 사람들과 달리 자산가형 부자는 그럴 필요가 없다. 굳이 누군가에게 잘 보여야 할 필요가 없으니 남을 의식하며 꾸밀 이유가 없다. 사람들 생각과 달리 우리 주변에는 자산가형 부자들이 많다. 이들은 거의 드러나지 않는다. 부자처럼 보이지 않으니 그들이 부자라는 생각도 못한다. 평범하게 하고 다니며 대중교통을 이용한다. 자동차가 있어도 화려하고 비싼 차가 아니라 그저 타고 다니면서 무리 없을 정도의 차다. 내실에 충실하다고 볼 수 있다.

책을 읽어보면 미국 상황일지라도 부자들의 습관과 생활태도를 알 수 있다. 설문지를 보냈을 때 대부분 무엇인가 선물을 준다고 하니 응답하는 경우가 많았다. 선물 금액이 크지 않아도 그들은 사소한 것에도 그런 인센티브를 받아들인다. 오히려 일반인은 그런 선물을 챙기려 노력하지 않는 반면에 말이다. 부자들을 초청한 모임에서도 한 명이 꽤 부자처럼 행동했다. 그는 전형적인 과시형 부자였다. 그를 제외한 3~4명의 부자는 자산가형 부자였다. 과시형 부자가 실컷 자랑을 하면 다들 심드렁했다. 그들은 과시형 부자보다 몇 배나 더 부자였고 그가 자랑하는 분야에 관심이 없었다. 그걸 구입하지 못해 못 사는 것이 아니었다. 관심이 없으니 안 샀을 뿐이었다. 결국엔 그 사실을 알게 된 과시형 부자는 머쓱해서 조용히 자리를 떠났다고 한다.

이런 백만장자들이 어떤 마인드로 성공했는지 알려주는 책이 《백만장자 마인드》다. 좋은 이야기가 많이 나오지만 그중에서도 교육에 대한 이야기가 나온다. 백만장자 부모들은 좋은 대학에 가지 못했다고 나무라지 않았다. 자신을 그 자체로 인정하는 부모들이었다고 한다. 좋은 대학에 가는 것은 분명히 남들보다 앞서가는 일이다. 미국에서도 중산층은 교육에 엄청난 노력을 기울인다. 실제로 미국에서도 좋은 대학에 다닌 후 소득이 훨씬 높다는 결과가 있다. 부자는 그들 중에 나오기도 하지만 꼭 그런 것은 아니다. 마인드가 더 중요할 수 있다.

남들에게 보여주는 부자가 된다는 것은 피곤한 일이다. 끊임없이 남들에게 부자라는 걸 보여주지 못하면 한순간에 외면당한다. 더 많은 부를 획득해도 남들에게 인정받기 위해 자꾸 과시하고 싶어진다. 자산가형 부자는 그럴 필요가 없다. 남들을 의식할 필요도 없다. 내가 부자라는 사실을 남들이 잘 알지도 못하니 내적으로 충실한 삶을 살아갈 수 있다. 어떤 부자가 되고 싶은지는 각자 선택의 몫이지만 당신은 어떤가? 나는 무조건 자산가형 부자가 되고 싶다. 남 의식하지 않고 편안하게 경제적으로 자유를 획득해서 여유롭게 살고 싶다. 하고 싶은 걸 하고, 가고 싶은 곳도 가면서 말이다. 부자가 된 이유가 남에게 보여주기 위해서는 아니지 않는가.

이 외에도 《부자의 지갑을 열어라》는 부자들에게 어떤 식으로 세일즈해야 할지를 알려주는 책이다. 다양한 아이템이 책에 있어 나도 그중에서 실제로 적용한 것도 있었다.《백만장자 마케팅》도 같은 관점에서 읽어보면 좋다. 백만장자는 남자만 있는 것은 아니다. 이를 위해《이웃집여자 백만장자》를 읽어보면 여성 백만장자의 이야기를 들을 수 있다.

인류 최대의 무기,
균

서울대에서 해마다 가장 많이 대출된 책을 선정해서 공개한다. 그때마다 빠지지 않고 등장하는 책이 《총, 균, 쇠》다. 판타지 소설이 순위권에 있어 말도 많았지만 언제나 이 책은 순위권에 있어 사람들로 하여금 어떤 책인지 호기심을 자아낸다. 결코 만만치 않은 분량과 내용으로 도전하는 사람은 많지만 완독하는 사람은 적다. 쉽지 않지만 다 읽었을 때 지적 만족감을 주는 책이다. 지금까지 내가 모르고 있던 사실을 알게 되었다는 만족감을 준다. 인류 역사가 이렇게 발전했는지 알았을 때 느끼는 신비로움까지 있다.

철저하게 서양인의 관점에서 바라보는 인류 역사는 맞다. 서양과 동양은 무엇 때문에 이런 차이가 벌어진 것일까. 이에 대한 기나긴 여정을 떠나는 책이다. 제목만 놓고 봤을 때 당연히 총이 가장 큰 역할을 했으리라 봤지만 그보다는 균이 가장 큰 역할을 했다. 우습지 않게도 바로 그 균은 인류 역사를 통틀어 가장 중요한 역할을 해냈다. 현대인이 오래도록 살 수 있는 것도 결국에는 균을 어느 정도 정복할 수 있었기 때문이다.

과거에는 수렵채집생활을 했다. 이때까지 균은 그다지 큰 역할을 하지 못했다. 인간이 본격적으로 정착생활을 하며 가축을 기를 때부터 균은 우리 삶에 엄청난 역할을 했다. 인간이 갖고 있는 대부분의 균은 가축에서 옮긴 것이다. 가축의 변에서 나오거나 가축과 육체적인 접촉을 통해 생겼다. 이 균은 인간을 파멸에 몰아넣을 정도로 강력했다. 메르스로 인해 온 나라가 난리가 났던 것처럼 말이다. 과거 유럽에서도 페스트로 인구의 3분의 1이 죽을 정도였으니 균이 얼마나 인간에게 영향을 끼쳤는지 알 수 있다.

아메리카에서 강력한 잉카제국의 아타우알파 왕이 허무하게 인원도 적은 스페인의 파사우에게 생포된다. 이로 인해 스페인은 잉카제국을 침탈해 금을 탈취한다. 대단한 사건임에는 틀림없지만 몇 명 되지도 않은 스페인 군사가 잉카의 용맹한 군사들을 물리쳤다는 사실은 일견 이해하기 힘들다. 왕이 붙잡혀 쉽게 움직일 수 없는 상황이라 하더라도 말이다. 이는 사실 아타우알파 왕이 잡혔기 때문이 아니라 스페인 군사들에게서 균이 잉카 사람들에게 옮겨졌기 때문이다. 이유도 모르고 어느 날부터 잉카제국 사람들이 죽어나간다. 잉카제국은 공포에 휩싸이고 스페인 군사는 이로 인해 쉽게 정복했다.

유럽은 여러 국가가 계속해서 피 터지게 싸우며 성장한 대륙이다. 계절에 따른 균이 창궐하기도 했다. 반면에 아메리카 대륙은 그런 균에서 자유로웠고 노출되지 않았다. 아메리카 대륙이 정복된 것은 실제로 서양인의 총이 아닌 가축에게서 시작된 균이었다. 그 반대로 아프리카 대륙은 유럽에서 가까웠지만 균으로 인해 쉽게 정복하지 못했다. 이번에는 서양인들이 아프리카 대륙에 들어가 무엇인가를 해보기도 전에 죽어나갔기 때문이다.

서양과 동양은 과거부터 이미 교류는 있었다. 대대적인 교류가 없었을 뿐 서로 존재는 인식하고 있었다. 서양이 동양보다 먼저 움직여서 전 지구를 돌아다닐 수 있었던 것은 역설적으로 강력한 중앙집권 국가가 적었기 때문이다. 동양은 중국이라는 거대한 제국이 있었다. 과거에는 서양에 있던 어떤 국가보다 중국이 훨씬 발전되고 앞선 문명을 갖고 있던 국가였다. 명나라 때 정화는 대대적인 원정대를 이끌고 인도양을 넘어 아프리카까지 항해를 하려 출발했다. 그는 항해 도중에 명나라 내부의 환관과 관료들의 싸움의 결과로 본국 송환을 명받았다. 어쩔 수 없이 돌아온 정화 사례를 보면 역사의 가정은 무의미하지만 인류 역사가 어떻게 변했을지도 모른다.

콜럼버스는 인도를 찾으려 항해를 시작한다. 그는 여러 국가에서 전부 퇴짜를 맞는다. 중국이었다면 더 이상 항해는 진전되지 못했겠지만 유럽에서는 딱 한 국가만 승낙하면 되었다. 스페인 여왕이 도움을 줬고 그 덕분에 서양은 생각지도 못한 신대륙을 발견하게 된다. 그곳에서 금을 비롯한 다양한 물자를 조달하며 크게 성장한다. 산업이 본격적으로 발달할 수 있는 기반을 닦을 수 있었다. 또한 서양은 동서로 넓게 포진되며 다양한 기후와 토지를 이용할 수 있었다. 아메리카는 남북으로 대륙이 펼쳐져 있어 서로 교류도 쉽지 않아 각자 발전하게 되었다.

이제는 상당히 많은 곳에서 활용하고 있는 '안나 카레니나 법칙'이 있다. 불행한 가족은 다 제각기 이유가 있고 행복한 가족은 엇비슷하다는 뜻이다. 인류 역사를 볼 때 성공한 국가와 민족은 다 비슷한 이유가 있고 이제는 사라진 국가나 민족은 다른 이유로 멸망했다. 각자 부족에서 추장사회를 거쳐 국가로 발전하지 못한 수많은 종족이 지금도 세계 곳곳에 있다. 이들과 이제는 문명국가가 된 사회의 차이는 같은 듯하지만 명백히 다르다. 이와 관련되어 재레드 다이아몬드는 인류 3부작이라고 불리는《문명의 붕괴》와《어제까지의 세계》를 통해 알려주고 있다. 함께 읽으면 훨씬 더 즐거운 지적 만족을 느끼지 않을까 한다.

남들은 책을
어떻게 읽을까

책을 꾸준히 읽다 보니 남들은 어떻게 읽는지 궁금해졌다. 독서가 좋은 점은 남과의 비교가 아니다. 내 템포에 맞춰 한 권씩 읽어나 가면 된다. 남을 전혀 의식하지 않고 책을 읽었다. 내가 원하는 책을 읽었고 궁금해하는 분야를 선택해서 책을 골랐다. 남들은 어떻게 읽고 생각하는지 궁금해서 직접 독서모임을 만들어 '이상한 날의 독서모임'을 2011년부터 진행하고 있었다. 편안하게 책을 빙자한 수다모임이라는 모토처럼 독서모임을 느슨하게 사람들과 만나는 시간으로 지금까지 하고 있다.

반면에 책을 많이 읽는다는 독서가들은 무슨 책을 읽고 어떤 식으로 독서를 하고 있는지 방법도 궁금했다. 자연스럽게 독서에 대한 책을 찾았다. 첫 책은 추천을 받았다. 독서모임에서 초창기에는 책을 서로 추천했는데 여기서 누군가 윤성근의 《이상한 나라의 헌책방》을 소개했다. 제목이 책방 이름이었다. 회사를 다니던 저자가 은평구에 헌책방을 열고 그곳에서 생기는 다양한 에피소드를 이야기해주는 책이었다. 일반 서점이 아닌 헌책방인데 책방 주인의 독서 취향에 맞춰 재테크 책은 제외한 책만 진열되었다. 저자가 직접 구입하기도 하고 수소문해서 찾은 책 위주였다.

헌책방이라 책을 좀 읽는다는 사람들이 주로 찾아왔다. 다양한 사람이 찾아오며 벌어지는 책과 연관된 이야기가 무척 재미있었다. 책방에서는 심야에 책 읽는 이벤트도 열었는데 이를 근거로 《심야책방》도 저자가 펴냈다. 책방 자체가 큰 수익을 낼 수 있는 구조는 아니었다. 시내 중심지도 아닌 곳에서 책방치고는 적은 3000권 정도의 책을 갖고 운영했다. 책방에 괜히 와서 앉아 있다가는 학생들도 있었다고 한다. 나는 서점에 자주 가서 어떤 책이 나왔는지 확인하는 편이다. 일주일에 평균 한 번 정도는 간다. 시내에 나갈 일이 있을 때마다 대형 서점에 반드시 들른다.

독서를 많이 하는 사람에게 서점은 마음을 편안하게 해주는 역할을 한다. 서점에 들어갔을 때 특유의 냄새가 있다. 그 냄새는 마음을 편안하게 만들어준다. 서점에 갔을 때 어떤 책이 나왔는지 살펴보고 뜻하지 않게 잊고 있던 책을 찾으면 기분이 참 좋다. 중고서점에서는 이런 경험이 더욱 빛을 발한다. 중고서점을 운영하고 있는 저자가 들려주는 자신의 이야기는 물론이고 고객들의 사례는 친근감을 넘어 동질감도 안겨줬다. 읽으면서 '나만 그런 것은 아니구나'라며 고개를 끄덕이며 읽었다.

독서하는 사람과 그렇지 않은 사람의 차이는 무엇일까. 답은 어렵다. 독서를 해야 한다는 것은 누구나 어렴풋이라도 알고 있다.

한편으로는 무척이나 궁금하다. 독서를 하면 무엇이 변하는 것일까. 정말로 변할까. 독서가 좋다는 것은 알겠지만 지금까지 내 주변에 독서하는 사람이 드물어 알기가 힘들다. 나 자신도 독서를 제대로 해본 적이 없어 어떤 것인지 잘 모른다. 더구나 먹고살기도 바빠 책 읽을 시간도 없다. 책 읽는 것도 능력 아닐까. 어렵고 힘들 때 책이 나에게 위안을 줄까. 이런 궁금증이 사실 꼬리에 꼬리를 물고 생긴다.

이에 대한 정답은 아닐지라도 정혜윤의 《삶을 바꾸는 책 읽기》는 저자 자신과 주변 사람들의 이야기를 통해 들려준다. 나도 저자가 질문하고 답변하는 과정에서 생각했다. 저자가 주는 답변이 아닌 내가 생각하는 답변을 스스로에게 했다. 그 일련의 답이 내가 쓴 《책으로 변한 내 인생》을 쓰는 데 많은 도움이 되었다. 사람들은 독서에 대해 참 궁금해한다. 직접 읽지 않아도 말이다. 나도 그건 마찬가지였다.

책을 읽으며 깨달은 것들도 있지만 나 말고 다른 사람은 책이 어떤 식으로 도움이 되었는지 궁금한 것은 그래서다. 재미있게도 독서에 대해 알려주는 책은 오히려 책을 평소에 많이 읽는 사람들이 읽는다. 그들은 궁금하다. 나 말고도 다른 독서가들은 어떻게 읽는지 참고하고 부족한 점이 있으면 따라하고 싶은 생각이 든다. 나와 다른 점도 비교하며 그 차이에서 오는 즐거움도 맛본다. 시간이 지나 이제는 나에게도 많은 사람들이 독서에 대해 묻고 있다. 결국에는 독서가 삶에 어떤 영향을 미쳤는지에 대한 궁금증이라 생각한다. 극단적으로 이야기해서 내 삶은 독서를 본격적으로 시작하기 전과 후로 나뉜다. 비교할 수도 없을 정도로 다른 삶을 살게 되었다. 지금 이렇게 글을 쓰고 책까지 펴낸 것도 전부 독서가 나에게 준 선물이다.

독서를 어떤 식으로 하는지 함께 공감하며 공유하는 책도 있지만 독려하는 책도 있다. 편안하게 독서를 받아들이는 것이 아닌 독서는 이렇게 하는 것이 좋다고 권하는 책이다. 대부분 독서 초보자를 대상으로 쓴 책이다. 김은섭의 《질문을 던져라 책이 답한다》와 《책 앞에 머뭇거리는 당신에게》가 그런 책이다. 독서가 좋다는 것은 누구나 다 알고 있다. 어떻게 좋은 것인지 여부까지 알려준다면 더욱 좋다. 그것도 본인 인생을 곁들여 함께 알려준다면 실제 피부로 확실히 와 닿는다. 진솔하게 자신이 책을 읽으며 어떻게 변했는지 그 과정을 알려주는 책이 훨씬 도움이 된다. 대단한 기술을 알려준다고 하는 책이 오히려 위험하다. 책은 읽어나가며 차곡차곡 하나씩 내게 쌓이다 보면 어느 순간 변화된 자신을 발견하는 것이 맞다. 비법은 절대로 없다.

슬프게도 자기계발과 결부되어 독서도 그렇게 권하고 비법을 알려준다는 책이 많다. 그런 책이 인기를 끈다는 사실 자체가 솔직히 아직까지 한국사회가 독서에 대한 저변이 넓지 못하다는 반증이다. 독서를 하지 않은 사람들이 많고 성공의 발판으로 시도하려니 그런 책이 여전히 사람들의 관심을 모은다. 김은섭 작가 책처럼 솔직하게 자신의 사례를 이야기하며 거창하지 않아도 변화된 자신을 소개하는 책이 훨씬 더 큰 울림이 있다. 읽고 뜨겁기보다는 사골국처럼 계속 마음속에 남을 수 있는 책이다. 저자는 책을 읽고 서평을 올려 유명해져서 '리치보이'라는 필명으로 활동한다. 이제는 독서를 권하는 직업을 갖고 새로운 인생을 시작했으니 오히려 더 믿을 수 있다.

저자의 이야기를 들어보면 책을 읽고 싶은 생각이 강하게 든다. 그런 책이 좋은 책이다. 읽고 성공하고 싶게 만드는 책은 독서를 권하는 책이 아닌 자기계발이자 동기부여 책이다. 그런 책은 독서의 본질에 대해 진정한 성찰이 빠진 경우가 많다. 독서를 왜 하는지에 대해 주객이 전도되었다고 할까. 독서는 결코 성공을 위한 발판이 아니다. 독서를 하는 모든 사람이 전부 성공했냐고 묻는다면 결코 아니다. 성공한 사람 중에 독서를 하는 사람은 많다. 독서가 중에 성공한 사람이 많은 것은 아니다. 이 차이점을 모른다면 오늘도 엉뚱한 목표에 다가서려 하는 것인지도 모른다.

독서를 권하는 책은 이런 내 이야기에도 불구하고 어느 책이나 전부 좋다. 그로 인해 독서를 하게 되었고 책을 한 권이라도 읽기 시작하게 만들었다면 말이다. 결국 본질은 독서기 때문이다. 금방 변하지 않아도 독서하다 변한 나 자신을 발견하는 것만큼 신나고 뿌듯한 것도 없다.

인생학교

딱 한 번 사는 인생이다. 우리가 살면서 항상 힘든 가장 큰 이유다. 대부분 처음 경험하는 것투성이다. 20대에 좌충우돌하고 항상 남과 부딪치는 이유다. 10대까지 부모의 보살핌을 받으며 자라지만 20대가 되면 성인으로 모든 것이 오롯이 자신의 몫으로 돌아온다. 어떤 선택과 결정에 따른 결과를 스스로 책임져야 한다.

우리는 살며 반드시 겪게 될 경험이 있다. 피할 수 없는 것들이다. 돈, 섹스, 일, 정신, 세상, 시간. 알랭 드 보통이 영국에서 만든 《인생학교》 시리즈에서 진행하는 커리큘럼이다. 이중에서 흥미롭게도 '섹스'를 알랭 드 보통이 썼다. 여기서 말하는 섹스는 성 차이를 의미하는 것이 아니다. 이건 본능이고 우리 사고를 지배할 정도로 강력한 영향력을 발휘한다.

체면치레를 중시하던 사회 분위기 때문인지 섹스에 대한 공론화가 드물다. 겉으로는 아닌 척하며 밤문화가 가장 발달한 국가라고 불린다. 한국에서 남 눈치를 보며 못하는 걸 외국에 나가 원정

대라는 표현까지 쓴다. 이에 대해 언급하는 사람을 이상한 눈초리로 보는 시선이 느껴진다. 어느 누구도 속 시원하게 자신의 생각을 대변한다고 보지 않고 의심어린 눈으로 바라본다. 이런 것은 음성적인 것보다는 양지로 나오는 것이 더 좋지 않을까 한다. 더 많은 공론화가 필요하다고 생각한다.

돈은 또 어떤가? 과거에 비해서는 돈에 대해 이야기하는 것이 훨씬 더 자유롭지만 여전히 돈에 대한 이중적인 태도를 보인다. 돈이 필요하면서도 반드시 돈이 있다고 행복한 것은 아니라며 자위한다. 실제로 그럴까? 결코 아니다. 수많은 연구에서 이미 소득의 증가와 행복은 연관성이 크다고 알려졌다. 사람들이 돈에 대해 걱정하는 것은 돈이 문제가 아닌 경우가 많다.

돈 걱정이라고 표현할 수 있다. 돈 자체는 그저 교환가치일 뿐이다. 원하는 것을 돈으로 교환해서 받을 수 있다. 원하는 것을 얻지 못할 때 돈이 없어서는 아니다. 자신의 허영일 때도 많다. 반드시 필요한 것이 아닌데도 남을 의식하고 비교하며 소유하고 싶어한다. 자신의 능력으로 볼 때 무리인데도 말이다. 이럴 때 실질적으로 돈이 문제는 분명히 아니다. 우리가 돈 때문에 하는 걱정은 극히 일부에 지나지 않는다. 근본적인 문제는 돈이 아닌 돈에 대한 내 관점이다. 내가 하는 걱정이 돈이 없어서인지 돈으로 교환되는 것 때문인지를 구분해야 한다. 대부분 사람들은 돈이 아닌 교환을 하지 못해 고민이다. 꼭 그걸로 교환해야 할 필요가 없는데도 불구하고 말이다. 돈에 대한 자신만의 철학을 가져야 하는 것은 그런 점에서 중요하다.

직업은 어떨까. 우리는 살아가며 평생 일하기를 원하진 않는다. 그러나 막상 노인이 되었을 때 오히려 일하기를 원한다. 일이란 먹고살기 위한 노동을 의미하는 것은 아니다. 많은 사람들이 평생 일하며 살게 된다면 굳이 아등바등하며 돈을 더 벌려고 할 필요가 있을까. 100세 시대라고 하지만 현재 한국사회에서는 50대 초반이면 그만둬야 한다. 이제 겨우 반환점을 돈 시기에 일을 그만둬야 한다는 것은 비참하다. 평생 놀면서 여유롭게 살고 싶다는 것은 희망사항일 뿐이다. 아무리 여유 있는 삶을 살 수 있어도 일을 하는 것이 더 좋다. 평생 먹고사는 데 아무런 지장이 없는 재벌 기업 사장은 무엇 때문에 그토록 일을 할까. 이건 다른 영역의 개념이다.

어차피 일을 하며 살아가는 것이 인간이다. 문제는 자신이 싫어하는 일을 평생 어쩔 수 없이 해야 한다는 점이다. 이렇게 볼 때 굳이 젊은 시절에 빨리 직장에 정착할 필요는 없다. 다양한 경험을 쌓는 것이 더 좋다. 자신에게 맞는 것이 무엇인지는 해봐야 안다. 해보지도 않고 무조건 대기업에 취직하면 좋을까. 거기서 남들보다 많은 돈을 벌면 그게 꼭 좋은 것일까. 평생직장은 사라졌지만 평생 해야 할 일은 여전히 유효하다. 일은 인간에게 생존의 가치를 선사한다. 지금 이 글을 읽고 있는 당신에게도 지금 당장 하는 일이 아닌 앞으로도 계속 할 수 있는 일은 무엇인가. 그걸 찾아 하는 것이 인생을 슬기롭고 행복하게 살아가는 비결이 아닐까 한다.

과거에 비해 갈수록 세상은 더욱 복잡해지며 정신없이 돌아간다. 어제 알았던 것이 오늘은 이미 낡은 것이 되고 내일은 무용지물이 될 만큼 속도가 빠르다. 이런 시대에 살면서 나 자신의 정신을 온전히 중심잡기는 쉽지 않다. 무엇인가 공허하고 허기진다는 생각이 든다. 남을 쫓아가는 삶은 언제나 그때뿐이다. 그 중심에 내가 없으니 쫓아가는 데 바쁠 뿐이다. 한국이 유독 유행에 민감하다. 남이 하는 걸 나도 하지 않으면 뒤처진다는 강박감이 있는 듯도 하다.

분명히 이 세상은 나 혼자 살아가는 곳이 아니다. 공동체 사회에서 더불어 살아가는 곳에서 나 혼자 이기적인 욕심을 부리면 안 된다. 당장은 이득이 될지언정 긴 시간을 돌아보면 주변에 아무도 남지 않고 혼자 있을 가능성이 크다. 이런 것도 결국에는 그 중심에 내가 아닌 욕망을 추구한 결과다. 이를 방지하기 위해서는 내가 누구인지 아는 것이 중요하다. 나를 모르는 상태에서 하는 모든 것은 뜬구름 잡기가 될 뿐이다. 쉽지 않다는 것은 안다. 이를 위해서 할 수 있는 가장 좋은 것은 책을 읽는 것이다. 다양한 책을 읽으며 여러 생각을 뇌 속에서 융합한다. 그 와중에 나를 찾아가는 여정이 시작된다. 이미 당신을 찾는 여행은 이 책을 읽으면서 시작되었다. 스스로 자각하지 못하고 있을 뿐이다.

독서로 하는
공부

나는 어릴 때부터 공부를 잘하진 못했다. 변명을 하자면 공부를 못한 것이 아니라 안 했다. 공부를 잘해야 하는 의미를 몰랐던 것이 가장 큰 이유 같다. 이유와 상관없이 공부 잘하는 친구들은 뚝심을 갖고 해냈다. 그 뚝심에 부모의 압력이나 질 수 없다는 승부욕 등이 결부되었을 가능성도 있다. 난 일찌감치 그럴 싹이 보이지 않았다. 그저 멍하니 학교와 집을 오갔을 뿐이다. 이제와 되돌아보지만 그 순간이 많이 후회되지는 않는다. 총량의 법칙처럼 공부를 할 때가 있는 것도 같다. 지금은 그 어느 때보다 공부를 열심히 하고 있다. 내가 말하는 공부는 독서다.

독서를 했을 뿐인데 시험을 잘 보기도 했다. 주로 읽던 책이 금융과 관련된 것들이 많았다. 하던 일과 관련되기도 했고 투자를 하려니 자연스럽게 접할 수밖에 없어 읽기도 했다. 그러다 보니 관련 자격증 시험을 제법 보게 되었다. 그때마다 솔직히 공부를 열심히 한 적이 없다. 기껏해야 일주일이나 며칠 전에 수험서를 들여다본 것이 전부였다. 몇 점으로 합격했는지 모르지만 거의 대부분 합격했다.

그 모든 것은 전부 자격증을 위한 공부가 아니었다. 꾸준히 관련 서적을 읽고 또 읽으며 머릿속에 넣어가며 서서히 이해한 덕분이다. 시험을 치기 위한 공부였다면 끝나자마자 휘발유처럼 사라졌을 가능성이 크다. 나는 시험을 위한 공부가 아닌 거창하게 표현하자면 생존을 위한 독서였다. 모르는 것을 알기 위해 읽었고 그 와중에 암기를 한 적은 없지만 저절로 용어가 익숙해지고 단어의 뜻을 알고 이해하는 단계까지 갔다. 시험은 분명히 다른 영역이기는 해도 좀 더 쉽게 합격한 이유다.

굳이 책이 아니더라도 이제는 누구나 마음만 먹으면 쉽게 공부할 수 있는 시대다. 한국이 지금처럼 엄청난 경제 성장을 이룩한 배경에는 국민이 있다. 자원도 없고 딱히 내세울 것이 없는 국가에서 유일하게 남은 것은 사람이었고 이를 뒷받침할 수 있는 교육은 그 밑바탕이 되었다. 전 세계에서도 문맹률이 압도적으로 낮다. 거의 대부분 국민이 읽고 쓸 줄 안다. 이런 교육의 힘은 미국 오바마 전 대통령도 항상 강조하며 한국을 예로 들 정도였다.

《나는 공짜로 공부한다》를 쓴 살만 칸은 수학을 온라인으로 가르친다. 누구나 쉽게 무료로 배울 수 있는 툴을 공개했다. 단순히 온라인에 무료로 오픈한다고 성공하는 것은 아니다. 이를 위해 무엇보다 수학을 쉽게 배울 수 있는 방법론을 알려준다. 거기에 그치지 않고 체계적으로 하나씩 공부할 수 있게 시스템을 구축했다. 이를 바탕으로 '칸 아카데미'를 개설하고 많은 사람들에게 수학을 가르치게 되었다. 수포자였던 나도 해당 동영상을 봤는데 쉬운 개념 설명으로 이해하기 편했다. 꼭 이 아카데미뿐만 아니라 한국도 여러 대학에서 무료로 교수들의 강의를 동영상으로 배포하고 있다. 군이 꼭 대학에 가지 않아도 공부하는 것이 쉬운 때다.

어떻게 하면 공부를 잘할 수 있는지는 공부하겠다는 사람 누구나 궁금하다. 되돌아보면 공부를 잘하는 사람과 못하는 사람은 분명히 차이점이 있었다. 공부 못하는 사람은 무엇이 중요한지를 모른다. 안타깝게도 중요하지 않은 것을 열심히 공부하며 외울 때도 많다. 정작 시험에 나오지 않는 것을 공부하니 시간만 많이 소비하고 점수는 안 나온다. 공부 잘하는 사람을 보면 무엇이 중요한지를 먼저 파악하려 노력한다. 자신이 틀린 문제를 되풀이하지 않으려 노력하는 것도 마찬가지다.

반면에 성인이 되어 하는 공부는 시험을 위한 것이 아니다. 자신을 위한 것이다. 모르는 것을 알기 위한 것이 맞다. 이왕 하는 공부를 어떻게 하면 좀 더 효과적으로 할 수 있는지에 대해서 이미 많은 책이 있다. 그저 단순히 경험 사례를 나열하는 책보다는 좀 더 과학적으로 다양한 실험과 사례로 알려주는 책이 좋다. 켄 베인이 쓴 《최고의 공부》는 그런 면에서 큰 도움이 된다. 어떤 식으로 하는 것이 더 효율적인지 알려주니 말이다.

대부분 사람들이 암기를 하며 공부하는 '피상적 학습자', 높은 성적을 내기 위한 '전략적 학습자', 보물찾기 하듯이 공부하는 '심충적 학습자'로 구분한다. 성인이 된 우리는 심층적인 학습으로 모르는 것을 하나씩 알아가는 공부를 해야 한다. 이를 위해 가장 좋은 방법이 역시나 독서다. 독서보다 더 모르는 것을 하나씩 알아가며 할 수 있는 공부 방법은 없다. 내 경우도 특정 분야를 공부할 때 관련된 책을 연속적으로 읽었다. 이해하지 못하는 것은 전혀 문제가 되지 않았다. 그저 계속해서 여러 권을 읽어나갔다. 점차적으로 서서히 모르던 단어가 눈에 들어오며 이해되는 시기가 왔다.

집중적으로 같은 분야 책을 읽으면 나도 모르게 암기가 된다. 좋은 공부 방법 중 하나가 단기기억을 장기기억으로 넘기는 것이다. 우리는 대부분 단기기억에 남는다. 길면 일주일 정도 남아 있게 된다. 이걸 장기기억에 남게 해야 내 것이 된다. 이를 위해서는 일주일이 가기 전에 반복해서 장기기억으로 넘겨야 한다.

같은 분야 책을 연속적으로 읽는 것만큼 최고의 공부는 없다는 것이 내 입장이다. 내가 그렇게 모르는 분야를 공부했다. 다른 책을 읽으니 지겹지도 않고 같은 내용을 반복적으로 머릿속에 주입하니 점차적으로 나도 모르게 장기기억에 저장되었다. 어느 단계를 넘어가면 이해하게 되고, 어떤 분야든 이해 단계에 가면 해당 분야는 어느 정도 공부가 되었다고 할 수 있다. 여기서 좀 더 나가자면 다른 분야 책까지 읽으며 융합할 수 있는 단계까지 가면 금상첨화다.

고귀한 인간,
본능적인 인간

하늘에는 해와 달이 있다. 낮에는 보이지 않지만 밤이 되면 별을 볼 수 있다. 인간은 우주에 무엇이 있는지 언제나 궁금했고, 언제나 신비의 대상이었다. 망원경을 통해 볼 수 있는 거리에는 한계가 있었다. 우주를 탐험하자는 이야기는 실현하기 쉽지 않은 상상이었다. 그러나 우주에 대한 생각은 터무니없는 공상이 아니었고 인간은 달에 착륙했다. 언제나 달은 신비의 대상이었지만 그곳에는 어느 누구도 살지 않는다는 것을 확인했다.

우주에 대한 상상은 인간의 존재론까지 생각하게 만든다. 드넓은 우주에 살아 있는 생명체는 지구뿐인가. 현재까지 정답은 그렇다. 다른 존재가 있을 가능성은 분명하다. 이를 확인할 방법은 없다. 외계인이나 우주선에 대한 이야기는 활발하지만 실체가 확인된 적이 없다. 대부분 카더라 정도일 뿐이다.

우주에 대한 관심을 더욱 대중화시킨 인물은 《코스모스》의 저자 칼 세이건이다. 우리가 하늘을 통해 보고 있는 빛은 어마어마하다.

다른 행성을 보는 것인데 그 빛은 몇 억 광년 전이라고 한다. 그렇게 시간이 지난 걸 우리는 이제야 보고 있다. 대부분 행성이 지구처럼 푸르지 않고 주황색이라고 한다. 그 이야기는 물이 없다는 것이고 생명체가 살기 힘들다는 뜻이다. 실제로 지금 우리가 살고 있는 태양계인 은하계는 생성에서 소멸까지의 시기 중 중간을 살짝 넘었다. 우주를 살펴본다는 것은 인간에 대한 탐구부터 시작된다. 고대부터 항상 인간은 누구인지를 고민한 철학은 과학의 또 다른 이름이었다. 우주를 다루는 책이 과학책이지만 저절로 인간탐구에 대한 인문처럼 읽히는 이유다.

드넓은 코스모스를 살펴보는 인간은 무척이나 우아하고 고귀한 존재다. 지구라는 행성을 지배한 이유다. 본능보다는 이성적으로 판단하고 사유하며 인간은 지금처럼 발전하고 성장했다. 하지만 인간이 이처럼 지적인 것만은 아니다. 사실 본능적으로 행동하는 경우가 훨씬 더 많다. 당장 대부분 성인 남성에게 포르노를 틀어주면 모든 이성은 사라지고 본능적으로 몰입한다.

남성은 무조건 자신의 생존과 번식을 위해 여성에게 달려들기 마련이고 여성은 자신의 아이를 제대로 키우기 위해서 어떤 남자냐가 중요하다. 그렇기에 남자는 OR이고 여자는 AND다. 남자는 그저 하나의 조건만 만족하면 무조건 오케이지만 여자는 여러 조건을 만족시킬 때 오케이가 된다. 아주 흥미로운 책인 오기 오가스와 사이 가담이 쓴《포르노 보는 남자, 로맨스 읽는 여자》에 나오는 내용이다. 누구도 차마 공개적으로 공론화해서 이야기하기 어려운 소재와 주제로 인간에 대해 탐구하는 책이다.

인간은 본능적으로 행동하고 움직이며 생각한다. 그러다 어느 순간에 언제 그랬냐는 듯이 우주에 대해 탐구하고 인간은 어디서 왔고, 어디로 가는지 고민한다. 시종일관 인간은 규정하기 힘들 정도로 다양한 모습을 보여준다. 인간에게 이성적인 모습을 기대하는 것만큼이나 본능에 충실한 모습을 조심해야 하는 이유다.

분명히 우리는 이성을 앞세워 현명하고 슬기로운 삶을 살아가지만 언제 어떻게 본능이 뛰쳐나와 이성을 잡아먹을지 모른다. 본능은 언제나 깊은 곳에서 숨어 호시탐탐 나올 틈만 노린다. 고귀한 인간인지, 본능적인 인간인지는 그다지 중요하지 않다. 우리가 인간이라는 사실이 핵심이다.

언제나 어떤 모습으로 돌변할 수 있다는 사실만 기억하면 된다. 우주에 떠 있는 별만큼이나 많은 인간이 지구에 있다. 한 사람이라는 우주와 우주가 만나 다양한 사건이 생기는 지구별이다. 우주를 바라볼 때마다 신기하고 신비하며 경탄을 금치 못한다. 우리 인간도 똑같다. 본능이 지배하는 별은 언제 터질지 몰라 위험하고 이성이 지배하는 별은 존재가 살아가기 힘들다. 이성과 본능이 적절히 균형을 이룬 별에는 존재가 자유롭게 살아갈 수 있다. 당신이라는 별이 이성과 본능이 공존하는 아름다운 별이길 바란다.

자녀는 원수?
내리사랑?

어느 부모나 자식을 돌보고 키우는 것이 처음이다. 부모는 자녀가 성장한 만큼 자란다는 이야기는 그래서 나왔다. 대가족 시절에는 3대가 모여 살며 예의범절도 배우고 자녀들도 몇 명이나 되니 서로가 돌보며 더불어 살아가는 작은 공동체가 될 수 있었다. 요즘은 보통 3인 가구나 4인 가구다. 아이를 키운다는 것은 실수의 연속이다. 그나마 첫째를 키우고 둘째로 넘어갈수록 상대적으로 덜 힘들다. 한 번도 연습하지 않은 아이 키우기는 준비되지 않은 상태에서 부모가 된 세상의 모든 부모에게 난제다.

상대적으로 비슷한 경험을 했다는 것이지 둘째라고 하여 똑같지도 않다. 성격이 다르고 환경이 다르다. 부모들도 나이를 먹으며 달라지는 것만큼 아이를 대하는 것도 다르다. 어느 정도 적응이 되었을 때 이미 부모뿐만 아니라 아이도 나이를 먹는다. 똑같은 일이 반복되지 않고 늘 새로운 상황에 맞닥뜨리는 부모의 심정은 당사자들이 아니면 모른다. 부모도 남성과 여성이 받아들이는 것은 천

지차이다. 특히나 여성은 완전히 새로운 세계가 펼쳐진다.

라이오넬 슈라이버의《케빈에 대하여》는 이 세상 모든 엄마들이 갖고 있는 딜레마에 대한 이야기다. 아들 때문에 내가 제대로 일을 못했다고 생각한다면 아이는 어떻게 반응을 할까. 눈치가 없는 것도 아닌 아이는 스스로 자각하며 비뚤어지는 것이 당연하다. 잘못된 부모 밑에서 잘못된 자녀가 나온다. 타고난 성향이 있겠지만 이마저도 부모의 올바른 가정교육은 중요한 역할을 한다. 케빈을 괴물로 여기는 엄마와 달리 아들은 게임을 했는지도 모른다. 자신을 알아달라고. 자신이 당신의 아들이라고 말이다. 그걸 엄마는 자신만 생각하며 놓쳤는지 모르겠다.

반면에 아이가 자폐증을 앓고 있다면 어떻게 대할 것인가. 사랑스러운 자녀가 어느 날 남들과 다른 행동을 한다. 그는 내 자녀지만 더 많은 돌봄을 필요로 한다. 심지어 그런 아들이 싫다고 엄마는 도망가고 아빠만이 케어를 해야 한다. 아이에게는 엄마, 아빠가 다 필요하지만 정서상으로 엄마가 좀 더 중요하다. 그런 엄마가 없다. 신보 히로시의《문어별 아이 료마의 시간》에서 료마는 자폐증뿐만 아니라 자해도 하고 자신의 세계에 빠지면 어떤 것도 다 소용이 없다.

남들이 볼 때는 완전히 멀쩡하다. 그런 료마에게 함부로 다가가면 안 된다. 아빠는 언제나 곁에 있어야 한다. 모든 장애 자녀를 돌보고 있는 부모의 소원은 자녀보다 하루 늦게 죽는 것이라고 한다. 평생 돌보는 것은 할 수 있지만 자신이 죽은 후에 누가 돌볼 것인지 막막할 뿐이다. 료마가 자라는 과정을 아빠가 블로그에 일상으로 적으며 용기도 얻고 여러 사람들과 의사소통도 한다. 료마가 성인이 된 후에 해당 블로그는 폐쇄한다.

료마가 비록 제대로 된 성인으로 역할을 못해도 고등학교까지 졸업했으니 자신이 자폐가 있다는 게 많은 사람들에게 알려지는 걸 거부할 수 있다. 이 부분은 부모가 아닌 료마의 의지를 알지 못하는 상황이라 만약을 대비한다. 료마와 같은 자녀를 둔 부모가 나온 다큐를 본 적이 있다. 자폐를 가졌지만 음악적인 재능이 뛰어나 이를 키워주고 싶은 엄마는 상대적으로 둘째에게 소홀하다. 둘째는 이해하지만 그건 어디까지나 이해하는 측면이지 둘째도 아이다. 뜻하지 않게 평생 돌봐야 할 첫째를 신경 쓰느라 둘째는 더욱 방황하고 엄마의 애정을 갈급해한다.

자녀를 키우는 것은 언제나 어렵다. 두 번이 없고 정답도 없다. 후회를 한다면 끝도 없는 자책감과 자괴감에 빠질 수 있다. 자녀가 한참 성장하는 시기에 부모도 적극적으로 사회생활을 하며 자신의 위치를 공고히 다져야 할 때가 맞물린다. 한국에서는 이런 현상에 대해 엄마에게 경력단절을 요구한다. 자녀는 평생 귀중한 선물이지만 개인의 성장에 있어 원수와 같이 받아들일 수도 있다. 이에 대해 사회적으로 공론화해 합의를 찾아내지 못한다면 갈수록 한국 사회는 활력을 잃게 될 것이다. 자녀는 축복이 되어야 한다. 언제까지 엄마의 일방적인 희생과 아빠가 도와주지 못하는 사회 분위기가 진행될 것인가. 이대로는 결코 답이 없다.

신을 믿는 인간은
생각을 한다

인간이 동물과 구분되는 여러 가지 특징이 있지만 그중에서도 종교와 생각이 가장 변별력 있다. 동물도 인지능력을 갖고 있고 반복된 학습을 통해 생각으로 행동을 개선한다. 이와 달리 종교는 지구 위에 있는 모든 존재를 통틀어 인간만 갖고 있다. 신이 있는지는 아직까지 증명되지는 않았다. 앞으로도 증명되기는 힘들다. 신이 인간을 만들었는지, 인간이 신을 만들었는지 모른다. 종교는 인간을 규합하고 하나의 개념으로 통일시키는 데 큰 역할을 해냈다. 종교가 없었다면 인간은 여전히 동물과 같은 삶을 살았을지도 모른다.

신이 있다고 믿는 사람과 없다고 믿는 사람은 둘 다 다른 세계에서 살아가지 않는다. 똑같은 공간에서 살아가지만 서로 믿는 것이 다를 뿐이다. 신은 증명하는 존재가 아닌 믿음의 영역이다. 아쉽게도 현대는 종교 본연의 본질이 아닌 자본주의와 결합된 물신화된 종교로 변질된 경우가 많다. 과거에 비해 종교인이 적어진 가장 큰 이유는 신이 아닌 사람 때문이다. 과거나 지금이나 신은 그대로다. 변함없다. 이를 전파하는 인간이 자신의 편의적으로 변질시키며 신의 뜻이라는 이름으로 자신의 이익을 추구한다는 걸 들켜버렸기 때문이다.

과거에도 일부 종교 지도자는 자신의 이익을 신의 이름이라는 뜻으로 정적을 제거하거나 통치수단으로 삼았다. 지금은 이를 파악하기 힘든 시대가 아니다. 여전히 이를 인지하지 못한 일부 종교 지도자로 인해 전체가 도매급으로 욕을 먹는 상황은 안타깝다. 여기서 신이 잘못한 것은 없다. 중세시대에 있지도 않은 마녀를 만들어 죽인 사례는 대표적이다. 마녀를 증명하기 위해 여인을 돌에 매달아 강물에 집어넣는다. 물속에서 나오지 않는 것은 너무 당연하지만 이를 마녀라는 증거로 내세웠다. 혹시나 강물 바닥에서 줄을 풀고 나온다면 인간이 할 수 없는 걸 해냈기에 마녀라는 증거라고 했다. 어떤 행동을 해도 죽는다는 사실은 변함이 없었다.

부자는 천국에 갈 수 있을까? 이에 대한 질문은 참으로 흥미롭다. 부자가 천국에 못 가는 것이 아니고 신을 믿지 못하기에 천국에 못 간다. 부자인지 아닌지와 상관이 없다. 요즘은 오히려 열심히 일해서 돈을 벌고 부자가 되는 것은 신의 뜻에 부합된다고 말한다.

김용규의 《백만장자의 마지막 질문》은 신과 인간은 대척점이 있는 존재가 아닌 함께 공존하는 존재라고 말한다. 인간의 부족하고 풀리지 않는 부분을 신이 해결하고 알려준다. 지금까지 종교가 인간에게 준 선물이다.

인간이 신에게 종속되어 생각이라는 걸 하며 독립한 건 르네상스 이후다. 이때부터 서양은 신과 함께 인간에 대해 본격적인 고민을 하며 발전했다. 과거에 비해 인간이 생각이라는 걸 좀 더 확장하고 신에게서 하나의 개체로 독립할 수 있었던 것은 말이 아닌 글 덕분이다. 구전으로 내려오는 지식은 한계가 있고 명확하지 않았다.

기독교가 신이라는 이름으로 자행되는 인간의 폭압에서 해방될 수 있었던 것도 글자 덕분이다. 글자를 모르던 대중은 그저 신부의 이야기를 듣고 따를 수밖에 없었다. 성경을 읽을 줄 모르고 글자로 전파되지 못하니 얼마든지 자신의 원하는 것만 의도적으로 왜곡했다. 종이에 성경을 적을 수 있게 되자 일반인도 얼마든지 신부의 도움을 받지 않고 읽고 해석할 수 있게 되었다. 이 덕분에 종교개혁이 이뤄질 수 있었다. 글을 읽고 쓸 줄 알면서 인간의 생각은 폭발적으로 증가하게 되었다.

생각이 어떤 식으로 발전했는지 김용규의 《생각의 시대》가 알려준다. 이를 위해 중요한 개념은 메타포라(은유), 아르케(원리), 로고스(문장), 아리스모스(숫자), 레트리케(수사)다. 만나보지도 못한 사람의 생각을 읽을 수 있게 되었고, 그로 인해 내가 생각해보지 못한 걸 생각할 수 있게 됐다. 누군가 연구하고 조사한 내용을 알게 되었고, 내가 갖고 있는 의문과 궁금증을 누군가 이미 해결했다는 것을 알게 된 후, 그 이상을 생각할 수 있게 되었다. 생각이 꼬리에 꼬리를 물고 이어지며 융합이 가능해진 것이다.

현대인은 과거보다 더 많은 글자에 노출돼 있다. 책이 아닌 SNS 라는 매체 때문이다. 글자가 생각의 확장을 불러일으켰으니 더 많은 글자에 노출된 현대인은 훨씬 더 많은 생각으로 살아가야 한다. 그러나 전혀 그렇지 않다. 훨씬 더 많은 글자를 읽고 있는데 생각은 과거보다 적게 한다. 소크라테스보다 훨씬 더 많은 글자를 접하지만 사고는 비교도 안 된다. 소크라테스와 이야기를 한다면 당신이 훨씬 더 똑똑하게 보일 수 있다. 당신이 하는 이야기를 소크라테스는 전혀 못 알아들을 수 있다. 텔레비전이라는 단어 자체도 경험해보지 않으면 알 수 없다. 개념이 정립되지 않았으니 서로가 하는 이야기는 겉돌 수 있다. 그럼에도 소크라테스가 당신보다 훨씬 더 지혜롭고 현명하다는 사실은 분명하다.

현대인은 글자를 스킵으로 읽는다. 천천히 한자씩 뜯어 읽는 것이 아니다. 지금 읽고 있는 책은 집중하며 음미하며 읽을 수 있다. SNS에서 읽는 글자는 인스턴트와 같다. 눈을 통해 들어온 글자가 숙성되지 못한 상태에서 나가버린다. 생각이 아닌 인지로 끝난다. 인지는 하지만 생각을 안 하니 수많은 글을 읽어도 공허하고 생각이 확장되지 못한다. 생각을 하기 위해서 독서는 필수다.

'나는 왜 생각이라는 걸 못하는 걸까.' '나는 여전히 변하지 않는 걸까.' 이런 생각을 백날 해도 아무런 소용이 없다. 내가 모른다는 것을 알지 못하기에 생각을 하려 해도 생각이 나지 않는다. 생각을 하기 싫어도 책을 읽으면 생각하고 있는 나 자신을 자연스럽게 만난다. 지금 이 순간에 이 책을 읽고 있는 당신도 분명히 몇 번이나 그랬을 것이다. 책을 읽다 나도 모르게 잠시 중단하고 무엇인가 생각하고 있던 나를 발견하지 않았는가. 그게 바로 독서의 가장 큰 힘이다.

생각은 하려 한다고 할 수 있는 것이 아니다. 무엇인가 촉매제가 있어야 한다. 특정 책만 집중적으로 읽으면 생각의 깊이를 더할 수 있고, 다양한 책을 읽으면 생각을 확장할 수 있다. 책은 당신에게 생각이라는 걸 할 수 있는 시작점이 된다. 지금 읽고 있는 이 책이 당신 생각의 깊이와 넓이를 도와주는 책이 되길 바란다.

내가 사는 곳은
교도소인가

종신형을 받고 교도소에 있다. 10대에 인생의 모든 것은 이미 결정되었다. 희망이 없는 삶이라 몇 번이나 탈출할 계획을 세웠지만 발각되었고 교도관을 칼로 찌르기도 했다. 독방은 그가 머물 수 있는 유일한 공간이었다. 누구와도 이야기하지 못하는 그곳에서 몇 년이나 있었다. 미치지 않는 것이 이상할 정도다. 좁디좁은 독방에서 제 정신으로 있기는 힘들다. 여기서 나갈 수 있다는 희망이 없는 사람이 택할 수 있는 것은 자살이다.

로라 베이츠가 쓴 《감옥에서 만난 자유, 셰익스피어》의 래리 이야기다. 자살까지 시도했던 래리는 변했다. 교도소에서도 위험인물로 기피대상이었던 문제아가 말이다. 사람들은 인문이 좋다는 이야기를 많이 한다. 인문을 배워야 한다고 말한다. 그러나 안타깝게도 인문을 공부해야 하는 이유를 모른 채 인문에 접근한다.

래리는 인문을 직접 접하고 읽으며 생각하면서 변화했다. 자신이 직접 해당 책을 읽어야 하는 이유가 여기에 있다. 각자 자신의 상황이 다르다. 이에 따라 받아들이는 부분이나 공감하고 이해하는 것도 다르다. 셰익스피어의 유명한 《햄릿》에서 햄릿이 아버지를 보는 장면이 있다. 솔직히 이 부분은 나도 잘 이해가 되지 않았다. 래리는 그 장면을 오히려 공감한다. 자신도 그렇게 독방에서 환상을 보며 상대와 이야기하고 밥도 먹었다고 한다. 햄릿이 엄청난 스트레스와 극한의 상황에서 생긴 환상을 래리도 경험했기에 더 이해하면서 책을 읽을 수 있었다.

래리가 셰익스피어 수업을 했던 장소는 독방이 모여 있는 통로였고 로라 베이츠 교수가 앉아 수업을 했다. 그 이후 래리는 의식의 전환과 생각의 확장을 통해 다른 사람이 된다. 셰익스피어 안내서를 공동 집필하고 교도소에서 대학까지 졸업한다. 인문으로 사람이 변한다는 다소 공허한 이야기가 아닌 진짜 변한 이야기다. 래리는 이제 교도소에서 죄수들을 가르치고 있다.

교도소 독방에 있어야 자유를 박탈당한 것일까. 자유롭게 돌아다닐 수 있어도 육체가 아닌 정신이 피폐해 있다면 다를 것은 없다. 특히 가장 가까운 사람이 죽은 후에 남은 사람들은 힘든 나날을 보낸다. 어느 정도 예정된 죽음은 준비할 수 있지만 갑작스러운 죽음은 남은 사람들을 정신적 감옥으로 처넣어버린다.

에리카 하야사키의 《죽음학 수업》은 남은 자들의 이야기다. 어느 남자가 집에서 여성을 칼로 수차례 찔러 죽인다. 이혼한 남편이 전 부인에게 한 행동이다. 그는 과대망상증을 앓고 있다. 부인을 외계인이라 생각한다. 본인도 이후 죽는다. 이 과정을 지켜본 아들이 있다. 형은 보지 못하고 동생은 지켜봤다. 동생마저도 그 트라우마에서 벗어나지 못해 죽게 된다. 모든 가족을 아무런 준비도 없이 보내버린 첫째 아들은 어떤 삶을 살아야 할까.

가장 가까운 사람의 죽음을 바로 눈앞에서 목격한 남은 사람들의 인생은 결코 순탄치 않고 그 트라우마를 벗어나기 위한 노력은 쉽지 않다. 죽음을 목격한 적이 있는가. 어릴 때 나는 해변에 놀러 갔다 시체가 파도에 떠밀려온 모습을 보게 되었다. 얼핏 봤지만 평생 뇌리에서 사라지지 않고 있다. 트라우마가 있는 것은 아니지만 그만큼 어릴 때 받은 충격은 쉽사리 사라지지 않는다. 내 경험 정도로도 이런데 끔찍한 죽음 후 남겨진 사람들은 감당하기 힘들 것이다.

그런 측면에서 내 죽음보다 타인의 죽음을 받아들이는 연습이 더 중요해 보인다. 내가 죽으면 그걸로 끝이다. 가까운 사람이 죽은 후에 힘들게 치유하는 이야기가 많다. 죽음을 여러 번 경험할 수 없는 것처럼 주변 사람의 죽음도 마찬가지다. 나에게 유일한 존재들의 사망은 내 삶의 의지까지도 흔들리게 만든다.

래리는 교도소에서 문제를 일으키며 오로지 자신의 상황만 이겨내면 되었다. 자신의 상황은 자신이 만들었다. 반면 가족의 갑작스러운 죽음은 내 의지와 책임이 아니더라도 벗어날 수 없는 트라우마를 남긴다. 그들은 교소도가 아니지만 이와 다를 바 없는 삶을 살게 된다. 특히나 이런 경험을 성인 이전에 한 사람은 스스로 자신의 삶을 파괴하며 살게 된다. 자신에게 위해를 가하는 것은 물론이고 주변 사람들에게까지 피해를 입힌다.

우리는 자신의 죽음만 생각한다. 타인의 죽음에 대해 어떻게 대처할 것인지는 생각해보지 않는다. 내 죽음은 한 번이고 그걸로 끝이지만 주변 사람의 죽음은 수시로 반복되며 끝이 아니다. 이를 어떤 식으로 받아들일 것인지에 대한 생각은 분명히 도움이 된다.

독서의 가장 큰 목적이 여기에 있다. 경험만큼 소중하고 도움이 되는 것은 없다. 경험은 최대의 자산이지만 모든 걸 직접경험할 수 있는 사람은 누구도 없다. 이를 보완하기 위해 독서는 간접경험을 선사한다. 인간의 뇌는 가상과 현실을 구분하지 못한다. 미처 생각해보지 못한 것을 알게 되고 경험하고 생각하며 미리 준비할 수 있게 만들어준다. 독서하는 사람이 더 앞서나가고 더 깊은 통찰력을 보여주는 가장 큰 이유다. 자기만의 세계에 갇혀 있던 사람은 교도소에 있거나 사회생활을 하거나 똑같다. 이를 극복하는 것은 끊임없는 독서가 지름길이다. 전혀 깨닫지도 느껴지지도 않겠지만 어느 순간 달라진 나를 발견한다. 그게 바로 독서의 무서운 힘이다.

무엇을 어떻게
팔 것인가

모든 사람은 항상 무엇인가를 판다. 제품을 판매하는 것만이 세일즈는 아니다. 내가 의도한 걸 얻기 위해 하는 것도 세일즈다. 나는 보험 세일즈를 했었다. 물론 잘하진 못했다. 지금이라면 그때보다는 훨씬 잘했을 듯하지만 그럼에도 예전과는 다른 접근과 방법으로 다가가야 한다. 시대가 달라지면 방법도 달라진다. 고객을 만족시켜 판매한다는 점은 변함이 없을지라도 말이다.

세일즈라고 하면 외향적인 사람이 적극적으로 넉살좋게 인맥을 쌓는 이미지가 있다. 내향적인 사람은 세일즈에 맞지 않기에 시도조차 하지 않는 경우도 있다. 하지만 정작 세일즈 잘하는 사람을 보면 외향적, 내향적은 큰 상관이 없다. 상대방 말을 잘 들어주는 사람이 더 세일즈를 잘한다.

《파는 것이 인간이다》는 다니엘 핑크의 책으로 단순히 세일즈하는 사람을 위한 책은 아니다. 누구나 자신이 갖고 있는 것을 다양한 목적과 이유로 팔기 마련이다.

판매를 생각할 때 언제나 클로징을 생각하기 마련이다. 어떤 이야기나 행동도 상대방이 구입하지 않으면 아무런 의미가 없다. 그렇기에 판매를 어떻게 할 것인지에만 초점을 맞춘다. 가장 고급스러운 세일즈는 자발적으로 알아서 구입하려는 고객이 줄 서 있는 것이다. 이를 위해서 열광적인 팬을 만들라는 말도 한다. 내 팬이니 내가 만들고 창작하고 판매하는 것을 적극적으로 구입한다. 이보다 더 좋은 판매 기술은 없다.

아무것도 없는 사람이 무자본 무점포로 할 수 있는 것이 세일즈다. 오로지 내가 팔겠다는 의지만 있으면 가능하다. 과거와 달리 좀 더 세련되게 고객의 마음을 얻었을 때 세일즈가 자연스럽게 연결된다. 이를 위해서는 전략적인 접근이 필요하다. 조나 버거의 《컨테이저스 전략적 입소문》은 입소문을 활용해 판매한다. 사람들로 하여금 호기심을 자극하고 궁금증을 자아낸다. 이제는 전통적인 판매보다는 SNS를 활용한 세일즈가 더 많이 활용되고 있다.

점포를 차려 고객을 오게 만들어 판매한 과거와 달리 직접 SNS에 자신이 판매하는 걸 세련되게 포장한다. 다이어트 관련 제품을 무조건 판매하는 것이 아닌 인스타그램 같은 곳에 열심히 운동하는 모습과 함께 멋진 몸매를 보여준다. 관련되어 자신은 이 제품을 함께 먹으며 도움을 얻고 있다고 소개한다. 사람들은 그 제품에 관심을 보이고 구입한다. 무엇보다 직접 운동하며 멋진 몸매를 보여주는 사람을 판매자가 아닌 도우미로 생각한다. 이런 세일즈는 과거에 없던 방법이다.

고객에게 접근하기 위해서 'STEPPS' 방법을 활용하라고 알려준다. Social Currency(소셜 화폐), Triggers(계기), Emotion(감성), Public(대중성), Practical Value(실용적 가치), Stories(이야기성). 현대는 이런 방법으로 대중에게 다가가야 관심을 갖게 하고 소비를 이끌어낼 수 있다. 잘 만들기만 한다고 고객이 알아서 구입하는 시대는 지나갔다. 분명 유명인 효과가 있다. 셀럽이라 불리는 사람이 자신과는 아무 상관도 없고 알지도 못하는 분야의 상품이 좋다고 한 마디를 한다. 사람들은 관련 전문가의 품질보증보다 이런 셀럽의 한마디에 해당 제품을 구입한다. 이게 바로 '유명인 효과'다.

지금은 사람들이 관심을 갖지 않으면 판매가 불가능하다. 이런 사례가 있다. 믹서기에 1센티미터 유리구슬 50개를 넣고 분쇄 버튼을 눌렀다. 모든 사람들은 경악을 금치 못했지만 그 믹서기는 유리구슬을 가루로 만들었다. 해당 믹서기는 그 이후로 온갖 제품을 전부 갈았다. 이 영상을 유튜브로 본 사람들의 입소문을 타고 믹서기는 미친 듯이 팔렸다. 사람들의 호기심을 자극하고 강렬한 이미지를 심어줘 성공한 마케팅 방법이다.

'플리즈 돈 텔'이라는 술집이 있다. 이곳은 아무나 갈 수 없다. 핫도그 음식점에 있는 전화기를 들고 전화를 해야 한다. 그것도 예약 손님만 받는다. 이 술집은 단 한 번도 광고를 한 적도 없고 그 사실을 밝힌 적도 없다. 우연히 이를 발견한 고객에게 꼬리에 꼬리를 물고 이어지는 소문 덕분에 엄청난 관심과 폭발적인 인기를 끌었다. 하루 입장할 수 있는 고객도 인원이 정해져 있다. 이런 신기하고 강렬한 경험을 한 고객은 자발적으로 잘난 체하며 소문을 낸다.

파는 것이 인간이라면 무작정 파는 시대는 끝났다는 걸 인지해야 한다. 이를 위해서 전략적으로 접근해서 판매해야 한다. 대기업처럼 커다란 마케팅 비용으로 고객에게 다가서는 것도 이제는 쉽지 않다. 오히려 SNS의 발달과 함께 톡톡 뛰는 아이디어 하나만으로도 수많은 사람들에게 다가갈 수 있고 입소문을 불러일으킬 수 있다. 이로 인해 사람들은 호기심에 일단 구입하는 경우가 많아졌다.

당장 나는 아무것도 팔 것도 없고 팔 생각도 없으니 관심 없다고 생각하면 좋겠지만 세상은 그리 만만치도 호락호락하지도 않다. 어떤 것이든 팔 게 마련이다. 자신이 갖고 있지만 사용하지 않는 물건을 중고나라에서 파는 시대다. 여기서도 아주 잘 파는 사람들이 있다. 똑같은 상품을 좀 더 비싸게 파는 사람도 있다. 이게 바로 판매 전략이다. 자본주의 사회에 살며 판매 기술을 알아서 손해 볼 것은 절대로 없다. 독서란 단순히 지식으로 끝나는 것이 아니다. 어떻게 적용하느냐가 핵심이다.

독서가 주는
아이디어

많은 사람들이 창의적인 사람이 되기를 원한다. 창의적이지 못한 자신을 탓하며 아이들의 창의력을 키우기 위해 온갖 노력을 다한다. 창의력은 무에서 유를 창조하는 것이 아니다. 기존에 있던 것을 다르게 보여줄 때 그것에 창의력이 숨어 있다. 스티브 잡스는 우리 삶을 변화시켰다. 그가 세상에 선보인 스마트폰은 이전에 없었을 생활패턴을 만들었다. 스마트폰을 세상에 널리 보급시킨 것은 스티브 잡스였지만 이는 어디까지나 여러 제품을 응용해서 만든 제품이다. 스티브 잡스도 이를 인정했다.

아무리 뛰어난 아이디어라도 동시대를 살아가는 사람들은 비슷한 시기에 비슷하게 떠올린다. 대표적으로 알렉산더 그레이엄 벨의 전화기 사례가 있다. 벨이 전화기를 만든 최초의 사람이지만 벨이 특허를 출원하고 2시간 뒤에 엘리샤 그레이가 특허를 신청했다. 이에 따라 그레이엄 벨의 전화기만 기억하게 되었다. 이렇듯이 동시대를 살아가는 사람들은 비슷한 개념을 동시다발적으로 생각해내는 경우가 많다.

　이런 현상은 과거에 비해 현대로 올수록 더욱 심해지고 있다. 예전에 비해 사람들은 더 밀도 높게 집중화된 도시에서 살고 있다. 도시는 온갖 종류의 사람들이 모여 살면서 혼자서는 생각하지 못했던 아이디어를 주고받으며 살아간다. 시골에 거주하는 사람보다 도시에 거주하는 사람이 훨씬 더 창의적이고 기발한 생각을 많이 하는 이유다. 이런 현상은 대도시일수록 더욱 심하다.

　아이디어는 한 가지 분야만 파고든다고 생기는 것이 아니다. 다양한 분야를 알아야 유리하다. 융합이라는 개념이 여기서 필요하다. 여러 분야를 어떻게 융합하느냐에 따라 이전에 없던 새로운 개념이 생긴다. 어떤 사람이 아무리 고민하고 연구해도 풀리지 않던 난제가 전혀 상관없는 사람과 이야기하다 해결될 수 있다. 발상의 전환은 엉뚱한 생각에서 오기 때문이다. 나와 같은 분야 사람은 비슷한 생각과 아이디어만 떠오르지만 다른 분야 사람은 전혀 다른 방식으로 문제를 바라보기 때문이다.

　세렌디피티는 우연한 행운이라고 하지만 뜻밖의 발견이라는 뜻도 있다. 실수는 엉뚱한 해결책을 준다. 올곧게 고민하던 중에 전혀 엉뚱한 방향으로 고민이 확장되어 새로운 비전을 찾기도 한다. 아이디어에 대해 알려주는 스티븐 존슨의 《탁월한 아이디어는 어디서 오는가》는 인접가능성, 유동적 네트워크, 느린 예감, 뜻밖의 발견, 실수, 굴절적용, 플랫폼을 통해 온다고 알려준다. 이런 것들 자체가 천재일 필요는 없다. 여러 사람을 만나고 책도 읽고 실수도 하면서 꾸준히 무엇인가를 한다면 이룰 수 있다.

당장 눈에 보이지 않지만 서서히 내 안에서 조금씩 움직이며 언젠가는 발현되기 마련이다. 이런 것들은 과거부터 이어지는 모든 것들의 총합이다. 전혀 예상하지 못한 것들에서 인류는 발전했고 지구 위의 모든 생물이 그렇다. '벌새효과'라는 것이 있다. 꽃가루 존재를 알리기 위해 꽃들은 색과 향을 진화시켰다. 곤충들은 꽃가루를 얻기 위한 기관을 진화시켰다. 꽃가루는 다른 꽃들에게 전파되며 수정되었다. 이에 꽃들은 꿀까지 동원하며 곤충을 유혹했고, 곤충들은 꽃에 접근하기 위해 감각기관을 더욱 발전시켰다. 특이하게 곤충이 아닌 벌새마저도 꽃에서 꿀을 얻기 위해 공중에서 날개를 회전시켜 위아래로 움직이며 떠 있는 방법으로 진화했다. 이처럼 자신의 필요에 의해 진화된 동식물이 서로 영향을 미치며 지구는 움직이고 발전했다.

1440년대에 구텐베르크의 인쇄기가 발명되며 다수의 사람들이 글을 읽고 쓸 수 있게 되었다. 이러자 그 전까지 전혀 인식하지 못했던 시력 결합을 깨닫게 되었다. 안경을 만들어 판매하는 안경 제조인이 생겼고 렌즈를 다양하게 실험한 사람 중에 얀선 부자는 현미경을 발명했다. 이를 통해 과학과 의학을 혁명으로 이끈 세포를 알게 되고 박테리아와 바이러스라는 눈에 보이지 않는 생명체를 밝혀 백신과 항생 물질을 발명시켰다. 현미경 발명 20년 뒤 망원경을 안경 제조인들이 발명했다. 리페르세이가 망원경 특허를 신청한 지 1년 후 소문을 듣고 갈릴레오가 설계를 수정해 10배 확대해서 볼 수 있는 망원경을 만들었다. 특허 신청 2년 후 갈릴레오는 망원경을 통해 목성 궤도를 따라 회전하는 위성을 발견하며 태양 주위를 지구가 돈다는 사실을 파악하게 된다.

전혀 연결될 것이라 생각지도 못한 것들이 이어지며 인류 역사를 변화시킨 것이다. 어느 누구도 자신의 행동과 생각이 이전과 다른 세계를 만들었다는 것을 깨닫지 못했다. 인쇄기가 지구는 태양을 돌고 있다는 사실을 깨닫게 만들었다는 것은 도저히 연결시킬 방법이 없다. 스티븐 존슨의 《우리는 어떻게 여기까지 왔을까》는 전혀 연결될 것이라 생각지 못한 것들이 우리 인류에 어떤 영향을 미쳤는지 알려준다.

현대인의 수명을 늘린 것은 의학의 발달보다 공중위생 덕분이다. 과거에는 주택 근처에 온갖 변이 쌓여 있었다. 여기서 병충균이 물로 스며들어 마신 사람들이 알 수 없는 병에 걸려 사망하는 경우가 많았다. 눈에 보이지 않으니 사람들은 자신이 왜 병에 걸렸는지도 모른 채 사망했다. 의사들이 수술하기 전에 깨끗이 씻는 장면을 드라마에서 보지만 1847년 헝가리 의사 그나즈 필리프 제멜바이스가 처음 이를 주장할 때는 온갖 조롱을 받았다. 전염병 자체도 물이 아닌 냄새를 통해서라고 생각했을 정도다.

심지어 물에 담그고 씻으면 몸에 안 좋고 건강을 해친다는 생각도 갖고 있었다. 현재 우리가 쓰는 수돗물은 세균을 제거한 물인데 이를 통해 깨끗한 식수를 마실 수 있어 사망률이 획기적으로 줄었다. 최초 물에 화학물질을 넣으려 할 때 정부는 물론이고 모든 사람이 반대했지만 미국 수도국의 존 릴이라는 사람이 감방에 갈 각오를 하고 투여한 덕택에 그 비밀이 밝혀지고 현대인은 더 오래 건강히 살 수 있게 되었다. 이제는 손만 깨끗이 씻어도 많은 질병을 방어할 수 있다는 걸 알게 되었다.

세상은 결코 천재 한 명이 변화시키는 것이 아니다. 수많은 사람이 살면서 무엇인가 필요성을 깨닫고 모르던 것을 알았을 때 서로 의견교환을 하며 다양한 시도를 한 덕분이다. 이런 사고를 누군가는 과감히 실천한 덕분에 인류는 계속 발전할 수 있었다.

독서를 하는 이유는 이런 개인의 한계를 뛰어넘기 위해서다. 독서는 인식 범위의 확장을 가능하게 한다. 깊은 생각만으로는 부족하다. 아무리 생각해도 내가 인식할 수 있는 한계가 있다. 그 범위를 넓히기 위해서 독서만큼 좋은 것은 없다. 여기에 다양한 사람을 만난다면 아이디어는 저절로 생긴다.

글 잘 쓰는
법이 있을까

글을 잘 쓰는 비결은 무엇일까. 여러 가지가 분명히 있겠지만 가장 좋은 것은 역시나 많이 써 보는 것이다. 무엇을 하든 꾸준히 연습하지 않으면 발전이 없다. 많이 써 봐야 자신에게 부족한 점도 알게 되고 노력하면서 더 좋은 글을 쓸 수 있는 토대가 마련된다.

그러면 많이 써 보기 위해서는 어떤 노력이 필요할까. 가장 좋은 비결은 독서다. 독서보다 더 좋은 방법은 없다. 먹는 걸 보더라도 알 수 있다. 몸에 좋은 것이 들어가야 몸이 좋아진다. 인스턴트 식품을 계속 먹으면 몸이 망가진다. 이처럼 독서는 좋은 글을 쓸 수 있는 기본 중 기본이다. 좋은 글을 많이 읽다 보면 나도 모르게 좋은 글을 쓸 가능성이 올라간다.

어느 정도 글을 쓰다 보면 막힐 때가 있다. 더 좋은 글을 쓰고 싶은데 그 방법을 모르거나 어떤 글이 좋은지 명확히 알려주는 책이 필요하다. 이럴 때 글쓰기에 대해 알려주는 책이 수없이 많다. 전업 작가가 쓰거나 글쓰기를 가르치는 사람이 쓴 책이 있다. 이중에서도 한국에서 가장 유명한 글쓰기 책은 스티븐 킹의 《유혹하는 글쓰기》다. 스티븐 킹은 전 세계적으로 유명한 작가다. 영화나 드라마로도 제작된 작품이 많을 정도로 엄청나다. 정작 한국에서 가장 많이 팔린 책은 소설이 아닌 글쓰기 책이라는 사실이 좀 아이러니하다.

그만큼 이 책은 글쓰기에 대해 가장 솔직하고 기본과 기초를 탄탄히 알려주는 책이다. 전업 작가는 생각보다 힘들고 어렵다. 글을 쓰는 것만으로도 먹고살 수 있다면 나도 바랄 것이 없다고 생각하지만 그렇게 되기는 쉽지 않다. 스티븐 킹도 국어교사를 하며 수많은 투고와 기고를 했고, 글을 써서 지인들에게 팔기도 했다. 처음으로 인세를 받게 된 작품인 《캐리》가 2억 원에 판권이 체결된 후부터 본격적으로 글로만 먹고살 수 있었다.

스티븐 킹은 글을 쓸 때 장문보다 단문으로 쓰는 것이 좋다, 수동태가 아닌 능동태로 쓰라고 충고한다. 다양한 글쓰기 충고가 책에 있지만 그보다는 작가의 삶이 어떤지 아는 게 더 도움이 된다. 글쓰기뿐만 아니라 평소에 독서를 좋아하는 사람이라면 작가는 어떤 식으로 책을 쓰고 고민하고 펴내는지 알아가는 재미가 있다. 앉아서 척척 써 내는 것이 아니라 고민하고 번민하며 고뇌에 차서 쓴다는 사실을 깨닫는다. 전업 작가도 이렇게 힘들고 어렵게 글을 쓰지만 차이가 있다면 그들은 언제나 글을 쓴다는 것이다. 그렇게 쓴다면 저절로 좋은 글이 나온다.

한국에도 상당히 많은 글쓰기 코칭 전문가가 있다. SNS가 유행하면서 과거보다 더 많은 사람이 글을 쓰고 싶어하고 책을 펴내고 싶어한다. 그저 바람으로만 간직했던 사람들이 이제는 직접 글을 쓰고 책을 만든다. 송숙희의 《글쓰기의 모든 것》은 제목처럼 글쓰기와 관련된 많은 팁을 알려준다. 특히나 많은 사람들이 블로그와 같은 매체를 통해 글을 쓴다. 이왕이면 자신의 글이 좀 더 많은 사람들에게 선택받기를 원한다. 그렇기 위해서는 내용이 좋아야 하겠지만 그 못지않게 중요한 것이 제목이다. 제목이 좋아야 사람들이 관심을 갖고 클릭한다. 똑같은 내용이라도 어떤 제목이냐에 따라 클릭 수가 달라질 정도다.

나도 좋은 글을 쓰고 싶어서 관련 책을 무척이나 많이 읽었다. 계속 글을 쓰다 보니 부족함을 느끼고 어떤 글이 좋은지 막연히 느낌으로 아는 것 말고 직접적인 코칭을 받고 싶었다. 이를 위해 책을 읽었다. 관련 책을 읽다 보니 자연스럽게 책에서 강조하는 내용이 몇 가지로 추려진다는 걸 알게 되었다.

누가 뭐라고 해도 첫 번째는 독서다. 두 번째는 직접 글을 쓰는 것이다. 이 두 가지를 지속적이고 반복적으로 한다면 분명히 점차적으로 좋은 글을 쓰고 있는 자신을 발견할 수 있을 것이다. 적어도 나는 그랬다. 10년 전에 썼던 글보다 지금 쓰는 글이 확실히 더 매끄럽고 내 생각을 상대방에게 잘 전달하고 있다. 좋은 글이란 이런 것이 아닐까. 그런 면에서 독서는 모든 것의 출발이다.

폭발적으로
성장한 인류

기하급수적으로 늘어나는 인구를 감당할 수 없어 인류는 멸망할 것이라고 예측한 경제학자가 있다. 그 이름은 맬서스다. 맬서스의 예측대로 인류는 기하급수적으로 늘었다. 현재 전 세계 인구는 77억 명이 넘는다. 예측대로 인구는 폭발적으로 늘었지만 인류는 아직까지 살아남았다. 그것도 이전 세대보다 훨씬 더 풍요로운 삶을 누리고 있다. 어떻게 이런 일이 벌어진 것일까. 여전히 지금도 100억 명이 되면서 디스토피아가 될 것이라는 예측과 현재 인구에서 정체될 것이라는 이론이 존재한다.

현대에 들어 개인의 소득은 늘어나며 소득 불평등은 줄었지만 사회불평등이 증가했다. 과거와는 비교할 수 없을 정도로 잘살고 있지만 사회적인 불평등은 더욱 심화되었다. 과거에는 최저생계수준에 겨우 생존했다. 다같이 가난했으니 딱히 누가 더 잘산다는 것은 의미가 없었다.

이전까지는 토지가 모든 소득의 원천이었다. 토지는 생산할 수 있는 양이 정해져 있었고, 인구가 늘어나면 정해진 양으로 감당하기 힘들어졌다. 1800년 이전 생활수준은 인구에 따라 결정되었다. 한정된 토지에 인구가 적으면 여유 있는 삶이 가능하고 인구가 증가하면 생활수준은 떨어졌다. 이런 현상은 당시 기술로는 해결할 수 없는 상황이었다. 흑사병과 같은 큰 질병이 휩쓸고 지나간 후 남은 세대의 생활수준은 높아졌다. 똑같은 토지에서 생산되는 양을 더 적은 사람이 먹게 되니 말이다.

과거에 부자가 삼대를 못 간 이유는 토지 때문이다. 부자는 출산율이 높은데 이들에게 토지가 상속되면 각자 갖게 되는 몫이 줄어들며 부자의 대열에서 탈락하게 되었다. 이런 지대가 현대에 들어 단순히 토지만이 아닌 저작권처럼 다양한 방법으로 상속되며 부가 대물림 될 수 있게 되었다. 현대에 들어 부자가 더 많아지고 부를 유지하고 상속되어도 여전히 부자가 된 이유다. 산업혁명 이전에는 기술발달의 한계로 인구는 자연스럽게 조절되며 일정 이상으로 늘어나지 못했다. 인구가 늘어 생활수준이 어려워지면 질병과 전쟁 등으로 줄어들면서 출산율은 늘고 사망률은 줄어드는 역사가 반복되었다.

산업혁명 이후에 드디어 인류는 토지로부터 오는 한정된 생산량의 한계를 벗어나게 되었다. 도시로 사람들은 몰려들었고 1인당 자본량과 효율성이 증가했다. 토지는 1인당 생산량이 한계가 있지만 산업혁명과 함께 지식 자본도 증가하며 자본을 축적하는 사람들이 늘어났다. 과거에는 읽고 쓸 수 있는 지식으로 자본을 폭발적으로 증가시킬 방법이 없었다. 그러나 산업혁명 이후 지식은 신분 상승의 토대가 된다. 여기에 숫자를 제대로 계산하는 방법까지 터득한다면 남들과 다른 삶이 가능해졌다.

과거에는 다수의 영유아가 조기 사망을 했기에 최대 10명까지 출산했고 평균적으로 5명 내외로 생존했다. 이제는 적은 출산과 더불어 아이들의 교육 수준이 높아졌고 이로 인해 훨씬 더 효율적인 인적 자본을 구축하고 만들었다. 때문에 과거보다 이미 언급한 것처럼 부자들은 자녀들에게 물려줄 부가 훨씬 더 커졌다. 보유한 부는 더 커졌고 나눠줄 자녀는 줄었기에 과거와 달리 부는 계승되었다. 산업혁명 이전에는 부자라 하더라도 딱히 더 높은 생활수준이 아니었다. 산업혁명 전 부자는 실질적으로 그 이후 도시노동자보다 못한 생활수준이었다. 높은 생산량을 산출하는 노동자를 보유한 부자들은 더 많은 자본을 축적하면서 사회불평등이 증가했다.

이런 일이 가능해진 것은 과거에 비해 정보의 전파속도가 비교할 수 없이 빨라졌기 때문이다. 여기에 운송비가 저렴해지면서 생산한 물건을 먼 곳까지 이동하는 게 용이해졌다. 제국주의가 서양에서 시작되어 전 세계적으로 전파된 것은 만든 물건을 팔기 위해 새로운 수요처가 필요했기 때문이다. 다량으로 생산한 제품을 공급할 수요처를 찾아 아프리카, 아시아, 남미 등으로 시장을 개척한 결과였다.

여기에 새로운 시장을 발견해서 그들에게 물품을 팔고 그들에게서 자원을 빼앗았다. 시간이 갈수록 부국은 더 잘살고, 빈국은 더 못살게 된 가장 큰 이유다. 해당 국가에 자원을 빼앗길 뿐 생산 시설이 없으니 서양의 산업혁명과 같은 발전이 되지 못했다. 여기에 이미 산업혁명이 진행된 국가와 달리 효율적으로 생산할 수 있는 관리 능력이 떨어졌다. 이는 또다시 지식을 갖추기 위한 교육과도 연결되었다. 이로 인해 노동력의 품질 차이가 벌어지면서 1인당 소득이 인구밀도가 아닌 능력 차이로 증가한 서양과 달리 후발 주자들은 제대로 따라가지 못했다. 최근 들어 이를 따라잡은 국가들이 과거의 부국이라 불리는 선진국 문턱까지 쫓아가게 되었다.

산업혁명 이전에는 한정된 토지에 인구가 많은지 적은지가 소득수준을 결정하는 요소였다. 산업혁명 이후 무엇 때문에 잘살게 되었는지에 대한 확실한 분석은 여러 의견이 갈린다. 그럼에도 잘살게 된 것은 확실하다. 지금까지 소개한 내용이 흥미 있고 궁금하다면 그레고리 클라크의《맬서스, 산업혁명 그리고 이해할 수 없는 신세계》를 읽어보라.

똑똑한 학생이 많은 한국

한국이 지금처럼 잘살게 된 것은 교육 덕분이라 해도 과언이 아니다. 이 사실은 누구도 부정하지 못한다. '한강의 기적'이라는 표현이 있지만 그 바탕에는 한국인의 높은 교육열이 있었다. 모든 부모가 자신은 못 먹고 못 누려도 자식에게만은 제대로 된 교육을 시키기 위해 엄청난 희생을 감수했다. 특별한 천연자원도 없고 내세울 것도 없는 한국이 경제협력개발기구인 OECD 회원국이며, 세계 정상회의인 G20에 들어갈 정도로 대단한 국가가 된 것 자체가 교육 덕분이다.

한국은 입시에 목숨을 건다. 좋은 성적을 받으면 좋은 대학에 들어갈 수 있다. 스무 살까지 인생 자체가 좋은 대학에 들어가는 데 의미가 있다고 받아들일 정도다. 더 좋은 성적을 위해 사교육에 많은 투자가 이뤄진다. 부모들이 자녀 사교육비 때문에 여유로운 경제생활을 못한다고 할 정도다. 학원에 가면 당장 성적을 올려주니 부모 입장에서도 다른 대안이 없다. 이에 따라 점차적으로 교육도 부익부 빈익빈이라는 이야기가 나온다. 과거처럼 개천에서 용 나는 경우는 드물다는 말이다. 학교 수업만으로 고득점을 맞는 것은 과거의 일이다. 돈을 들인 만큼 성적 향상이 달성된다.

미국에서도 교육은 언제나 많은 문제점을 안고 있다. 중산층 이상의 백인에게는 충분한 교육이 이루어지는데, 어디까지나 중산층 이상의 그것도 백인을 지칭한다. 많은 빈민층 학생들은 제대로 된 교육을 받지 못하고 있다. 학력 수준이 무척 낮다. 이를 해결하기 위해 미국에서는 교육 수준이 높은 국가를 주목하고 연구했다.

아만다 리플리의 《무엇이 이 나라 학생들을 똑똑하게 만드는가》는 그 결과물이다. 한국에 대해 과도한 경쟁으로 학생 때부터 많은 시험에 내몰린다는 점은 비판한다. 그러나 그 외 한국의 모든 교육에 대해 긍정적이고 미국이 따라해야 할 교육 체계로 여기고 있다. 또 다른 국가로는 핀란드를 보여준다. 한국과 달리 핀란드는 사교육이 없다. PISA(Programme for International Student Assessment)라는 국제 학업성취도 평가에서 한국은 항상 최상위권을 차지하고 있다. 그런데 최근 핀란드가 급격히 순위에 오르며 주목받고 있다. 핀란드는 같은 교실에서도 각자 다른 진도를 나가고 있다. 게다가 학생이 학생을 가르치는 일도 수업 시간에 벌어진다.

대부분 PISA 상위권 국가들은 시험이라는 제도를 잘 활용하고 이를 성적 향상의 도구로 삼는다. 미국에서도 한국과 같은 시험 제도를 도입할 필요가 있다고 보는 듯하다. 한국은 전 세계에서 높은 교육열로 국민의 수준이 전체적으로 높다는 평가를 받는다. 전체적으로 골고루 수준은 높은데도 이상하게 상위권 학생들이 고등학교를 졸업하고 대학 이상에서는 미국과 다르다. 한국은 전체 학생의 고른 교육을 통한 수준 향상에 초점을 맞추고 미국은 특정 학생들에게 집중적인 교육을 하며 이끌게 한 것일까. 이런 상황은 현재 한국에서도 커다란 화두가 되고 있다.

이런 의문을 갖고 이혜정의 《서울대에서는 누가 A+를 받는가》에서 연구한다. 서울대에서 가장 높은 점수를 받은 학생이라면 그 누가 봐도 최고의 인재다. 이런 인재가 왜 미국과 비교해서 뛰어나지 못한 것일까. 어떤 차이가 이런 결과를 보여주는 것일까. 서울대에서 최고 점수를 받는 학생은 수동적이다. 자신의 생각이 중요한 것이 아닌 교수의 생각을 중요하게 여긴다. 문제 출제자의 의도가 핵심이다. 내 의견 따위는 아무런 비중을 차지하지 않는다. 오히려 괜히 의견을 냈다가는 점수도 깎이고 주변 학생들에게 질타도 받는다. 수업시간에 활발한 의견교환과 토론은 없다. 그저 교수가 강의 시간에 하는 모든 말을 받아 적고 이를 외운 후 시험문제에 반영하면 최고 점수를 받는다.

미국과 같은 곳은 어릴 때부터 토론문화가 발달했고 다양한 의견을 제시하며 답을 찾아가는 시스템이다. 한국은 이미 답이 정해져 있다. 그 답은 어디까지나 교수가 원하는 답이다. 이를 수동적으로 답으로 적어내면 고득점을 받는 시스템이다. 이런 교육 환경에서 자란 학생은 사회에 나가서도 자신의 의견은 없다. 수동적으로 받아들일 뿐이다. 창의력은 이런 환경에서 나오지 않는다. 어릴 때부터 입시 교육 자체가 정답을 맞히는 시스템이다. 정답만 외우고 정답만 옳다는 생각으로 살게 된다. 다른 답은 다른 것이 아닌 틀린 것이다. 이런 획일적 사고에서는 자유로운 사고를 할 수 없다.

미국에서 유학한 대다수의 동아시아 학생들이 대학교 1, 2학년 때는 고득점으로 성적 상위권에 들지만 3학년부터는 도태된다. 본격적으로 토론과 자신의 의견을 주장하는 시스템에 적응하지 못한다. 실제로 미국 대학에서 어떤 과제를 주면 서양 학생들은 팀을 만들어 함께 토론하고 각자 의견을 발표하며 조합해서 공부를 한다. 동양 학생들은 조용히 집이나 도서관에서 혼자 끙끙 앓으며 공부를 한다. 이 차이는 각자 문화에서 출발되었다. 이런 차이가 각자 민족과 국가를 키운 성공의 지름길이었지만 현대처럼 복잡다단하고 정답이 없는 세계에서는 한국도 서서히 미국과 같은 교육 문화를 받아들여야 할 때가 되었다.

이건 어디까지나 한국 교육 시스템이 나쁘고 외국 교육 시스템이 좋다는 사대주의가 아니다. 이미 미국에서도 한국 교육을 수시로 언급할 정도로 우수한 시스템이다. 지금까지 한국이 엄청난 발전을 할 수 있는 가장 큰 원동력이었다. 여기서 한국이 좀 더 교육이 잘 되었으면 하는 바람이다. 이를 위해서는 한국도 토론 문화를 더 활발하게 발전시킬 필요가 있다. 특히나 어릴 때부터 쓰기 교육을 좀 더 강조할 필요가 있다. 미국에서는 많은 아이들의 꿈 중 하나가 작가라고 한다. 어릴 때부터 다양한 글쓰기 수업을 받으며 자연스럽게 생긴 꿈 중 하나다. 대학에서도 따로 글쓰기 수업을 일대

일로 받기도 한다고 하니 말이다.

어릴 때 그토록 수많은 책을 읽던 아이들이 사춘기가 되어 책과는 담을 쌓는다. 입시 교육이 시작되면서 독서는 뒷전으로 밀려난다. 또다시 입시를 위해 책을 읽는다. 안타깝게도 책을 읽는데도 정답을 찾기 위한 독서를 한다. 독서라는 것은 결코 정답이 없다. 각자 자신이 받아들이는 부분이 다르다. 같은 책을 읽고도 각자 중요하게 생각되는 부분이 다르고 완전히 다른 내용을 이야기할 수도 있다. 그게 바로 독서의 힘이고 독서해야 하는 이유다.

평범한 삶도
의미 있다

사람들은 성공과 행복 중 무엇을 선택할까. 성공하면 행복할 수 있겠지만 성공한 모든 사람이 행복한 것은 아니다. 인간은 언제나 적응하는 동물이기에 성공하더라도 그 기쁨은 오래 가지 못한다. 성공이 꼭 행복의 지름길은 아님에도 모든 사람은 성공하기를 바란다.

평범한 삶은 실패자로 낙인찍히기도 한다. 극소수의 성공한 사람과 대다수의 평범한 사람들이 있다. 이렇게 볼 때 엄청나게 많은 사람들이 불행한 삶을 살아가고 있는 것일까. 아무리 봐도 이건 무엇인가 억측이고 잘못된 논리의 비약이다. 무엇보다 행복은 거창하지 않다. 소소한 것들에서 더 행복을 느끼는 것이 사람이다. 10억 원이라는 현금을 갖게 된 사람도 그 기쁜 마음을 기껏해야 며칠 넘기지 못할 것이다. 사실 사회적으로 성공한 사람만이 행복한 것처럼 독려하는 것이 문제다. 돈은 많아야만 한다고 밀어넣는다. 그렇지 못한 자신을 그들과 비교하며 불행을 느끼게 만드는 마케팅이 문제다.

우리 주변에는 평범하게 살지만 누구보다 행복하게 살아가는 수많은 사람들이 있다. 텔레비전에서 보게 되는 유명한 사람들이 아니라도 말이다. 지금은 블로그, 유튜브 등으로 성공한 사람들도 많다. 남들에게 무엇인가를 보여주는 생산자가 되지 못하면 시대의 낙오자처럼 지적한다. 이게 독려인지 지적인지 조롱인지 구분이 안 될 때도 있다. 이런 이야기를 하는 사람은 대부분 생산자가 되어 남들과 다른 인생을 살아간다고 고백인지 자랑인지 모를 의견을 펼친다. 우리 주변에 수많은 사람들은 지인 정도만 그를 알고 있어도 별 문제없이 즐겁고 행복하게 살아가고 있다.

스토너라는 사람이 있다. 이 사람의 이름을 아는 사람은 극히 드물다. 스토너는 대학교수였지만 수업에 참여했던 학생들마저 그의 이름을 모르는 경우가 많다. 존 윌리엄스의 《스토너》는 누구도 관심 기울이지 않을 평범한 사람의 이야기다. 스토너는 딸이 있다. 딸에게는 누구도 대신할 수 없는 존재 자체다. 스토너의 인생 전체를 아우르는 소설이지만 그 어떤 부분에서도 긴장은 없다. 화려함도 없다. 누구에게나 다 있을 법한 사랑, 행복, 불행, 우연, 삶이 펼쳐진다. 어쩌면 다른 사람에 비해 스토너는 좀 더 불행한 삶을 살았는지도 모른다. 학교에서는 딱히 존재감이 드러난 인기 교수가 아니었다. 가정생활도 그다지 순탄하지는 않았다.

아주 잠시 스토너가 열정에 빠진 시기가 있었다. 그마저도 스토너 뜻대로 되지 않아 원래 자리로 돌아와 또다시 평범한 인생을 살아간다. 매일매일 같은 일상이 반복되며 삶은 계속된다. 스토너의 인생은 실패한 것일까. 그렇지 않다. 자신이 부당한 대우를 받았을 때 과감히 맞서 자신이 원하는 바를 쟁취한다. 그에게 수업을 받은 학생 중 누군가는 스토너를 훌륭한 교수라고 생각한다. 동료 교수 중에 스토너를 존경하고 기억하는 교수가 있다. 우리 모두는 각자 자신의 영역에서 해야 할 일을 하며 살아가는 것 자체가 축복이고 행복이다. 어느 누구도 스토너 인생에 대해 왈가불가할 수 없다.

시간이 지나 과거를 회상할 때 항상 즐겁고 행복한 것만 떠오르지 않는다. 힘들고 어려운 것들도 떠올리지만 추억으로 남는 경우가 많다. 피가 끓는 젊은 20대에는 뜨거운 사랑을 한다. 패기 넘치고 세상에 무서울 것이 없던 그 용기 그대로 사랑을 한다. 상대방을 사랑하지만 제대로 된 표현이 서툴고 자신의 자존심을 굽히지 않아 상처를 입히는 경우도 많다. 시간이 지나도 상대방을 잊지 못하고 기억 속에서 지워지지 않는다.

젊은 시절의 첫사랑을 평생 잊지 못하고 가슴에 품고 살아가는 사람들도 있다. 줄리언 반스의 《예감은 틀리지 않았다》는 사랑에 대한 이야기지만 상처에 대한 이야기고 인연에 대한 이야기다. 만약 당신의 나이가 일흔쯤 되었는데, 젊었을 때 사귀었던 애인의 소식을 듣게 된다면 애인을 만나고 싶은가 아니면 그저 첫사랑의 추억을 간직하는 것으로 끝내고 싶은가. 정답은 없다. 어떤 선택을 해도 하지 않은 것에 대한 후회는 있다.

소설은 기억에 대한 이야기이기도 하다. 과거에 대한 내 기억은 전부 올바른 것일까. 내가 자의대로 해석하고 편의대로 정의 내리지 않았을까. 내가 알고 있는 지식과 상식은 올바르다고 무조건 믿기는 힘들다. 기억의 왜곡이 수없이 많은 작용을 한다. 시간이 지날수록 내가 유리한 것만 기억하고 조작하는 것이 인간의 능력이다. 우리는 평범해도 누구에게는 엄청나게 중요한 존재로 기억된다. 그것도 평생 잊지 못할 정도로. 나에게 그는 절대로 평범하지 않다. 소중하고 또 소중한 존재다. 나에게 추억을 남겨줬기 때문이다. 내가 웃을 수 있고 추억에 젖어 희미할지라도 미소를 짓게 만드는 힘을 갖고 있는 사람이다. 이게 평범한 삶일까. 절대로 그럴 수 없다. 누군가에게 당신은 그런 존재다.

평범한 삶을 살아가는 우리 모두는 전부 소중한 존재다. 스스로 자신을 낮추거나 폄하할 필요가 없다. 당신은 누군가의 자녀다. 내가 이 세상에 나온 것 자체가 부모라는 존재 덕분이다. 그로 인해 내가 세상에 나왔다. 이런 삶이 결코 평범하다고 생각할 필요는 없다. 꼭 누군가 앞에 나서서 무엇인가를 보여줘야만 성공한 인생이 아니다. 자신의 자녀를 자랑으로 생각하지 않는 부모는 거의 없다. 누구나 다 자신만의 인생이 있다. 어떤 사람이든 자신의 인생에 대해 이야기할 거리는 넘쳐난다. 평범한 것이 아니다. 스스로 자신을 인식하지 못했던 것이다.

평범한 삶이라고 스스로 생각하는가. 평범하면 어떤가. 평범이라는 단어가 불행은 아니다. 평범이라는 단어는 실패도 아니다. 지극히 수많은 사람들이 평범하게 살지만 소소한 행복을 누리며 살아간다. 각자 느끼는 행복을 남들이 빼앗아가지도 못한다. 남들에게 자신을 드러내며 행복을 느끼는 사람도 분명히 있다. 대다수는 조용히 자신의 위치에서 살아가기를 원한다. 굳이 남들 앞에 나서서 떠들 필요가 있을까. 평범하게 남들과 조화를 이루며 살아가는 게 최고의 인생이다.

평범의 반대말은 소란스러움이고 평범의 같은 말은 행복인지도 모른다. '당신은 행복한가'라고 묻지만 '당신은 평범한가'라고 묻는 사람은 없다. 이렇게 볼 때 얼마나 평범한 것이 힘든지 알 수 있다. 평범한 삶은 모두 의미가 있다. 나와 당신을 포함한 우리 모두.

너와 나는
다르다

한국은 항상 트렌디하다. 거의 실시간으로 유행이 급속도로 퍼진다. 전 세계 다국적기업이 한국을 테스트 마켓으로 삼는 이유다. 새로운 상품이 나왔을 때 한국에서 어떤 반응을 보이는지 파악한 후 세계 시장에 판매한다. 한국은 유독 남이 하는 걸 나도 해야만 하는 습성이 있다. 내 생각에 가장 큰 이유는 한국의 오래된 편 가르기 문화 때문이 아닐까 한다. 원래부터 그런 습성이 강했는지 알 수 없으나 최근 50년 정도만 놓고 보면 이런 경향이 크다.

너와 내가 다름을 인정하지 않는다. 나와 다르면 적으로 간주하고 제거한다. 살아남기 위해서는 싫어도 너와 같은 의견이라고 긍정해야 한다. 이런 문화가 오래도록 내려오다 보니 긍정적으로 볼 때 유행에 민감해졌다. 남들이 할 때 나도 하지 않으면 유행에 뒤처진다는 강박감을 갖는다. 특정 브랜드가 유행하면 너도 나도 못해서 안달이다. 덕분에 한국은 전 세계에서도 감탄할 정도로 세련된 감각을 자랑한다. 거꾸로 볼 때 남들이 하는 걸 내가 하지 못하면 비참함을 느낀다. 모든 것에는 장단점이 있기 마련이다.

지금까지 한국의 이런 경향은 변할 필요가 있다. 한국이 유독 국가별 행복지수에서 하위권에 머무는 이유다. 남과의 비교에서 오는 상대적 불행을 크게 느낀다. 이 지점이 해결되지 않으면 한국은 지금보다 더 GDP가 상승하고 잘살게 되어도 여전히 불행을 느낄 것이다. 유럽은 대부분 평등하게 살며 행복지수가 높다고 알려져 있다. 유럽에서도 독일은 한국 유학생도 많고 합리적인 판단을 하는 국가로 인식되어 있다. 행복지수에서도 앞설 것이라 예상된다. 그러나 마이케 반 덴 붐이 쓴《행복한 나라의 조건》을 보면 그렇지 않다. 독일은 행복지수가 늘 바닥이라고 한다. 이 점이 너무 의아해서 저자는 여러 국가를 돌아다니며 그 이유를 찾아나선다. 북유럽은 항상 복지나 행복지수에서 상위권을 차지한다. 이들은 어떤 이유로 그렇게 된 것일까. 그 숨은 비밀은 바로 '얀테의 법칙'에 있다. "당신이 특별한 존재라거나 우리보다 더 우수하다고 생각해서는 안 된다."

누구나 다 세상에 공평하게 태어났다. 과거와 달리 신분의 고하도 없다. 모두 다 똑같아야 한다. 북유럽의 토픽을 보면 총리도 일반인과 똑같이 줄을 서서 밥을 먹는다. 한국이라면 말도 안 된다고 생각할 뿐만 아니라 대접받는 걸 아주 당연하게 받아들일 것이다. 그걸 무엇이라 하는 사람을 오히려 의아하게 생각하는 선민의식까지 갖고 있다. 분명히 서양도 그런 선민의식이 있다. 그러나 그런 선민의식을 갖기에 앞서 책임의식과 의무를 먼저 행한다. 그 후에 자신들의 권리를 이야기한다.

이런 이유로 언제나 개인을 우선시한다. 개인의 자유와 독립이 먼저다. 국가라는 이름으로 개인을 희생시키려 하지 않는다. 국민이 국가의 주인이라는 이야기를 늘 한다. 한 명, 한 명이 전부 국가의 주인이다. 대를 위해 소를 희생한다는 이야기는 통하지 않는다. 단 한 명이라도 국가의 주인인 개인의 의견을 청취해서 시간이 걸리더라도 해결하려 노력한다. 이런 노력이 바로 개개인을 존중하는 의지다. 각자 직업을 갖고 있을 뿐이며 그들이 갖고 있는 직업 때문에 누군가를 존경하는 것이 아니다. 개인을 존중해야 한다. 어떤 직업을 갖고 있다고 남보다 앞서 있다는 것은 잘못된 생각이다. 대통령도 한 명의 직업인으로 국가를 이끌어가는 사람이다. 결코 국가의 아버지나 어머니가 아니라는 뜻이다.

　이게 역설적으로 '당신은 특별하지 않다'라는 뜻이다. 이런 생각을 갖고 있기에 북유럽 사람들이 언제나 개개인의 의견을 존중하고 그가 갖고 있는 것으로 사람을 판단하지 않는다. 아누 파르타넨이 쓴 《우리는 미래에 조금 먼저 도착했습니다》를 읽어도 알 수 있다. 개인이 하는 일을 누가 간섭하거나 참견하지 않는다. 부모라 할지라도 자녀가 하는 일에 대해 왈가왈부하지 않는다. 노후에 어려움을 겪어도 자녀가 도와주지 않는다. 학교에서 수업 진도가 늦는다고 선생님이 뭐라 하지 않는다. 각자의 공부 진행상황에 따라 개별적인 교육을 할 뿐이다.

　한국에서 부자는 부러움과 시기의 대상이다. 부자가 되고 싶지만 그가 이뤄낸 것을 의심하고 질투한다. 북유럽에서는 부자도 그저 한 명의 개인일 뿐이다. 그가 갖고 있는 자산이나 직업으로 상대방을 평가할 이유가 없다. 얼마 전 한국과 서양의 중산층 비교가 있었다. 프랑스는 외국어를 한다거나 약자를 돕고 봉사활동 등을 꾸준히 해야 한다. 영국은 페어플레이를 하고 독선적으로 행동하지 않으며 불의, 불평, 불법 등에 대처해야 한다. 미국은 자신의 주장을 확실히 하고 사회적 약자를 돕는 등이 있다. 반면에 한국은 부채 없는 30평 이상의 아파트를 소유하고 500만 원 이상의 월급에 중형차를 몰고 예금액도 1억 원 이상을 갖고 있으며 해외여행을 일 년에 한 번 이상 가는 것이라고 한다.

한국과 서양의 가장 큰 차이는 물질에 중점을 두느냐 가치에 중점을 두느냐. 무엇이 옳다, 틀리다의 관점으로 본다면 또다시 다름이 아닌 틀림이라는 이분법적인 구분으로 보게 되는 악습의 반복이다. 한국이 행복지수에서 항상 하위권을 맴도는 이유를 이것만 봐도 알 수 있다.

지금부터라도 늦지 않았다. 너와 내가 다르다는 것만 인정해도 더 좋은 사회가 될 것이다. 누구나 다 부자가 될 수 있는 것도 아니다. 모든 사람이 전부 대통령이 되려고 한다면 국가가 제대로 돌아갈 수 없다. 각자 자신의 위치에서 자기 몫을 제대로 하며 남과 비교하지 않는 것만으로도 충분히 행복해진다. 우리는 모두 각자 다르다. 그 점만 인식하고 실천해도 지금보다 훨씬 더 살기 좋은 사회가 된다.

함께
잘 사는 사회

모든 사람은 자기도 모르게 내가 보고 듣는 것이 전부라고 생각한다. 특히나 자신이 한 경험을 기반으로 세상을 바라보게 된다. 나이를 먹을수록 아집과 편견이 더 강해진다. 더 이상 새로울 것은 없다는 착각이 점점 강해진다. 어떤 일이 생겨도 지금까지 살아온 인생에서 비슷한 경험이 있다. 갈수록 신기하거나 새로울 것이 없다. 스스로 이런 점을 깨기 위한 노력을 하지 않는다면 흔히 말하는 꼰대로 변화하는 것은 당연해 보인다. 심지어 빠르게 변화하는 시대에 쫓아가지 못한다. 자신이 쫓아갈 생각도 하지 않고 손을 놔버린 후에 자기 세계에 갇혀버리는 경우도 많다.

이런 점에서 다양한 경험은 개인의 인생을 풍요롭게 만들어줄 뿐만 아니라 쉽게 늙지 않게 만들어주는 불로장생의 묘약인지도 모른다. 개인이 경험할 수 있는 것에는 한계가 있다. 모든 것을 경험하기에는 물리적, 시간적 무리가 따른다. 책이 좋은 이유가 여기에 있다. 간접경험을 통해 직접 체험할 수 없지만 직접경험에 근접한 지식과 사고의 확장을 갖게 해준다. 내 경우는 해외에 가 본 경험이 적다. 그럼에도 세계 각국에 대해 이야기할 수 있는 근거는 바로 독서에 있다.

한국이라는 좁은 틀에서 보면 보이지 않는 것들이 우리와 다른 국가에서 하는 사업이나 제도, 사회 시스템을 보면서 견문이 넓어지는 경험을 하게 된다. 가깝고도 먼 일본에 대해 임상균이 쓴《도쿄 비즈니스 산책》으로 한국에서 향후 생기게 될 사업 아이디어를 발견할 수 있다. 현재 한국에서 중고로 가장 활성화된 시장은 서적으로 보인다. 대기업이 뛰어들어 판을 키웠다. 일본에서는 명품을 비롯한 중고시장이 활성화되어 있다. 화려한 디스플레이로 중고라는 느낌이 전혀 들지 않고 새 제품도 함께 전시한다. '고메효'는 이런 방식을 백화점식으로 운영하며 성공한 경우다.

한국만큼 일본도 스트레스를 제대로 풀지 못하는 사람들이 많다. 이들이 갖고 있는 스트레스를 풀어내지 못하면 그 자체로도 사회적인 문제가 될 수 있다. 일본에서는 1인 가구를 위해 직접 집으로 찾아가 그저 상대방이 하는 이야기를 들어주기만 하는 기업도 있다고 한다. 거기에 일본도 지역 경제가 안 좋아 이를 타개하기 위한 방법으로 '마치콘'이라는 게 생겼다. 시장에 있는 음식점과 술집을 수백 명이 자유롭게 돌아다니며 사람들과 만나고 즐기는 대형 미팅 같은 것이다. 이 과정에 서로 외로움도 달랠 수 있고 이성 친구도 사귈 수 있다. 현재는 청춘남녀는 물론이고 노인층까지 확대되었다고 한다.

복지와 관련되어 북유럽에 대해 부러워하지만 그보다는 해당 국가가 갖고 있는 인식과 시스템을 부러워해야 한다. 하수정이 쓴 《북유럽 비즈니스 산책》에서 힌트를 얻을 수 있다. 한국도 점차적으로 육아휴직이 장려되고 있지만 북유럽은 남자와 여자를 구별하지 않고 육아휴직을 쓰지 않으면 국가와 기업들이 손해라는 인식을 갖고 있다. 국가 차원에서 그런 정책을 편 결과기도 하다. 그뿐만 아니라 복지는 무임승차 개념이 아닌 자신이 받은 혜택을 다시 돌려주는 개념이다. 복지를 위해 엄청난 세금을 내야 하지만 이는 어디까지나 자신이 받은 만큼 돌려준다는 생각을 갖고 있다.

성에 따른 구분도 명확하다. 동등한 개체로 인정하고 받아들인다. 사회에서 쓰는 용어 자체를 중성적으로 쓴다. 이를테면 Gentlemen이 아닌 Gentleperson이라고 한다. 괜히 여성을 도와주려다가는 오히려 면박을 받는다. 북유럽에서는 부를 드러내는 걸 창피해한다. 명품으로 치장하고 다니는 관광객을 신기한 눈으로 쳐다본다고 하니 말이다. 딱 한 명의 1등보다는 다같이 2등을 더 선호한다고 하니 이런 개념이 생기기까지 한국 사회는 여전히 갈 길이 멀다고 본다.

프리미어리그인 축구나 문화 사업으로 유명한 영국, 그중에서도 런던에 거주하는 사람들의 인식은 박지영이 쓴 《런던 비즈니스 산책》으로 알 수 있다. 만약 서울에 눈이 펑펑 내리면 어떤 일이 벌어질까. 다들 기를 쓰고 다양한 방법으로 출근하기 위해 노력한다. 노력 끝에 출근했지만 결국 지각이다. 런던은 눈이 오면 출근과 등교를 하지 않는다. 사회적인 합의가 있다. 거기에 자녀가 일이 생기면 당일 오전에 이야기하고 출근하지 않아도 된다. 그래도 되는 사회 분위기와 회사 시스템이 있다.

현재 일자리에 대한 엄청난 문제가 한국 사회에 대두되고 있다. 유연하고 탄력적인 근무가 이를 해결할 방법 중 하나다. 영국은 출산 후 복귀하면 9시부터 3시까지 근무하고 3시부터 6시까지는 알바 사원이 근무한다. 이런 것은 무엇보다 분명한 역할 분담과 이에 따른 시스템이 갖춰져야 가능하다. 더 많은 사람들이 함께 사는 공동체 삶을 이어가려면 한국 사회도 이런 방향으로 변화해야 하지 않을까 생각한다.

박대진이 쓴 《이스라엘 비즈니스 산책》을 보면 이스라엘은 군대에서 많이 창업을 한다. 더구나 고등학교에 자신의 군대로 오라는 프레젠테이션까지 한단다. 남녀 구분 없이 군대에 가고 고등학교를 졸업하고 군대에 가야 하니 대학 걱정보다는 군대 걱정을 더 많이 한다.

이스라엘만큼 스타트업이 발달한 국가도 드문데, 신기하게도 이런 스타트업이 대부분 군대에서 이뤄진다. 군대가 시간을 죽이는 곳이 아닌 발전의 장이다. 주변 국가와 끊임없이 대립하고 실질적인 전투도 많이 벌어지고 있는 이스라엘도 이렇게 하고 있는데 한국이라고 못할 것이 없다. 군대가 오히려 자신이 무엇을 할지에 대해 깊이 고민하는 계기가 될 수 있다. 아직은 사회적 합의가 필요한 부분이 많겠지만 어쨌든 시간을 두고 가야 할 길이다. 한국

사회는 현재 정체되어 있다. 이 부분을 타개할 다양한 모색이 필요한 시점이다. 우리끼리 서로 치고받고 싸우며 떠들어도 답은 쉽게 나오지 않는다. 시선을 외부로 돌릴 필요가 있다. 우리가 받아들여야 할 부분은 받아들이면서 함께 잘 사는 사회로 발전해야 한다.

새로운 종교,
자기계발

자기계발은 많은 사람들에게 새로운 인생을 살 수 있는 개념을 선물했다. 반면 이를 못마땅하게 여기는 사람들도 있다. 시중에 나와 있는 책을 비교할 때 자기계발 서적이 99권이면 안티 자기계발은 1권 정도로 사람들의 관심은 자기계발에 더 치중되어 있다. 과거에는 종교가 이 역할을 했다. 자기계발 역사를 보더라도 미국으로 넘어간 프로테스탄트부터 시작한다. 새로운 미국을 창조하기 위해 이들은 열심히 일하고 노력한 자에게 보상이 된다는 개념을 설교했다. 실제로 자기계발 서적을 타고 올라가다 보면 저자가 목사인 경우가 많다.

자기계발이 본격적으로 각광받게 된 것은 나폴레온 힐부터다. 카네기가 미국에 있는 부자들을 조사해보라고 권유한다. 미국이 이토록 성장하는 데 있어 부자들의 역할이 크니 그들을 소개해서 미국인들에게 꿈과 희망을 선사하려던 계획이었다. 몇 년에 걸친 조사 후 책을 펴내 사람들에게 자기계발을 소개하며 본격적으로 발전했다. 이에 발맞춰 동기부여도 함께 소개해 이 시장은 엄청나게 커졌다. 대체적으로 유럽보다는 미국에서 더욱 부흥했다.

신자유주의와 맞물려 전 세계적으로 자기계발은 더욱 퍼져나갔다. 자가 증식을 한 자기계발 분야는 이미 언급한 것처럼 기독교, 불교, 천주교를 막론하고 많은 사람들에게 더 잘 사는 것에 대해 이야기하며 스타가 된 종교인도 많다. 역설적으로 종교는 과거에 비해 갈수록 그 힘을 잃고 있다. 사람들은 종교 집회에 가서 말씀을 듣는 것보다 기꺼이 돈을 내더라도 자기계발 강의에 참여하기를 선호한다. 그렇다고 내가 자기계발을 부정적으로 보는 것은 결코 아니다. 나 자신도 수많은 자기계발 서적을 읽으며 큰 도움을 받았다. 나태해지는 마음을 다잡으며 스스로를 돌아보기도 했다.

이 분야에 대해 극단적으로 비판하는 책도 많다. 그런데 역설적으로 그런 책이 자기계발서처럼 느껴지는 아이러니도 있다. 한국에서 가장 유명한 지식인 중 한 명인 강준만의 《자기계발과 PR의 선구자들》을 읽으면 자기계발의 역사를 알 수 있다. 앤드루 카네기, 나폴레온 힐, 노먼 빈센트 필, 브라이언 트레이시, 지그 지글러, 조 지라드, 앤서니 라빈스를 비롯해서 수많은 인물이 나온다. 흥미롭게도 여기서 광고 분야까지 소개한다. 조지 갤럽, 데이비드 오길비, 에드워드 버네이스, P. T. 바넘까지 말이다.

현대인이 자기계발에 더욱 집중하는 이유는 바로 광고의 영향이다. 더 잘살아야 한다. 무조건 남보다 더 잘살아야 한다. 이런 것은 광고가 사람들에게 주입한 세뇌라고 할 수 있다. 광고에서 이야기한다. 이런 삶이 행복한 삶이라고 계속 되뇌게 만든다. 나도 모르게 그런 광고를 보며 내 생활을 되돌아본다. 대중에게 심은 환상을 진짜라고 믿어버렸다. 광고와 자기계발이 결합되어 사람들이 더 잘살기 위해 노력하는 것이 당연한 사회가 되어버렸다. 나쁘다는 것은 아니다. 끝도 없이 내몰리는 이런 주장이 사람들을 더 피곤하게 만들고 있다.

성공한 사람이 모든 걸 다 갖는 승자독식이 더욱 공고해졌다. 여기서 도태되면 안 된다는 절박감은 사람들을 움직이게 만든다. 이 중에서 성공한 사람은 또다시 자신을 믿고 따르라며 새로운 자기계발의 거두로 우뚝 선다. 종교에서는 믿는다고 신이 될 수 없지만 자기계발 분야에서는 노력으로 신급이 되어 사람들에게 모든 것을 얻을 수 있다. 이런 시스템이 돌아가며 자기계발이 더욱 융성해지는 것이 아닌가 싶다.

이런 자기계발은 노력해도 무엇인가 허한 마음이 들고 생각대로 되지 않는다. 자신의 인생은 분명히 스스로 선택할 수 있고 통제하는 것이 중요하다. 내가 하는 모든 결정은 스스로 한다고 사람들은 믿지만 결코 그렇지 않다. 광고는 교묘하게 우리를 조정한다. 어느 날 셰어하우스가 뜨고, 일과 삶의 균형을 뜻하는 워라밸은 몰랐으면 지나쳤을 수도 있는 개념인데 광고로 더욱 확대 재생산되고 이를 이용하는 마케팅 업체가 등장한다.

내 삶을 내가 결정할 수 있는 자기 결정은 자기계발보다 더 중요하다. 이를 위해서는 자기인식부터 출발한다. 이런 부분은 사실 자기계발에서도 동일하게 이야기하는 내용이다. 파스칼 메르시어의《자기 결정》은 인문 분야지만 같은 출발점이다. 인간에 대한 관찰이 바로 그 출발이다. 나를 인식하는 것은 외부로부터 가능하다. 순수한 나는 인식하기 힘들다. 외부와 접촉은 나를 인식하게 만들어준다. 나라는 사람을 제대로 알기 위해서는 나로부터 출발해야겠지만 그것 자체가 남과 다른 나를 인식해야 가능하다.

나를 객관화하며 볼 필요가 있다. 문화는 이를 가능하게 만든다. 그림을 보고, 음악을 들으며 생각지 못한 감정이 나오고 상황에 따라 바라보는 시선이 달라진다. 여기에 언어가 중요하다. 개인의 언어는 사고를 지배한다. 영어로 말하는 사람은 영어로 생각한다. 이 책을 읽는 당신은 한국어로 말하기에 대부분 한국어로 모든 것을 인식하고 사고하게 된다. 언어가 갖고 있는 이런 한계는 독서로 극복할 수 있다. 국어로 되어 있지만 외국 책을 읽으며 다른 개념을 받아들일 수 있다. 미묘한 뉘앙스를 알기는 힘들어도 독서를 통해 나를 새롭게 자각할 수 있다.

자기계발의 출발점은 나다. 모든 사람이 이 점을 놓치기 때문에 자기계발을 해도 발전이 없고 무엇인가 허전한 느낌이 사라지지 않는다. 자기계발이라는 단어처럼 나를 계발해야 한다. 나라는 사람을 제대로 알지 못하니 기초가 튼튼하지 못한 모래성이 되어버린다. 언제 파도에 휩쓸릴지 모른다. 거대한 파도도 아닌 아주 작은 파도 물결에도 모래성이 흔적도 없이 사라진다. 아무리 거창한 목표를 세우고 새로운 것을 알게 되어도 의미가 없다. 나라는 사람을 알지 못하는 상황에서 작은 파도에도 흔들릴 수밖에 없다.

그런 면에 있어 자기계발이든 인문이든 모든 것은 나로부터 출발한다. 이걸 깨닫지 못한다면 아무런 의미가 없다. 노력을 해도 안 되는 가장 큰 이유다. 내가 스스로 자기 결정을 못하는데 자기계발을 한다는 것이 무슨 의미가 있을까. 저 멀리 거창한 목표도 중요하지만 자신을 만나지 못한다면 자기계발이나 부자가 되려고 노력해도 원하는 결과를 얻지 못한다.

나 자신도 자기계발을 통해 많은 도움을 받았다. 자기계발을 비판하는 사람보다 자기계발서를 읽는 사람이 더 낫다. 여기에 자신을 잃지 않는 노력까지 한다면 분명히 어제보다 오늘이, 오늘보다 내일이 더 나을 것이다.

대도시로
모이는 정보

인간에게는 위대한 두 가지가 있다. 동물과 구별되는 특징이기도 하다. 하나는 모든 것을 계산할 수 있는 숫자와 기억을 보존할 수 있는 글자다. 자본주의가 지금까지 발전한 바탕에는 모든 것을 숫자로 표시할 수 있었던 덕분이다. 내가 갖고 있는 양파 3개와 상대방이 갖고 있는 마늘 3개를 교환할 수 있지만 둘 중 한 명은 손해본 느낌이 든다. 상대적인 가치가 다르기 때문이다. 물질로 교환하던 시대에서 돈으로 모든 물질을 거래할 수 있게 된 것은 전적으로 숫자 덕분이다. 처음에는 혼란이 있었겠지만 점차 양파와 마늘은 서로 몇 개를 가져야 동일한 가치가 된다는 개념이 생긴다. 이를 근거로 동일한 금액이 결정되었다. 예를 들어 양파 3개와 마늘 10개는 각각 1000원으로 교환되었다. 현대에 들어 숫자는 우리가 일상에서 아무 생각 없이 쓰고 있는 IT기술에 접목되었다. 컴퓨터는 실질적으로 모든 것을 숫자로 판단한다. 숫자는 현대 정보의 총아가 되었다.

숫자만 있었다면 문명은 지금처럼 발전하고 발달하시 못했다. 모든 것을 기록으로 남길 수 있었던 문자 덕분이다. 아직까지 문자가 존재하지 않았던 고대인의 생각과 행동을 제대로 파악하기 힘든 것은 이를 해석할 방법이 없기 때문이다. 여기에 문자는 내 생각을 상대방에게 정확히 전달할 수 있는 도구 역할도 한다. 개인의 생각은 한계가 있기 마련인데 나보다 더 뛰어난 사람의 사고가 사라지지 않고 현재까지 남아 있을 수 있는 것은 전적으로 글자로 적혀 있기 때문이다. 이로 인해 사고가 확장되면서 기술이 전파되고 발전할 수 있었다. 내가 가진 모든 것은 과거로부터 이어진 것이고 이를 가능하게 한 것은 글자다.

그렇다 해도 글자가 만들어진 초기에는 대중화되지 않았기에 글자를 소유한 자들의 전유물이었다. 그들은 이를 근거로 법을 만들고 사회를 지배했다. 철학과 같은 사유를 누구나 할 수 있는 현대와 달리 과거에는 특정인들의 사치였을 가능성이 크다. 누구나 글자를 접하고 읽을 수 있던 것이 아니었다. 철학이 과거에 비해 힘을 잃은 이유 중 하나기도 하지 않을까. 특정인만 글자를 읽고 쓸 줄 알면서 철학은 일부 계층에서만 논할 수 있었다. 지식과 정보가 급속도로 퍼질 수 있던 것은 바로 글자의 대중화에 있었다.

문맹인 사람은 그렇지 않은 사람에 비해 어쩔 수 없이 사유의 깊이와 생각하는 방식에 차이가 나고 갈수록 그 차이는 더 벌어지게 되었다. 현대에 들어와 문맹은 거의 사라졌지만 독서를 하는 사람과 그렇지 않은 사람의 차이도 벌어지게 되었다. 갈수록 더 많은 정보와 지식이 기하급수적으로 늘어가는 현대인에게 문맹은 글자를 못 읽는 것에 그치지 않았다. 독서를 통해 독해능력과 문맥을 이해하는 수준이 떨어지면 글자는 그저 도구일 뿐이다. 도구를 제대로 활용하지 못하는 사람에게는 아무런 의미가 없는 것과 같다.

글자는 지식의 확장을 불러일으키지만 추상적이다. 이를 보완하는 것이 바로 숫자다. 숫자는 추상적인 개념을 구체적으로 만들어준다. 내일 만나자는 약속은 추상적이지만 내일 10시까지 만나자고 하면서 구체적인 약속이 정해진다. 이를 통해 사람들은 좀 더 정교해지고 정확한 개념을 가질 수 있었다. 기계처럼 정밀하게 돌아가는 이런 현상은 현대에 들어와 인간이 인식할 수 없는 영역까지 확대되었다. 정신없이 쏟아지는 이런 정보가 어떻게 여기까지 왔는지 알려주는 책이 제임스 글릭의《인포메이션》이다.

정보는 현대에서 더없이 중요한 역할을 하고 있다. 지식과 정보가 많은 사람은 이로 인해 더 많은 것을 가질 수 있을까? 꼭 그렇지 않다. 네트워크로 촘촘히 연결된 현대 사회에서는 이 네트워크가 중요하다. 이에 따라 과거보다 훨씬 더 많은 사람들이 도시로 도시로 몰려들고 있다. 1명보다는 10명이, 10명보다는 100명이 더 많은 정보와 지식을 갖고 있다. 인터넷의 발달과 함께 어느 지역에 거주하더라도 의견교환은 아무런 방해와 장애가 없다. 이런 생각은 갈수록 한계가 있는 걸로 밝혀지고 있다. 인간은 집단을 형성하며 살아가는 존재다. 인터넷에서도 결국에는 누군가와 의사소통을 하며 살아간다.

수많은 정보를 교류하고 지식의 확장과 기회의 장이 펼쳐시는 곳은 도시다. 과거에는 여러 중소 도시도 어느 정도 각자의 특색을 갖고 생존했다면 현대는 도시만의 고유한 특성이 점차적으로 사라지면서 모든 것을 대도시가 흡수했다. 중소 도시는 대도시를 따라 하지 말고 자신만의 특색으로 생존해야 하지 않을까 생각한다. 대도시는 사람들이 몰리면서 자본이 넘치고 인재가 집중되었다. 이로 인해 수많은 기회를 잡을 수 있다. 무엇인가를 하고 싶어도 사람이 많은 곳에서 해야 좀 더 확실한 수익을 낼 수 있다. 더구나 아이디어 하나를 발굴하고 발전시킬 때도 내 주변 사람들과 서로 주고받는 영향은 무시할 수 없다. 이런 현상은 갈수록 더욱 심해지면서 '대도시의 승리'라는 표현까지 한다.

결국 대도시에 사람들이 몰린다. 인재가 대도시로 가면서 그에 따라 자신이 살고 있는 공간을 더 발전시키려 한다. 친환경적인 생활과 삶이 가능한 도시로 변모한다. 더 살기 좋은 곳을 찾아 또다시 대도시로 사람들은 유입된다. 이로 인한 대도시의 빈부격차와 주택 가격 상승은 문제점이다. 그 부분은 반대로 볼 때 그만큼 중소 도시보다 훨씬 더 많은 소득이 있는 인재로 인한 파생이다. 빈부격차가 심하다고 해도 중소 도시보다 훨씬 더 살기 좋고 복지가 잘 되는 곳이 대도시라는 걸 부인할 수는 없다.

갈수록 정보를 차지하는 사람이 승자가 될 것이라고 이야기한다. 그 정보는 인터넷만으로는 한계가 있다. 중요한 정보는 결코 대중에게 쉽게 노출하지 않는다. 이는 사람과 사람이 직접 만나 전달되는 경우가 대다수다. 이런 점은 대도시가 가장 유리하다. 넘치는 정보의 단위와 범위는 비교되지 않을 정도로 대도시 위주로 흐르고 있다. 리처드 플로리다가 쓴《도시는 왜 불평등한가》는 대도시의 장점과 단점을 소개한 책이다. 대도시는 모든 것을 집어삼키는 블랙홀이 되어버렸다. 각종 문제가 대두되지만 어느 누구도 그곳을 떠나려 하지 않는다. 기회와 능력이 된다면 다시 들어오고 싶어할 정도다.

현대에 들어 정보는 넘치지만 이를 제대로 해석할 줄 아는 사람이 드물다. 통계와 확률을 통해 숫자를 볼 줄 아는 눈을 기르고, 글자로 된 여러 개념을 해석할 줄 알아야 한다. 맥락을 파악할 줄 모른다면 쏟아지는 정보 앞에서 문맹이나 마찬가지다. 이런 모든 것은 사람과 사람 사이에서 더욱 증가하기 마련이다. 대도시는 이런 역할을 하고 있고 갈수록 더욱 그 영향력은 커질 것이다. 대도시 위주로 돌아가는 현상을 당신도 느낄 것이다.

인식하지 못하는 사이에 시대는 변한다. 독서만으로 발전이 없다는 것은 사람을 만나지 않기 때문이다. 여기에 정보를 해석할 줄 아는 능력이 없다면 아무런 소용이 없다. 대도시에 반드시 거주해야 할 필요는 없지만 무엇인가를 얻기 위해 대도시에 수시로 이동하는 것은 대안 없는 선택이다.

그런 의미에서 내가 나고 자란 서울을 사랑한다. 모든 정보가 모여들고 여러 분야의 사람을 수시로 만날 수 있다. 갈수록 거대해지는 슈퍼 메가시티인 서울은 과거와 현대가 공존하는 각종 공간도 있다. 오늘도 서울 곳곳에서 펼쳐지는 수많은 모임과 행사는 정보를 더욱 가속화시키는 역할을 하고 있다. 그에 앞서 본인 스스로 정보를 읽을 수 있는 능력부터 키운다면 반드시 대도시를 고집할 필요는 없어 보인다. 각자 선택일 뿐이다. 난 독서로 정보를 얻고 숫자를 배우며 이를 구체화하고 맥락을 놓치지 않으려 한다. 여기에 그저 운 좋게 서울이라는 곳에서 나고 자라며 수많은 사람을 만나 기회를 얻고 있다. 당신의 선택을 존중한다.

03

나를
변화시키는 독서

마음의 양식을
채우는 법

독서가 취미가 아닌 생활의 일부분이 되어 있을 때쯤 '어떻게 읽으면 좋을까' 하는 고민을 많이 했다. 같은 시간을 투자하더라도 좀더 효과적인 독서를 하고 싶은 마음에 독서와 관련된 서적도 찾아 읽었다. 책을 읽기 위해서 독서 책을 찾아 읽는다는 게 조금 지나쳐 보일 수 있겠지만, 그만큼 독서는 내 삶을 움직이는 원천이다. 이를테면 요리를 해야 하는데, 어떻게 해야 맛있게 만들 수 있는지 요리책을 보는 것과 같은 이치다. 같은 책을 읽더라도 그 속에 들어 있는 맛과 영양을 되도록 많이 가져가고 싶은 욕심에서 비롯된 행동이다.

책은 마음의 양식이라는 말이 있다. 우리가 매일 밥을 먹듯이 이왕이면 꾸준히 책을 읽는 게 이상적이겠지만, 상황이 여의치 않을 때는 굶을 수도 있다. 오랫동안 책에 굶주리다 보면 지적 허기를 느끼거나 소화력이 떨어질 수 있다. 반대로 의욕이 넘쳐서 한꺼번에 많은 책을 읽게 되면, 평소 독서 습관이 있는 사람은 책이 주는 영양분을 골고루 흡수할 수 있겠지만 그렇지 않은 사람은 질리거나 배탈이 난다.

우선 무슨 책을 선택했든지 처음부터 끝까지 다 읽어야겠다는 부담감은 갖지 않는 게 좋다. 밥을 먹다가 배가 부르면 숟가락을 내려놔도 되는 것처럼 말이다. 억지로 꾸역꾸역 먹다 보면 소화가 되지 않을 수 있다. 제목과 부제를 보고 끌림이 느껴지는 책을 선택하는 것도 좋다. 맛있는 음식을 보면 먹고 싶은 마음이 드는 것과 같이, 책도 읽고 싶은 마음이 드는 것을 골라야 끝까지 즐겁게 읽을 수 있다.

차례와 머리말을 안 읽고 본문만 읽는 습관이 있다면 지금부터라도 차례와 머리말을 꼼꼼히 읽는 습관을 기르면 좋다. 우리가 레스토랑에서 처음 먹게 되는 메뉴를 고를 때, 요리 이름과 요리에 들어간 재료를 신경 써서 본 다음 주문하는 것과 비슷한 취지다. 이는 책 전체를 미리 살피고 자신에게 필요한 내용을 기억하는 데 도움이 된다. 마지막 부분을 훑어봤는데 밑줄 치고 싶은 문장이 있다면 그 책은 처음부터 끝까지 알차게 구성되어 있을 가능성이 높다. 책을 읽다 보면 앞부분에는 흥미를 유발하는 내용이 있다가 점점 끝나갈수록 내실이 없는 책을 만나기도 하기 때문이다.

아직 독서 습관이 자리 잡히지 않았다면 도서관에서 여러 권을 빌려놓고 뷔페를 먹듯이 고루 살펴보다가 입맛에 맞는 책을 먼저 읽는 것도 하나의 방법이다. 그렇게 하면 더 이상 책을 읽는 것이 지루하지 않을 것이다. 어떤 책을 읽어야 좋을지 선택하는 방법은 여러 가지가 있는데, 독서 관련 서적 뒤에 수록된 추천 도서 목록을 활용하는 방법이 가장 쉽다. 또 다른 방법으로는 감명 깊게 읽은 책의 저자가 쓴 다른 저서를 찾아 읽는 방법이 있다. 읽던 책의 참고문헌을 보고 궁금하다면 찾아 읽는 것도 하나의 방법이다.

도무지 독서할 시간이 없다고 말하는 사람들이 있다. 하루 24시간은 누구에게나 공평하게 주어지는데, 독서를 생활화하는 사람은 과연 시간이 남아돌아서 읽는 걸까. 시간을 활용하기 위해서는 일단 불필요하게 낭비되는 시간을 줄여야 한다. 스마트폰이나 텔레비전을 보며 소비하는 시간만 모아도 꽤 많은 양의 독서를 할 수 있다. 외출할 때는 무조건 책을 한 권씩 들고 나간다. 자투리 시간을 활용하기 위해서다. 대중교통을 이용하는 시간, 엘리베이터를 기다리는 시간, 횡단보도에서 신호를 기다리는 시간, 누군가를 만나기 위해 기다리는 시간에 단 몇 줄이라도 좋으니 책을 읽어보라. 적어도 일주일에 한 권 이상은 읽을 수 있을 것이다.

내 경우에는 대부분의 책을 도서관에서 빌려 읽었다. 요즘은 많은 사람들이 인터넷 서점을 이용하지만 나는 일부러 오프라인 서점에 자주 간다. 산책을 하고 싶을 때 서점 산책을 하면 마음이 차분해지면서 책을 읽고 싶은 욕구가 샘솟는다. 더불어 새로 나온 책들을 둘러보며 최신 트렌드를 알 수 있다. 혹시 서점에 자주 들르지 않았다면 독서를 하기로 마음먹었으니 이제부터라도 자주 가보는 게 어떨까. 식사를 마치고 소화를 시키거나, 쇼핑을 하고 싶을 때 다른 곳에 가지 않고 서점에 들르는 것이다. 서점을 돌다 보면 마음에 드는 책을 분명 만날 수 있다.

서점에는 워낙 많은 책이 진열되어 있어서 무슨 책을 사야 할지 고민에 빠질 수도 있다. 보통 베스트셀러는 묻지도 따지지도 않고 덜컥 구입하는 경우가 많은데, 베스트셀러가 반드시 양질의 책이 아닐 수도 있다는 점을 염두에 두어야 한다. 단순히 마케팅이나 인기에 힘입어 일시적으로 판매 부수가 높을 수도 있기 때문이다. 그렇다면 양질의 책은 어떤 책일까. 바로 스테디셀러이다. 오랜 시간에 걸쳐 꾸준히 많은 사람에게 읽힌 책이 진서라고 할 수 있다. 인터넷 서점 사이트에서 스테디셀러 검색도 되니 각 분야별로 참고해서 나만의 독서 리스트를 만들면 된다.

간혹 독서에도 편식을 하는 사람들이 있다. 소설만 읽는다거나, 자기계발서만 읽는 경우를 말한다. 처음부터 모든 분야를 전부 읽기는 어렵겠지만 자신만의 독서 수첩을 만들어놓고 어떤 분야의 책을 얼마나 읽었는지 기록하는 것도 좋다. 음식을 골고루 먹어야 몸이 건강해지는 것처럼, 책도 두루 읽어야 지적 성장을 이룰 수 있다. 책 속에서 좋은 문장을 발견하면 지나치지 말고 내 것이 되도록 소화해야 한다. 책을 읽고 나서 무슨 내용이었는지, 심지어는 읽었던 책인지도 기억하지 못할 때가 있다. 그럴 땐 필사와 리뷰쓰기가 도움이 된다. 좋은 글귀와 책을 읽고 깨달은 점을 메모하면 기억에 훨씬 오래 남는다.

책장은 진열장이 아니다. 수시로 책이 드나들 수 있는 소통의 공간이다. 한눈에 봐도 읽고 싶게 만드는 진열을 해보자. 나란히 꽂혀 있는 책이 부담스럽게 느껴진다면, 집안 곳곳 손닿는 곳마다 수납 박스나 바구니를 이용해서 책을 배치해보면 좋다. 나뿐만 아니라 가족들도 자연스럽게 책과 친해질 수 있다. 목표를 정하면 책 읽는 즐거움이 높아진다. 1년에 몇 권을 읽을지 정해두고 목표치를 달성하면 자신에게 포상으로 책 선물을 하는 것도 독서 습관을 유지하기에 좋은 방법이다.

누군가를 좋아하는 데 이유가 없는 것처럼, 책을 읽는 데도 이유가 없다. 그냥 좋아서다. 외로워서 누군가와 대화하고 싶을 때는 시와 에세이를 읽으며 마음을 추스를 수 있다. 의기소침해졌을 때는 동기부여나 자기계발 서적을 읽고 나 자신을 일으켜 세운다. 가끔은 자존감에 대한 책을 읽으며 현재 내 자존감은 어느 정도인지 점검해볼 수도 있다. 소설을 읽으며 다른 사람의 입장을 공감하는 능력을 기를 수 있다. 그 밖의 학술서들은 나만의 창고에서 지식을 차곡차곡 쌓도록 도와준다. 책은 세상만사를 가르쳐주는 고마운 스승이다.

참고문헌
읽기

지금까지 내가 세상에 선보인 책 중에 참고문헌이 없는 유일한 책이 《소액부동산경매 따라잡기》였다. 이 책은 경매투자를 하며 썼던 일기를 새롭게 구성해서 편집한 책이라 참고문헌이 있을 수 없었다. 그 외에는 전부 상당한 분량의 참고문헌이 있었다. 어떤 책엔 각 챕터마다 참고문헌을 넣었더니 해당 책 내용을 편집한 걸로 오해하는 사람들도 있었다. 지금까지 책을 내면서 참고문헌을 함께 소개했지만 책을 위해 관련 책을 읽은 적은 없다. 글을 쓰며 이미 읽은 책을 참고하는 편이다.

대부분 저자들은 특정 소재와 주제를 갖고 책을 쓰며 관련 책을 읽는 경우가 대다수다. 나는 이상하게 쓰고 있는 책과는 상관없이 읽고 싶은 책을 읽는 편이다. 이런 이유로 지금까지 단 한 번도 읽지 않은 책을 참고문헌에 넣은 적은 없다. 이에 대해서 리뷰까지 거의 전부 올라가 있으니 확인도 가능하다. 다른 독서가들과 내가 다른 유일한 차별성이 바로 읽은 책 리뷰를 거의 다 쓴다는 점이다. 남들은 1000권 읽었다고 하면 그러려니 할 수 있겠지만 내 블로그에 그 기록이 전부 남아 있다. 올린 리뷰만 해도 1500권이 넘었다. 이미 소개한 것처럼 리뷰가 없어도 독서 목록을 해마다 따로 정리해 여러 카페에 올렸다. 때문에 최소한 읽은 책에 대해서는 완벽하게 자료가 남아 있다.

책을 쓰기 위해 독서하면 훨씬 효율적으로 읽게 된다. 특정 주제에 맞는 것만 집중해서 읽으면 편독 아닌 편독을 하며 짧은 시간 동안 수십 권에서 수백 권까지 읽을 수 있다. 그 방법이 나쁘다는 것이 아니라 내가 책을 읽는 이유와는 다소 다르다. 무엇보다 인식 범위를 넓히기 위해 책을 읽는다고 생각한다. 그저 내가 모르는 것을 알기 위해 읽었다. 읽다 보니 모르던 것을 알게 되었다. 무엇을 모르는지 알게 되니 더 많이 알기 위해 읽었다. 어제 몰랐던 것을 오늘 알게 되었다. 그 과정을 거치며 어제 알았던 것들이 오늘은 잘못되었다는 것을 깨닫게 되었다. 전혀 인식하지 못했던 것들을 알게 되며 세상이 어떻게 돌아가는지 놀라기도 했다.

읽는 책은 자신을 드러내게 되어 있다. 아무리 책을 읽어도 늘 같은 수준 책만 읽는다면 스스로 꽤 많이 안다고 지식이 쌓여 있는 듯싶지만 제자리걸음이다. 일부러 전혀 상관없는 글이나 다른 분야의 글을 읽는 이유가 여기에 있다. 편독이 위험한 이유는 자기 자신이 최고라고 생각하며 더 이상 배울 것이 없다는 착각에 빠지게 만든다. 읽으면 읽을수록, 배우면 배울수록 부족한 나 자신을 발견하고 겸손해지는 것이 당연하다.

지금까지 올린 독서 리뷰가 1500권이 넘는데, 나는 속독을 할 줄 모른다. 배우지도 않았고, 앞으로도 생각이 없다. 워낙 많은 책이 있어 욕심 같아서는 다 읽고 싶다. 이럴 때 속독법이 가장 효과적이고 욕망을 채울 방법은 맞겠지만 내가 책을 읽는 이유와는 다르다. 어차피 특정 분야 책 내용은 이미 익히 알고 있는 부분이 80~90퍼센트는 된다. 그중에서 5~10퍼센트 정도를 더 알기 위해서 읽는다고 할 수 있는데 그 부분은 어느 곳에서 나올지 모른다. 책 전체 내용을 아는 것도 큰 의미가 있겠지만 그보다는 생각지도 못한 곳에서 모르는 걸 배우게 되는 경우도 많다. 저자가 이야기하고자 한 내용이 아닌 특정 문구에서 나에게만 크게 다가오는 부분은 속독으로 발견할 수 없다.

　어쩌면 가장 정직한 것 중 하나가 독서인지도 모른다. 어떻게 그렇게 책을 많이 읽느냐고 하지만 아주 단순하다. 무조건 시간을 투자한 만큼 읽는 것이다. 언젠가 퇴근 시간에 지하철을 타게 되었다. 복잡했지만 책을 펼치고 꿋꿋하게 읽었다. 전철역에서 가만히 멍하게 있는 것보다는 책을 읽는 것이 훨씬 시간도 잘 가고 좋다.

　인간은 자신이 인식하는 범위까지만 알게 되고 행동하게 된다. 이를 위해 경험이 가장 중요하다. 직접경험이 가장 좋은 방법이겠지만 책을 통한 간접경험도 아주 좋다. 더구나 인간은 가상과 현실을 구분하지 못하니 말이다. 어떤 방법이든 전부 훌륭한 방법이지만 독서만큼 시간이 절약되며 효율적인 방법이 없다. 그 수많은 경험을 전부 다 해보는 것은 인간에게 무리다. 이를 바탕으로 삶에서 실천하기 위해 노력하는 것이 핵심이다. 무얼 알아야 생각하게 된다. 모르면 생각도 못한다.

위대한 성인은 여러 사유를 통해 무엇을 깨닫고 실천했는지 몰라도 아는 것이 없는데 생각이라는 것이 생길 수 없다. 지금처럼 여러 문물이 발달한 사회에서는 더더욱 무엇을 알아야만 생각하고 실천할 수 있다. 이와 관련되어 독서만큼 도움이 되는 것은 없다. 이러다 보니 자연스럽게 조금 어려운 책까지 읽게 된다. 딱 봐도 어렵게 느껴지는 책은 부담이 많이 된다. 그래도 읽고 싶은 욕구를 버릴 수 없어 결국에는 읽는다. 그것도 아주 느리게 천천히 읽을 수밖에 없다. 참 지루하고 페이지도 넘어가지 않지만 그래도 읽으면서 모르는 것을 알게 되는 희열이 있다.

결국에 해마다 책을 쓸 수 있는 원동력은 다독에 있다. 지금까지 썼던 책의 참고문헌에 나오는 책을 전부 읽었기에 이를 바탕으로 책을 쓸 수 있었다. 좀 더 다양한 책을 읽고 전혀 상관없는 분야를 엮어 사람들에게 알려주고 싶은 것이 나에게는 최종적인 목표인데 그런 면에서 아직까지는 부족한 것이 많다. 우리 생각과 달리 이 세상은 전부 연결되어 있다. 전혀 상관없는 분야나 사람이나 사상이나 세상은 없다. 모든 것들이 다 연결되어 영향을 미치고 영향을 받는다. 이런 부분을 더 재미있고 쉽게 알려주기 위해서는 더 많이 읽고 더 많이 쓰는 것 이외에는 방법이 없다.

지금처럼 책을 펴낸 것은 결국 아주 정직하다. 다른 분야와 달리 독서와 글쓰기는 시간을 투입한 만큼 아웃풋이 나온다. 투자 분야에서는 운 좋게 큰 이익이 날 수도 있고 손실이 날 수 있다. 운이라는 부분이 결부되는 영역에서는 이런 현상이 더욱 커지니 사람들이 환상을 갖게 된다. 독서와 글쓰기는 시간을 투자한 만큼 결과가 나오는 아주 정직한 분야다. 때려 죽여도 많이 읽으려면 시간을 투입해야 하고 좋은 글이 나오려면 많이 써야 한다.

리뷰는
내 창작물

2014년, 2015년 연속으로 독서 리뷰를 200권 넘게 블로그에 올렸다. 사람들에게 책을 200권 읽었다고 하면 "와, 대단하네요!"라는 반응인데 200권의 리뷰를 올렸다고 하면 "네? 정말이에요?"라고 한다. 사실 어떨 땐 나도 놀랍다. 리뷰 내용은 다소 투박할지 몰라도 매 리뷰마다 정성을 다해 썼으니 스스로도 대견하다.

리뷰는 독서로 그치는 것이 아니라 스스로 발전하기 위한 하나의 선택이었다. 집요할 정도로 쉼 없이 리뷰를 올렸다. 다독가는 많지만 나처럼 읽은 책 대부분을 리뷰까지 올리는 사람은 극히 드물다. 처음엔 거창한 목표 없이 시작했지만 리뷰가 차곡차곡 쌓이다 보니 어느 순간부터 거대한 제국이 된 듯했다.

다른 분야는 자신 있게 잘한다는 이야기를 하기 힘들지만 독서 리뷰만큼은 말할 필요가 없었다. 1500권이 넘는 리뷰가 쌓여 있어 언제든 자신 있게 보여줄 수 있다. 내가 이렇게 교만할 수 있는 부분은 독서 리뷰가 유일하다. 이걸 누가 알아준다 해도 그다지 쓸모 있는 일도 아니고 교만해진다고 리뷰를 안 쓸 리도 없고 말이다. 돈을 많이 벌어 교만해지면 꼴불견이겠지만 독서 리뷰 많이 썼다고 교만해져봤자 솔직히 누가 알아주지도 않는다. 이렇게 혼자서 즐겁게 만족하는 것 말고는 없다.

독서 리뷰의 전제 조건은 독서다. 책을 읽지 않으면 아무리 독서 리뷰를 쓰고 싶어도 할 수가 없다. 가끔 신기하게도 읽지 않고 리뷰를 쓰는 사람이 있다. 굳이 리뷰라고 하기보다는 한 줄 정도로 짤막하게 코멘트를 하는 것인데 읽은 것처럼 글을 쓴다. 그저 책 마케팅 문구나 책 소개에 나온 몇 줄의 글을 읽고 쓰는 것 같은데 좀 우스워 보인다. 최소한 책은 읽고 평가하는 것이 맞지 않을까. 내가 쓴 리뷰를 자신이 쓴 것처럼 블로그에 올린 사람도 있다. 내용은 같고 조사나 단어를 살짝 바꿔서 말이다.

최소한 내가 읽지 않은 책에 대해서는 이러쿵저러쿵 이야기하지 않는다. 읽지 않은 책은 그 책에 대한 리뷰도 읽지 않으려 노력하는 편이다. 오로지 순수하게 내 관점으로 그 책을 읽고 감상하고 평가한다. 타인의 리뷰를 읽으면 아무래도 선입견이 들 수 있기 때문인데 이건 전적으로 나만의 독서법이다. 다른 독서 리뷰를 읽어도 상관은 없다. 많은 사람들이 고맙게도 내가 쓴 리뷰를 읽고 책을 선택하는 경우가 많다고 알려준다. 어쩌면 그렇기에 나만의 리뷰로 이야기하고 싶은지도 모르겠다.

리뷰를 쓸 때 사명감까지는 아니더라도 최소한 균형 있게 쓰려고 노력한다. 출판사나 저자가 직접 책을 보내줘도 그 사실은 변함이 없다. 리뷰를 읽고 느낀 생각과 판단은 읽은 사람의 몫이라고 생각한다. 그렇기에 가끔 잠시 주저하지만 솔직하게 리뷰를 쓴다.

내 리뷰에 대한 자부심이 있는데 가끔 연락이 오는 경우가 있다. 균형 있게 썼다고 느끼는데 책을 보낸 저자는 그렇게 못 느끼는 듯하다. 나름대로 영향력도 있다 보니 안 좋은 문구 등이 있으면 이에 대해 민감하게 반응한다. 그래도 내 창작물에 대해 책임을 진다. 처음부터 글을 쓰지 않고 표현하지 말았어야 한다는 것이 내 입장이다.

지금까지 많지는 않지만 몇 번 정도 내가 쓴 리뷰에 대해 양해를 구하는 경우가 있다. 책을 보내줬다고 해도 그런 양해는 옳지 않다고 본다. 창작물을 만든 사람이 감당할 몫이라 생각한다. 리뷰를 쓴 순간부터 그 리뷰는 해당 책을 바탕으로 했지만 내 창작물이다. 그에 따른 칭찬과 비난은 다 감수하고 받아들인다. 리뷰라는 창작물을 만든 내 몫이기 때문이다. 스스로 내용을 수정하는 것은 몰라도 외부에서 요청하는 대로 수정할 수는 없다.

돈을 받고 리뷰를 쓴 적도 없다. 최소한 책을 받았을 뿐 리뷰는 누가 뭐래도 내 것이다. 내가 쓴 글이나 책의 경우에도 모든 비판과 칭찬을 기꺼이 받아들인다. 활자가 된 순간 내 손을 떠나 읽은 사람의 것이다. 가끔 비판이 아닌 비난에는 좀 괴롭고, 내 의도와 달리 당혹스러운 리뷰 반응도 있지만 그마저도 각자 선택할 문제다. 내가 쓴 리뷰는 그 누구의 것도 아닌 순수한 내 창작물이다.

느리게 읽어도
좋다

자주 받는 질문 중 하나가 책을 얼마나 빨리 읽느냐다. 그때마다 답은 늘 같다. "저는 책 읽는 속도가 느린 편입니다." 1년에 최소 150권 이상을 읽는다. 한 달로 본다면 10권 이상이다. 많이 읽을 때는 20권도 읽는다. 그러나 딱히 책을 빨리 읽는지 늦게 읽는지 신경 쓰지 않고 있다. 또 나 자신이 빠른 편인지 늦는 편인지 남과 비교해본 적이 없고, 그럴 필요도 못 느꼈다.

시간이 지나며 내가 늦게 읽는 편이라는 걸 깨달은 것은 신간 도서를 읽을 때다. 분명히 비슷한 시기에 출판사나 저자에게 책을 받은 걸로 보이는데 내 리뷰가 늦게 올라오는 편이다. 가끔 타이밍이 잘 맞아 읽던 책을 덮었을 무렵에 신간이 도착하면 빨리 읽고 리뷰를 올린다. 다른 책을 읽을 예정이었지만 이왕이면 그 책을 먼저 읽는다. 그런데 나는 아직도 읽고 있는데 다른 사람들의 리뷰가 올라오는 걸 본다. 그런 경우가 상당히 많다. 그때마다 내가 느리게 읽는구나라고 느낀다.

많지는 않지만 내 주변에는 1년에 200권 정도 책을 읽는 독서가들이 있다. 놀랍게도 1주일에 5~6권을 읽었다고 이야기한다. 난 겨우 2~3권밖에 읽지 못한 상황에서 말이다. 시간이 지나 그들과 공통점은 1년에 읽는 권수가 비슷하다는 부분이다. 분명히 나보다 훨씬 빨리 읽는데 1년이 지나면 읽은 권수는 별 차이가 없었다.

1년이 지나 비슷해지는 이유가 무엇일까. 한 발 더 들여다보니 차이점이 보였다. 그 사람들은 엄청나게 많이 읽은 날도 있지만 한 장도 읽지 못한 날도 있다는 것을 알았다. 너무 바빠 책 읽을 시간을 미처 내지 못했기 때문이다. 책 읽는 걸 좋아하지만 바쁘다 보면 충분히 그럴 수 있다. 그 외에 읽는 책이 별로라면 끝까지 읽지 않고 다른 책을 읽는다. 여기서 그 책을 독서한 책으로 치느냐 여부가 있지만 독서가라 해도 각자 다양한 방법으로 읽기에 그게 문제는 아니다.

지금까지 나는 매일같이 책을 읽는지를 단 한 번도 스스로 주의 깊게 살펴본 적은 없다. 독서를 한다는 생각을 갖고 본격적으로 시작한 지 20년이 되어가는 동안 한 페이지라도 안 읽은 적은 단 하루도 없다. 보통 2~3일에 한 권을 읽는다. 목표 중 하나가 1년 200권 독서였다. 반드시 달성할 생각은 없었지만 이왕이면 한번 해보고 싶은 목표였다. 독서는 미션을 클리어하듯이 해야 하는 것은 아니라서 하면 좋다는 정도였다.

시간이 지나 되돌아보니 1년에 200권의 리뷰를 썼던 적이 두 번 있으니 결국 달성한 것이다. 궁극적으로 1일 1독 1서평이 독서와 관련된 최종 목표이긴 한데 이건 목표로 끝날 가능성이 더 크다. 일상생활을 하며 이 목표를 달성하는 것은 힘들 듯하다. 혹시나 어느 날 1일 1독 1서평을 시작한다면 그만큼 엄청난 여유를 갖고 살고 있다는 뜻이다. 달성을 위해서는 노력해야 하는 관계로 역설적으로 치열하게 사는 꼴이 되겠지만 말이다. 아마도 20~30년 내에 한 번 도전하는 날이 있지 않을까 한다.

나는 정독 스타일로 읽는다. 혹시나 몰랐던 내용이 나오거나 생각지도 못한 곳에서 좋은 내용이 나오는 것은 책을 끝까지 완독해야만 알 수 있다. 굳이 정독 비슷하게 읽는 이유다. 정독을 하지 않아도 끝까지 완독한다면 나에게 도움 되는 부분은 분명히 발견할 수 있다는 판단도 한다. 꼭 글자 하나씩 전부 읽지 않고 흔히 말하는 통으로 쓰윽 넘겨도 중요한 부분과 그렇지 않은 부분은 저절로 구분이 된다. 그에 대한 고민을 좀 하는 편이다. 독서에 대한 고민은 신기하게도 많이 읽고 리뷰를 써도 변함이 없다. 전부 욕심이라 생각은 한다. 꼭 많이 읽어야 할 필요도 이유도 없는데 말이다. 많이 읽는 것이 중요한 것이 아니라 사실 제대로 읽는 것이 핵심이다.

그래도 이제 좀 더 빨리 읽을 필요가 있지 않나라는 고민은 한다. 독서도 매너리즘에 빠질 때가 있다. 책을 많이 읽으려고 하는데 내 입장에서 읽는 속도는 느리니 나도 모르게 자꾸 좀 어렵다고 생각되는 책은 피하게 된다. 또는 두꺼운 책도 그렇다.《우리 본성의 선한 천사》같은 책은 구입해놓고 벌써 몇 년째 읽지 않고 있으니 문제가 심각하다. 이걸 극복하는 방법은 좀 빨리 읽도록 노력하는 것이 아닐까 하는 욕심이 든다. 그런 방법으로 독서를 못하는 것은 아니다. 안 하는 이유가 더 크다. 아무리 생각해도 독서하는 이유가 책을 많이 읽는 것은 아니기 때문이다.

그럼에도 다독은 놓치기 싫다. 이왕이면 많이 읽는다는 이야기가 더 좋은 건 사실이다. 다만 그걸 유지하려다 보니 어려운 책을 피하게 되는 단점이 있다. 어려운 책도 읽으면서도 많은 책을 읽으려면 결국 시간을 투자하는 것밖에 없다. 많이 읽는다는 생각은 하지 않지만 사람들이 궁금해하는 다독의 비결은 독서하는 시간이 많을 뿐이다. 어디를 가든, 누구를 만나든 항상 책을 갖고 다닌다. 집에서도 따로 시간을 정해놓지 않고 틈날 때마다 책을 읽는다. 이것 말고는 아무런 비결이 없다.

절대로 속독은 권하지 않는다. 책 읽는 이유는 분명히 빨리 읽는 것이 아니다. 다독이라는 표현처럼 많은 독서를 하는 것은 분명히 큰 도움이 된다. 한 권을 읽는 것보다는 열 권을 읽는 게 훨씬 낫다. 그건 분명한 사실이다. 그러나 독서하는 이유를 먼저 생각하라고 말하고 싶다. 읽는 속도가 좀 느리면 어떤가. 좋은 책을 만나 즐겁게 읽고 모르던 것을 알면 그것으로 족하지 않을까.

왜
책을 못 읽을까

인간에게 읽기 능력은 말하기 능력과 달리 후천적인 노력이 필요하다. 아무런 노력 없이도 말할 수 있다는 건 아니다. 인간은 언어를 배우는 특정 기간이 있다. 이 기간을 놓치면 노력으로도 말할 수 없다. 1800년 프랑스 아베론 숲에서 12세 소년이 발견되었다. 이 소년은 어찌된 것인지 말을 할 수 없었다. 의성어를 비롯한 소리를 낼 수 있지만 어떤 이유로 숲에서 자랐는지 몰라도 야생 생활을 하며 자란 듯했다. 인간 사회에 적응하기 위해 언어를 가르치려 했지만 몇 개의 단어만 겨우 말할 수 있는 정도에 그쳤다. 이런 사례는 인도에서도 있었다. 이번에는 카말라라는 소녀였다. 소녀는 8세 때에 발견되었는데 늑대처럼 행동했다. 말은 할 수 없었지만 늑대 소리를 냈다. 카말라에게 언어를 가르치려 했지만 8년 동안 50개 단어밖에 습득하지 못했다.

인간과 함께 살아도 배우는 시기를 놓치면 말하기 어렵다. 미국에서 말을 하지 못하는 지니라는 13세 소녀가 발견되었다. 지니는 아빠와 함께 살았는데도 아무런 말을 하지 못했다. 그렇다고 지니가 언어장애로 태어난 것도 아니었고 아빠가 말을 못하는 사람도 아니었다. 그러나 그때까지 지니에게 아빠가 아무런 말도 시킨 적이 없고 대화를 한 적이 없었다. 오로지 작은 방에 가둬놓고 키웠다. 그 이후 많은 학자들이 언어를 가르치려 노력했다. 언어학자인 커티스가 7년이나 시도했으나 실패했다. 지니는 20개월 전 격리시키기 전에는 말을 할 수 있었다고 한다. 어찌된 일인지 훈련을 받아도 기껏해야 두 단어 정도를 합쳐 말하는 것에 그쳤다.

아이를 보면, 옹알이 시기를 지나 간단한 단어를 내뱉고 어느 날부터 엄마, 아빠가 알아들을 수 있는 말을 한다. 이런 시기가 지난 후 어느 순간부터 폭발적인 언어습득 능력으로 주변 사람을 즐겁게 만든다. 이에 반해 읽기는 특정 시기가 필요하지 않다. 언제든지 배우려는 의지만 있다면 가능하다. 읽기는 후천적 노력으로 얼마든지 배울 수 있다.

말하기는 많은 노력이 필요하지 않다. 비록 부모들이 아이들에게 열심히 한 단어씩 알려주긴 해도 아이가 그걸 외우려고 노력하진 않는다. 자연스럽게 끊임없이 반복하며 듣다 보면 어느 순간 입이 트이며 말을 하게 된다. 아이 스스로 외우려고 노력하지 않는다. 반면 읽기는 다르다. 누가 읽어준다고 글자가 외워지진 않는다. 본인 스스로 읽고 또 읽으며 외우려고 노력해야만 한다. 인간에게 있어 말하기 능력과 달리 읽기 능력은 최근에 개발되어 역사가 상대적으로 짧다. 읽기보다 말하기 능력에 인간의 뇌가 좀 더 익숙하게 적응되어 있다.

책은 글로만 구성되어 있다. 그림과 함께 있는 책도 있으나 여전히 책은 글이 모든 것을 대표한다. 읽기에 최적화되어 있지도 않은데 온통 글로만 구성되어 있는 책을 무려 200페이지 넘게 읽는다는 것은 분명히 어렵다. 더구나 책을 읽으려면 많은 걸 희생해야 한다. 독서할 시간에 텔레비전을 봐도 되고, 유튜브에 재미있는 동영상도 많다. TED처럼 유익한 내용의 동영상도 많다. 친구들과 신나게 수다를 떨며 스트레스를 풀 수도 있다. 이런 시간을 희생해야만 독서할 수 있다. 굳이 그래야 할 필요가 있을까. 가뜩이나 읽기도 어렵고 읽어도 머릿속에 들어오지도 않는 책을 말이다.

말하는 것도 집중이 필요하지만 친구랑 이야기할 때 그다지 생각하며 이야기한다는 판단은 들지 않는다. 자연스럽게 떠오르는 대로 말할 뿐이다. 이와 달리 독서는 상당히 집중해야만 한다. 멍하니 별 생각 없이 책을 읽고 있으면 글자만 본 것이지 내용은 하나도 들어오지 않는다. 읽는 건 분명히 쉽지 않다. 차라리 이걸 인정하는 것이 편하다. 인간에게 읽는 것은 결코 쉬운 일이 아니다. 어렵다. 힘들다. 노력이 필요한 행위다. 그냥 인정하자!

재미있게도 현대인은 참 많이 읽는다. 그렇게 읽기가 어렵다고 말하면서도 엄청나게 읽는다. 최근 SNS의 발달로 하루도 쉬지 않고 무엇인가를 읽고 있다. 트위터, 페이스북은 이미 아주 친숙한 도구다. 글이 길지 않을 뿐이지 짤막한 글은 다들 참 열심히 읽는다. 제대로 집중해서 읽기보단 띄엄띄엄 읽는 한계가 있지만 분명히 스스로 찾아 읽는다. 누가 읽으라고 강요하지도 않는데 읽고 있다. 심지어 동영상이 대세라고 하지만 여기서도 우리는 읽는다. 방송에 나오는 예능 프로는 물론이고 유튜브 등에서 일반인이 찍은 동영상에도 화면만 보여주지 않는다. 내용을 더욱 풍성하게 해주는 자막을 보며 더 재미있게 시청한다. 읽기를 부담 없이 더욱 친숙하게 받아들이고 있다.

이 얼마나 아이러니한 상황인가. 읽기가 어렵다며 투정하는데 정작 하루 종일 무엇인가 읽고 있는 나를 전혀 눈치 채지 못했으니 말이다. 읽기 자체는 그다지 어렵지 않다. 단문이 아닌 장문이 문제다. 간단하게 짧막한 문장은 편하게 부담 없이 읽는다. 최근 문장이 길지 않은 에세이 종류가 베스트셀러가 되는 이유 아닐까. 깊이 대신에 편함을 택한 사람들의 판단이다. 어려운 책이 아닌 쉽게 읽히는 책이 더 큰 사랑을 받는다. 이런 걸 볼 때 책 자체가 안 읽히는 것은 아니다. 책을 읽기 힘들어하는 것이 아니다. 어려운 책을 읽기 힘들어한다. 어렵다는 개념은 상대적이다. 누구에게 쉬운 책이 누구에겐 어렵다. 아이가 기고 서고 걸어야 뛸 수 있듯이 말이다. 나는 단지 이제 막 기고 있을 뿐이다. 달려가려면 이제부터라도 서고 걸을 수 있는 근육을 키워야 한다.

책 읽는 것이 어려운 건 진실이고 사실이다. 독서가 쉽다면 책이 이토록 안 팔릴 이유가 없다. 영화가 대박이 나면 1000만 명도 보지만 책은 기껏해야 100만 권이다. 그것도 1000만 명이 보는 영화는 1년에 한 번 정도 나와도 100만 명이 읽는 책은 1년에 한 번 나올까 말까 하다. 이 책을 읽고 있는 당신도 1년에 어느 정도 책을 읽는가. 한 달에 한 권 읽는 것도 버거워하는 것이 현실이다. 한국인의 1년 평균 독서량이 10권이 안 된다. 한 달에 한 권도 읽지 않는다. 익숙하지 않으니 어렵다. 한 달에 한 권도 읽지 않는 독서가 쉽다면 그게 오히려 이상하다. 독서는 무의식적인 자동반사처럼 할 수 있는 행위도 아니니 더욱 그렇다.

1년에 150권 이상은 기본적으로 읽고 있는 내 경우도 책읽기는 여전히 힘들다. 독서가 재미있기도 하고 흥미롭기도 하지만 읽는 것이 어려운 것은 마찬가지다. 엄청난 독서가는 아니더라도 그 누구보다 꽤 다양한 장르 책을 읽고 있다. 다독가들이라도 특정 분야에 편중된 경우가 많은데 나는 인문부터 투자는 물론이고 예술까지 다양하게 읽는다. 독서가 어느 정도 익숙하고 어떤 책을 읽어도 쉽게 술술 읽을 것 같지만 결코 그렇지 않다. 여전히 악전고투하며 읽어야 하는 책이 수두룩하다. 심지어 몇 년째 읽지 않고 서가에 방치해놓은 경우도 많다. 이번에는 읽어야지 마음먹지만 또다시 다른 책을 읽고 있다. 나도 똑같이 책 읽는 것은 어렵고 힘들다. 책 못 읽는 것은 내 잘못도 아니고 문제는 더더욱 아니다. 인간은 원래 그렇다.

자신을 인정하고 받아들이는 편이 낫다. 마음 편하게 읽자. 죄책감이나 부채감을 갖고 독서할 필요가 없다. 원래 읽는 것이 힘들다는 걸 겸허히 받아들이고 차라리 부담 없이 읽자. 읽다 힘들면 쉬기도 하고, 멈추기도 하면 된다. 독서가 거룩하고 숭고한 작업은 아니지 않는가. 읽는다는 것에 대한 부담감이 오히려 독서를 방해한다. 인간이 만들어진 구조 자체가 읽기에 적합하지 않지만 읽다 보면 그나마 독서가 덜 불편해진다. 첫 단계는 바로 그 부담감을 없애는 거다. 쉬운 에세이 위주로 읽는 것도 좋다. 빠른 속도로 살아가는 현대인에게 단문 위주로 구성되어 있는 에세이는 많은 사랑을 받는다. 현대인에게 맞는 감각적인 에세이로 시작하는 것도 방법일 수 있다.

책 읽기가 힘든 당신에게 할 말은 다독가들도 책 읽는 것은 쉬운 게 아니다. 책 읽는 맛을 알아버렸기에 읽는다. 책을 읽지 않으면 서운하고 허전한 마음에 불안하다. 오늘 하루 아무것도 하지 않은 것과 같은 착각마저 든다. 책 읽기 힘들어 읽기 싫은 단계만 극복하면 된다. 그 다음부터는 하루라도 책을 읽지 않으면 입 안에 가시가 돋는다는 표현을 알게 된다. 언제라도 마음만 먹으면 읽을 수 있는 게 책이다. 책은 절대로 나를 배신하지도 않고 항상 그 자리에서 머물며 기다린다. 따뜻한 내 손길을 기다리는 책 한 권 집어 읽어보자.

독서하는
사람의 미래는
완전히 다르다

　중학교 2학년 체육시간에 같은 반 친구가 나에게 '축하한다'고 했다. 뜬금없는 칭찬에 어리둥절한 표정을 짓고 있는 내게 그 친구는 "너 이번에 등수가 엄청 올랐더라. 선생님 책상에 성적표가 있어 봤더니 이번에 너 7등 했어"라고 이야기해줬다. 지나 보니 아무것도 아니었지만 당시에 무척 기뻤다. 꽤 높은 상승 폭으로 등수가 올랐다. 그 이후로 다시는 그 등수 근처도 가보지 못했지만. 언제나 내 등수는 30등 내외였다. 내가 학교 다닐 때는 한 반에 60명이 조금 넘었다. 초등학교에 다닐 당시 오전반과 오후반이 있을 정도로 인원이 많았다.

　'수우미양가'만 성적표에 기입된 초등학교를 제외하면 그 이후로 난 늘 성적이 중간이었다. 공부를 열심히 했느냐 하면 그것도 아니었다. 학교에서 야자를 강제적으로 할 때 어쩔 수 없이 남아 공부를 했다. 그 시간에 집중적으로 문제집을 풀지 않고 다른 짓을 많이 했던 듯하다. 지금은 고등학교 한 반에 30명이 전부 대학에 가려 한다면 내가 다니던 30년 전에는 한 반 60명 중에 20~30명 정도가 대학에 가려 노력했던 듯하다. 학교가 많지도 않았고 누구나 갈 수 있는 환경도 아니었다. 그래도 대학에 가려는 마음은 있었다. 대학에 가려고 노력하는 30명 내외에 포함이 되었는데 이건 4년제 대학교뿐만 아니라 전문대까지 포함한 숫자였다.

지금 생각하면 공부는 하지 않고 대학에 가고 싶은 꿈만 갖고 있었다. 무엇보다 공부 잘하는 방법에 대해 전혀 관심이 없었다. 이건 뒤늦게 30세가 넘어 책을 읽으며 깨달았다. 그저 앉아 공부한다고 점수가 향상이 되는 것은 아니라는걸. 재수할 때 하루 종일 앉아 공부하는 친구가 있었다. 3월에 봤을 때보다 11월에는 상당히 덩치가 커졌다. 새벽에 와서 밤늦은 시간까지 공부만 했다. 토요일, 일요일에도 역시나 자리에 앉아 공부하는 모습을 봤다. 아쉽게도 이 친구의 1년 동안 모의고사 점수는 거의 향상되지 않았다. 그렇게 공부를 열심히 하는데 점수가 제자리에 머물러 있으니 참 안타까웠다. 본인도 열심히 공부하는데 점수는 변함없으니 많이 속상해했다.

공부라는 것이 앉아 있다고 해서 되는 것은 아니라는 걸 몰랐으니 효율적인 공부를 못했다. 그건 나 자신도 마찬가지였다. 똑같은 시간에 어떻게 공부해야 하는지 아는 것이 중요했다. 각 과목에서 중요한 핵심이 무엇이고 어떤 부분에서 문제를 낼 것인지 파악하는 것도 중요했다. 이런 것들은 나중에 공부 방법에 대한 책을 읽으며 알았다. 이것저것 여러 참고서나 문제집을 보는 것보다 문제집 한 권을 끝까지 푸는 것이 더 중요하다는 것도 마찬가지였고. 지나 보니 신기하게 늘 중간 등수를 유지했다는 점이 더 대단하게 느껴졌다. 중간고사나 기말고사 때는 밤새 공부한다며 자고 일어나려 했는데 깨보니 아침 7시여서 부랴부랴 학교에 간 적도 많았다.

어찌해서 운 좋게 대학에 들어갔다. 그것도 산업디자인과였다. 나는 미술을 공부한 적이 없었다. 그런 내가 디자인과를 들어간 것은 실기 시험이 없었기 때문이다. 오로지 필기로만 학생을 뽑았다. 단순히 재미있겠다는 호기심에 이끌려 학교에 들어갔다. 첫 시간에 자기 왼손을 책상에 올려놓고 그렸다. 나와 달리 다른 친구들은 대부분 잘했다. 미술 분야를 공부하던 친구도 있었고 학교에 입학한 후 따로 미술학원을 다니며 노력한 친구도 있었다. 디자인과는 과제가 무척 많다. 매 수업마다 과제를 내니 학교에 남아 밤을 꼴딱 새며 하는 친구도 많았다. 나는 열심히 하는 친구들이 과제를 하다 실패했다고 버린 걸 주웠다. 버린 친구에게 확인한 후 약간 손을 봐 제출했다. 1학기 말 담당교수가 부르더니 수업 분위기를 흐린다며 군대에 가라고 권고했다.

여기까지 읽은 것처럼 나는 딱히 내세울 것도 없고 남들이 바라볼 때 싹수가 노랗던 사람이었다. 학교에서는 존재감마저 희미했다. 분명히 나와 같은 반이었던 친구들이 모이는 동창회에 가면 기억하지 못할 것이라 본다. 그나마 대학 때 같은 과였던 학우들은 기억하지 않을까. 공부보다는 놀기 좋아했던 사람으로 말이다. MT

가서 술을 거의 못하는 내가 주도해서 둥그렇게 모여 밤새도록 노래를 불렀다. 당시에 그 멤버들은 MT 후 '아우토반'이라는 이름으로 학기 초에 함께 다녔다. 내가 워낙 잘 놀았는지 한 친구는 나에게 '과대표'를 할 생각이냐고 물을 정도였다.

그런 내가 지금 세상에 벌써 여러 권째 책을 선보였다. 분명히 성적도 형편없었고 수업 분위기 흐린다고 군대나 가라는 말을 들었던 나에게 무슨 일이 있었던 걸까.

대단한 것은 전혀 없다.

난 그저 독서를 했을 뿐이다.

그 이상도 그 이하도 없다.

나는 현재 강의를 한다. 나와는 비교도 되지 않을 스펙을 가진 분들이 수업을 듣는다. 스스로 표현하긴 민망하지만 내가 쓴 글이나 책을 읽고 탁견이라고 할 때는 몸 둘 바를 모르겠다. 의미 있는 삶을 살아간다고 치켜세워주기도 한다. 나 자신조차도 그저 신기할 뿐이다. 더 재미있는 것은 어떤 사람을 만나도 할 이야기가 반드시 있다. 해당 분야 전문가에게 비할 바는 못 되지만 최소한 몇 마디 질문이나 상대방이 놀라는 정도의 대화를 이어간다. 다양한 분야의 책을 읽은 덕분이다. 이런 것들이 쌓이며 세상을 바라보는 시선이 넓어졌고 역설적으로 훨씬 더 다양한 분야 사람들도 만났다.

도쿄 시내에 고양이 눈이 그려져 있는 3층짜리 검은색 건물이 있다. 건물에는 몇 만 권의 책이 쌓여 있다. 서점인가 하는 오해도 받는다. 개인 건물이고 단 한 명만이 이 건물을 이용하고 있다. 워낙 많은 책이 있어 사서를 뽑는다는 공고를 낸 적도 있고 계속 책이 쌓여 다른 건물까지 임대할 정도다. 자신이 정확히 몇 권을 보유하고 있는지 몰라 10만 권에서 20만 권이라 표현한다. 이 건물의 주인은 일본 대표 지성이라 불리는 다치바나 다카시다. 그는 암에 걸린 적이 있었다. 의사의 처방을 받고 수술을 기다리는 일반 사람과 달리 다카시는 스스로 공부했다. 암과 관련된 온갖 정보를 전부 취합했다.

다독가답게 암과 관련된 정통 의학 책은 물론이고 항암제 치료와 대체의학까지 공부한다. 다치바나 다카시는 단순히 본인의 암 치료를 위한 공부가 아닌 암을 학문으로까지 접근해서 공부한다. 무조건 암을 극복할 수 있는 병으로 보는 것이 아닌 객관적으로 암이 왜 생기는지와 어떤 병인지 의사도 아닌 일반 개인이 책을 통해 공부한다. 암은 중요한 생존 유전자가 진화한 결과이며 다세포 생물이기에 암에 걸린다고 파악한다. 똑같은 사람은 단 한 명도 없는 것처럼 개인이 갖고 있는 유전자도 다르다. 이런 걸 깨닫고 다치바나 다카시는 이를 근거로 치료받아 완치한다.

다치바나 다카시는 특정 영역을 배워야 할 때 누군가에게 수업을 받지 않고 오로지 책만으로 독학한다. 수백 권의 책을 읽으며 하나씩 모르는 걸 배운다. 자신이 전혀 알지 못하는 분야마저도 수많은 책을 읽고 공부하며 직접 집필해서 책을 펴낸다. 어지간한 해당 분야 전문가보다 더 균형감 있고 객관적인 시선으로 집필했다.

일본 대표 지성으로 불리는 이유다.

분명히 독서를 많이 하는 행위 자체는 성공을 보장하지 않는다. 일반 자기계발 서적이나 독서를 독려하는 책을 읽으면 성공하기 위해 책을 읽으라고 한다. 상관관계가 어느 정도 있을지언정 연관성은 드물다. 현대인에게 독서는 성공을 보장하는 지름길처럼 인식되고 있다. 그보다 독서는 모르는 걸 깨닫는 도구다. 어제의 나와 오늘의 내가 달라질 수 있는 거의 유일한 도구다. 이미 책을 읽은 사람은 어제의 내가 될 수 없다. 읽은 분량만큼 다른 나로 세상을 살아가게 된다. 이 점이 중요하다. 쌓이고 쌓이면 남들과 다른 시선으로 세상을 바라보고 자기중심을 갖고 살아갈 수 있다.

내 주변에도 다독가들이 꽤 있다. 이들은 사회적인 관점에서 성공한 사람도 있지만 그렇지 않은 사람이 더 많다. 사회적 성공 잣대는 물질적이다. 어느 정도의 자산이 있느냐로 성공 여부를 결정한다. 얼마나 더 풍성한 인생을 살아가느냐는 무시된다. 독서하는 사람이 갖고 있는 가장 큰 장점은 이 부분이다. 사회적으로 볼 때 성공은 분명히 아니지만 개개인이 풍요로운 삶을 살아간다. 풍요로운 삶은 분명히 어느 정도 자산이 밑받침되어야 한다. 가난하지만 독서로 인생이 풍요롭다는 표현은 거짓말이다. 골고루 균형 있는 삶을 살아가게 만드는 것이 독서하는 사람들의 가장 큰 특징이다.

독서는 궁금한 걸 책으로 해결하는 행위다. 다독가들은 자신이 궁금해하는 걸 전부 책으로 해결한다. 관련 책을 탐독하며 하나씩 모르는 걸 알아간다. 다독가들 중 부자 여부는 몰라도 가난한 사람이 드문 이유다. 모르면 배우고 익힌 후 실천한다. 일정 정도까지 돈을 벌기 위해 노력한다. 그 후에 지식에 대한 지적 탐구를 더 즐긴다. 지식은 끝이 없다. 하나를 알면 모르는 것이 열 가지 나타난다. 특정 주장만 습득하는 것은 절름발이 지식이니 반대편 주장도 익힌다. 정반합이라는 표현처럼 좌우 어느 쪽에도 치우치지 않고 균형 있는 시선을 가지려 늘 노력한다. 지적 추구에 따른 앎이 희열을 가져다준다. 실전 기술로 활용하는 사람도 있고 단순히 머릿속으로만 만족하는 사람도 있다. 무엇이 옳은지가 아니고 각자 독서의 목적과 방법이 다르고 추구하는 만족도가 차이 날 뿐이다.

주변에 책 읽는 사람이 있는가. 그는 어떤가. 독서 인구가 유독 적은 한국이다. 책 읽는 사람이 눈에 오히려 두드러진다. 혹시나 한 번 주변을 둘러보고 평소에 책 많이 읽는 사람을 주목해보라. 확실히 무엇인가 다르다. 일처리가 능숙하다. 설렁설렁하는 듯해도 그는 자신이 맡은 바는 어느 순간 해낸다. 독서가 뛰어난 사람을 만들지는 못해도 부족하지 않게는 만든다. 그것만으로도 충분하다. 현대 사회에서 남들보다 뛰어난 것도 좋지만 뒤처지지 않는다면 그것만으로도 충분하다.

남들보다 앞서거나 뒤처지지 않는 것이 독서의 존재 이유는 아니지만 현대 사회를 살아가는 사람에게 중요한 목적이라 본다. 독서는 언제나 당면한 문제를 해결하는 힘을 준다. 그런 점 하나 때문이라도 독서는 당신에게 남들과 다른 무기를 선사할 것이다. 어럽고 힘든 일이 닥쳐도 독서가는 언제나 책에서 답을 찾는다. 전혀 상관없는 내용이 힌트를 주기도 하는 신통방통한 힘을 주는 것이 독서다. 독서하는 사람은 무엇이 다른지 물을 필요가 있을까. 이미 당신이 책을 읽고 있다면 스스로 느낄 것이다.

독서의 힘은
무엇인가

현재 전 세계에서 가장 유명하고 성공한 투자자는 워런 버핏이다. 워런 버핏을 모르는 사람이 한국에서도 거의 없을 정도다. 투자에 대해 조금만 관심 있는 사람이라면 워런 버핏이 전 세계 부자 순위에서 오랜 시간 동안 3등 이내에 머물고 있다는 걸 안다. 워런 버핏이 CEO로 있는 버크셔 해서웨이 기업의 주가는 2019년 6월 말 기준 한 주당 약 318,000달러로 한국 돈으로 3억 원이 넘어간다. 그는 지금까지 학생 때를 제외하고는 거의 대부분 오마하라는 지역을 떠나지 않았다. 그가 거의 유일하게 떠난 시기는 벤저민 그레이엄 밑에서 공부를 했던 시기였다.

워런 버핏은 10대에 이미 도서관에 있는 모든 책을 다 읽었다고 한다. 그는 어릴 때부터 돈에 대한 욕심이 많아 동네 사람들을 상대로 사업을 할 정도였다. 그는 도서관에 있는 모든 책을 읽고 주식투자를 하며 10대 후반에 이미 상당한 자산을 축적했다. 수많은 책을 읽었지만 워런 버핏이 권하는 단 한 권의 책이 바로《현명한 투자자》다.

지금의 워런 버핏을 만든 것은 바로 이 책이었다. 벤저민 그레이엄도 훌륭한 투자자였고 당대에 먹고사는 데 전혀 지장 없을 정도로 자산을 모은 투자자이자 교수였다. 벤저민 그레이엄에게 직접 교육도 받았지만 평생을 함께할 수 있는 건 아니다. 인간은 수명이 있기 때문이다. 벤저민 그레이엄이 현재 없어도 워런 버핏뿐만 아니라 우리도《현명한 투자자》를 읽고 또 읽으며 배우고 습득할 수 있다. 시대가 변해도 책에서 얻을 수 있는 본질은 변하지 않는다. 책은 개인이 갖고 있는 모든 걸 집대성해서 알려준다. 우리가 독서를 하는 이유다.

이번에는 워런 버핏과는 다소 다른 투자를 하고 있는 조지 소로스다. 그는 헤지펀드를 운영하며 영국을 위험에 빠뜨리고 한국을 비롯한 동아시아의 외환위기를 불러일으킨 당사자로 지목되고 있다. 조지 소로스는 유대인으로 나치를 피해 도망칠 정도로 불우한 어린 시절을 지냈다. 지금은 엄청난 자산가가 되어 재귀성이론으로 투자하고 있다. 이 이론은 인지기능과 조작기능으로 사회를 바라보는 시선이다. 이를 근거로 투자하며 엄청난 성공을 거둔 조지 소로스에게도 단 한 권의 책이 있다.

칼 포퍼의《열린사회와 그 적들》이다. 조지 소로스는 이를 투자에 접목해서 열린 세계와 닫힌 세계로 구분해서 의심스럽고 공개되지 않은 곳을 공격해서 큰돈을 벌었다. 영국을 위험에 빠뜨릴 때도 영국 환율이 정상적으로 작동하지 않는 걸 발견하여 취약 부분을 공략해서 환차익으로 큰 이득을 챙겼다. 전혀 상관없이 보이는 철학 책을 투자의 기본 사상으로 삼았다. 조지 소로스는 지금도 이처럼 전 세계에서 벌어지는 다양한 현상에 주목하며 투자하고 있다.

두 거장에게 영향을 미친 단 한 권의 책이 각자 있었다. 성향은 다르지만 독서가 준 위대함이 여기서 드러난다. 그렇다고 이들이 엄청난 독서가는 아니다. 하루에 한 권 이상을 읽는 무지막지한 독서가들도 많다. 1일 1권을 한다고 훌륭한 사람이 되느냐 묻는다면 그것은 좀 다른 이야기다. 책을 많이 읽은 사람으로 부자 순위를 세운다면 이들은 부자 순위 100위에도 들지 못한다.

분명히 독서량이 많다고 세상을 더 잘 살거나 돈을 더 많이 벌거나 위대한 사람이 되는 것은 아니다. 워런 버핏이나 조지 소르스가 가장 책을 많이 읽지는 않았겠지만 그 누구보다 책을 많이 읽은 건 사실이다. 워런 버핏은 자신이 하루 종일 하는 일은 오로지 읽는 것이라 했다. 출근해서 읽고, 퇴근해서 읽는다. 그가 읽는 것은 책만은 아니다. 사업보고서를 읽는다. 비록 책은 아닐지라도 관심 있는 회사에 대한 글이다. 그 보고서에는 해당 기업에 대한 다양한 정보가 담겨 있다. 독서를 책으로 한정할 필요는 없다. 독서를 하는 목적은 무엇일까. 여러 목적이 있겠지만 모르는 것을 배우고 정보를 얻는다는 측면도 있다.

언급한 것처럼 사업보고서는 회사가 자신에 대한 정보를 담은 책이라 할 수 있다. 특정 회사에 투자하기 위해서는 회사가 어떤 일을 하고 있는지 배우기 위해서 해당 회사의 사업보고서를 읽어야 한다. 독서는 책을 읽는 행위다. 어떤 분야에 대해 배우고 싶다면 책만큼 확실하고도 정확한 정보를 전달하는 매체는 없다. 그렇게 볼 때 사업보고서만큼 해당 회사에 대해 알려주는 책은 없다. 이런 책을 워런 버핏은 하루도 빼놓지 않고 읽는다. 심지어 한국 기업에 대한 투자를 할 때도 마찬가지였다. 오로지 기업보고서만 읽고 투자를 결정했다고 한다. 이것이 바로 독서의 힘이 아니면 무엇이란 말인가.

독서가 어느 날 갑자기 한 사람의 운명을 변화시키지는 않는다. 가끔 내 인생의 책이라 하며 나태했던 삶에서 벼락처럼 깨달음을 얻었다고 하는 경우도 있다. 책을 읽지 않은 사람들의 특징이기도 하다. 단 한 권의 책이 운명을 변화시키지 않는다. 순간적으로 강렬한 에너지를 느낄 수 있겠지만 즉흥적인 흔들거림이다. 대체로 이런 경험을 하면 몽롱한 상태가 되어 구름 위에 떠 있는 것처럼 행동한다. 본인이 느낀 강렬한 충격은 이해하지만 이를 실천으로 옮기지 못한다면 아무 쓸데없는 이벤트일 뿐이다. 원래대로 돌아가 똑같은 인생을 살아가게 된다. 책을 안 읽은 것보다 단 한 권의 책만 읽고 행동하는 사람은 더욱 위험하다. 편협하다는 표현은 이럴 때 한다. 좁은 시야로 세상을 바라보고 판단하고 자신이 알고 있는 것만 절대적으로 확신한다. 나와 다른 것이 아닌 틀렸다고 주장한다.

독서의 힘은 그런 것이 아니다. 다양한 책을 읽어 머릿속에서 융합하고 체화된다. 책을 많이 읽었는데 변하지도 않고 편협한 사람이 있다. 대체적으로 그런 사람들을 살펴보면 지독히 특정 분야 책만 읽는다. 자신이 생각하는 것과 일치되는 이론만 읽는다. 한 마디로 자신 입맛에 맞는 책만 읽고 또 읽는다. 우리가 살아가는 세상은 다양한 사람이 살아가고 있다. 100명이 있다면 100개의 다른 생각이 있게 마련이다. 내가 옳고 상대방이 틀리다는 개념이 아니다. 나와 상대방이 다르다는 개념이다. 이런 의식의 확장은 다양한 독서가 가져다주는 힘이다.

A라는 개념에 대한 책을 읽으면 탄탄한 이론을 습득하고 내 것으로 만들어야 한다. 여기서 멈추면 독서는 아무런 의미가 없다. 반대 개념이 되는 B를 알려주는 책을 읽으며 내가 알고 있는 지식이 반드시 옳다는 보장이 없다는 걸 깨달아야 한다. 우리가 살아가는 이곳에 절대적인 지식은 없다. 과거에 천동설은 부정할 수 없는 사실이었다. 천동설에 대해 어느 누구도 의심하지 않았다. 너무 당연히 지구가 중심이고 태양이 주변을 맴돌고 있다고 생각했다. 이런 개념은 지동설이 나오며 태양이 아닌 지구가 돌고 있다는 걸 알게 되었다. 처음에는 받아들이기 힘들었지만 오히려 지금은 지동설이 의심할 여지없는 개념이 되었다.

독서를 하는 가장 큰 이유는 내가 무엇이 부족한지 깨닫기 위해서다. 재미있게도 알면 알수록 자신이 무엇을 모르는지 알게 된다. 알면 알수록 자신이 부족한 걸 깨닫게 된다. 독서 초반에는 새로운 걸 알고 깨달으며 지식 습득에 기쁨을 느낀다. 몰랐던 걸 알아가는 재미가 쏠쏠하다. 백지 상태에서 하나씩 채워가며 여백에 무엇을 적든 내 지식이 된다. 대부분 여기서 멈춘다. 자신이 이제 알고 있다는 사실에 흡족해하며 자신만 깨달았다며 얕은 지식을 자랑하고 싶어한다. 여기서 한 발 더 나아가 내가 알고 있는 지식과 반대되는 의견이나 개념을 습득하지 않고 더 어려운 내용이 포함된 두꺼운 책에 도전하지 않는다.

모르는 걸 알아가는 것이 독서의 가장 큰 힘이지만 어설프게 아는 것은 독이다. 독서의 힘은 어디까지나 자신이 모른다는 것에서 출발한다. 어제 내가 알고 있는 것이 오늘은 변할 수 있다. 특히 현대처럼 각종 기술과 사회가 급변하는 세상에서 눈 깜짝할 새 정보가 지나간다. 어제와 다른 정보가 오늘 우리 앞에 등장하고 이미 늦은 정보가 되는 경우가 많다. 빠른 속도를 쫓아가지 못하면 도태되는 느낌도 든다. 여기서 독서의 힘이 다시 나타난다. 독서는 재빠른 속도를 쫓아가는 방법이 아니다. 우리가 읽는 책은 거의 대부분 이미 낡은 정보가 있는 경우가 많다. 정보를 쫓기 위해 책을 읽으면 늦는다. 독서는 정보를 재빨리 쫓기 위해 읽는 것이 아닌 기본과 개념을 장착하기 위한 것이다.

수없이 쏟아지는 정보의 홍수에서 체계적으로 어떤 정보가 도움이 되고 받아들여야 할지 알려주는 것이 책이다. 책은 언제나 본질과 기본에 집중하게 만들어준다. 인터넷만큼 정보를 빨리 습득할 수 있는 수단은 없다. 인터넷은 거짓과 사실을 구분하기 힘들 정도로 다양한 정보가 넘쳐난다. 이런 상황에서 책은 정제된 언어로 기초부터 응용까지 하나씩 저자가 다듬고 다듬어 알려주는 도구다. 이런 책으로 정보와 지식을 습득한 사람과 인터넷으로 정보와 지식을 습득한 사람은 시간이 갈수록 그 깊이에서 차이가 날 수밖에 없다.

이런 독서의 힘은 읽으면 읽을수록 읽지 않은 사람과 차이가 벌어진다. 책 한 권이 사람을 변화시키는 것이 아닌 수많은 책을 읽어가며 지식이 쌓이며 변화된 자신을 발견하는 것이 독서의 힘이다. 필요에 의해 그때마다 원하는 책으로 사고를 확장한다. 독서한 사람만이 얻을 수 있고, 깨달을 수 있다. 독서한 사람만이 변화를 더 깊게 눈치 챈다. 이 책을 읽고 있는 당신도 충분히 가능하다. 출발점인지도 모른다. 이 책이.

유해한 책은
없다

'이제 책 좀 그만 내라.'

누군가 나에게 해준 한 줄 평이다. 그 외에도 내가 쓴 책에 대해 악평이 있다. 호평만 있으면 참 좋겠지만 별로라는 의견도 많다. 다소 아쉬운 것은 책을 읽지 않고 제목이나 차례만 보고 악평을 하는 경우다. 차라리 책을 읽고 비판한다면 다소 아프더라도 받아들이고 노력하겠는데 밑도 끝도 없이 악평을 할 뿐만 아니라 읽지도 않고 할 때는 많이 억울하다. 그나마 지금까지 쓴 책은 대부분 악평보다는 호평이 많고 큰 도움이 되었다는 이야기를 듣는다.

무가치한 책은 세상에 없다. 솔직히 고백하자면 분명히 나도 손이 가지 않는 책이 있다. 마음에 들지도 않고 읽고 싶은 마음조차도 생기지 않는 책 말이다. 책 내용은 뻔해 보이고 읽어도 아무 도움이 될 것 같지 않은 책. 그렇다고 그 책이 무가치하냐고 묻는다면 그건 꼭 아니다. 나에게 맞지 않을 뿐이다. 누군가는 그 책을 읽고 큰 도움을 받을 수 있다. 분명히 딱 봐도 어떤 내용을 전달하기 위해서 쓴 책이 아닌 마케팅을 위해 쓴 책도 보인다.

위험한 책도 분명히 있다. 잘못된 정보와 지식을 전달하는 책이 있다. 저자가 의도적으로 사실과 진실을 숨기고 자신이 전달하고 싶은 내용을 독자에게 보여준다. 책을 많이 읽지 못한 독자는 구분하지 못하고 잘못된 사상이 머릿속에 스며든다. 그렇기에 다양한 책을 읽어야 할 필요가 있다. 저자가 마케팅용으로 쓴 책은 오히려 더 흥미롭고 가슴을 뛰게 만들기도 한다. 이런 종류는 특히나 자기계발 서적이나 투자 관련 서적에 많다. 그 책을 읽고 변한 사람은 저자 자신이 유일하고 성공했을 뿐이다. 더 위험한 것은 그 책을 쓴 저자마저도 책대로 행동하고 살아가는지 의문스럽다. 그럼에도 사람들은 책을 읽고 저자를 찾아가 자신의 시간과 에너지는 물론이고 돈마저 넘겨주는 불행한 결말을 보이는 경우도 많다.

이럴 때 그 책은 쓰레기라고 해도 무방하지만 그런 책에도 분명히 얻을 것은 있다. 얻을 것이 단 하나라도 없는 책은 세상에 없다. 이왕이면 좀 더 제대로 된 정보와 지식을 선사하는 책을 선택하는 것이 좋을 뿐이다.

사람에 따라 받아들이는 수준이 다르기에 좋은 책과 아닌 책이 나뉠 수는 있다. 책을 읽는 목적 자체가 무엇인가를 배운다는 측면이 아닌 즐겁게 시간을 보냈거나 자신이 읽었을 때 어렵다고 그 책을 무가치하게 여기기도 한다. 자신의 수준이 부족함을 느끼고 다른 책을 읽어가며 수준을 높이기보다는 그 책을 폄하고 자신을 높이는 경우도 많다. 이솝우화에서 나무에 열린 포도를 따려고 노력해도 결국 아무런 소득 없던 여우가 포도를 보면서 '저건 어차피 신 포도니까. 먹어도 맛도 없을 거야'라고 하는 것처럼 말이다. 그런 자위가 당장은 위안이 될지 몰라도 자신에게는 독으로 작용하게 된다.

프랑스 대표 작가 로맹 가리는 1941년부터 1961년까지 외교관일을 하며 소설을 발표했다. 당시 발표한 소설로 비평가 상을 수상했다. 특히나 《하늘의 뿌리》는 공쿠르 상을 받았다. 이처럼 프랑스 문학계에서 엄청난 스타가 되어 펴내는 소설마다 큰 인기를 얻었다. 시대정신과 풍속 묘사로 현대 문명의 퇴폐성을 고발하고 풍자했던 로맹 가리였지만 그때마다 평론가들에게 엄청난 비판을 받았다. 로맹 가리의 작품은 시대를 따라가지 못할 뿐만 아니라 늙었다는 악평에도 시달렸다.

흥미롭게도 로맹 가리는 다른 필명으로도 활동했다. 특히나 그가 썼던 필명 에밀 아자르로 출간된 《자기 앞의 생》은 또다시 공쿠르 상을 받았다. 이 작품은 당시에 어느 누구도 로맹 가리가 썼다는 걸 몰랐다. 로맹 가리가 철저하게 모든 사실을 숨겼다. 이 작품이 상을 받고 비평가들은 새로운 작품이고 현대 흐름에 맞는 작품이라고 칭송한다. 심지어 로맹 가리와 비교하며 이 책과 에밀 아자르에 대해 띄워주었다. 로맹 가리가 1980년 권총으로 자살한 후에 유고작인 《에밀 아자르의 삶과 죽음》을 통해 에밀 아자르가 로맹 가리라는 사실이 밝혀진다.

분명히 똑같은 작가가 쓴 작품임에도 이토록 다른 평가가 나왔

다. 로맹 가리 생전에 에밀 아자르와 비교까지 당할 정도로 어처구
니없는 일이 벌어졌다. 이런 극단적인 상황이 작가에게 일어났는
데 독서를 하는 사람도 마찬가지다. 신기하게 지금도 인터넷 서점
에 악플이 달린다. 재미있는 것은 이런 악플이 달린 책에는 공통점
이 있다. 어느 정도 인기를 얻은 책이다. 사람들이 읽지 않는 책에
는 악플도 없다. 해당 책에 대해 악담을 퍼붓는 사람의 글을 읽어
보면 정작 책을 읽어보지 않은 경우가 많다. 그저 책 제목이나 차
례와 출판사에서 소개하는 문구만 읽고 악평을 쓴다.

책은 읽는 사람의 수준에 따라 받아들이는 양이 달라지고 깨닫
는 차이가 생긴다. 누구에게나 좋은 책이 없는 이유다. 반대로 볼
때 누군가에게 터무니없는 책이 될 수도 있다. 솔직히 고백하자면
분명히 '저 책은 아니다'라고 판단하는 책은 있다. 그걸 대놓고 이
야기하지 못하는 가장 큰 이유는 전적으로 내 입장이라 그렇다. 현
재 내가 갖고 있는 지식과 마인드, 편향이 있기에 그런 판단을 내
리게 된다. 모든 사람이 나와 같을 수 없다. 그 책을 누군가는 읽고
인생이 변화될 수도 있다. 책은 그런 속성을 갖고 있다.

수많은 금서가 지금은 고전이 되었다. 이런 책은 한때 쓰레기라
고 취급을 받았다. 누군가 그 책을 읽고 쓰레기라고 외쳤다. 지금
되돌아보면 책이 쓰레기가 아닌 그 이야기를 한 자신이 쓰레기라
고 고백한 것은 아닐까. 어떤 책이든 그 안에서 5~10퍼센트 정도
는 얻을 것이 분명히 있다. 그걸 얻지 못하는 것은 자신일 뿐이다.
일정 수준이 되면 그때 가서 읽지 않는 책이 생기는 건 사실이다.

더 이상 그 책이 나에게 도움이 되지 않기 때문이지 책이 쓰레기 같은 내용을 담고 있어서가 아니다.

　로맹 가리처럼 권위 있는 상을 받고 대중적인 인기마저 얻었던 작가도 비판을 받았다. 과연 그 비판했던 사람들은 로맹 가리보다 더 좋은 글을 쓸 수 있었을까. 정확히 말하면 더 훌륭한 내용으로 사람들에게 감동과 공감을 불러일으키도록 쓸 수 있었을까. 절대로 아니다. 편견과 편향이 가득할수록 지독한 아집에 빠져 책을 비뚤어지게 본다. 책을 읽는 이유가 무엇인가. 무엇인가를 얻기 위해서 읽는다. 책을 읽으며 내가 더 잘났다는 우월감을 가지려 하는 것이 아니다. 읽지도 않고 해당 책에 대해 비판하는 것은 너무나 우습다. 자신이 갖고 있는 지식의 부족함을 표현하는 걸로 보인다.

　더구나 역사적으로 볼 때 유해하다고 한 책일수록 시간이 지나 더 좋은 책으로 판정난 사례가 많다. 당신의 독서 수준이 낮다고 생각되면 질이 아닌 양으로 승부해야 하니 어떤 책이든 읽는 것이 도움이 된다. 당신의 독서 수준이 일정 수준에 이르렀다면 편견 없이 다양한 책을 읽어 사고를 자유롭게 하는 것이 좋다. 당신의 독서 수준이 남들보다 훨씬 우월하다면 지금과 다른 편향의 책을 읽으며 정반합을 만들 필요가 있다. 독서의 이유를 다시 되새김질하며 책을 보자. 책은 당신에게 정보와 지식을 준다. 거기에 시대상과 인간의 희로애락까지 간접적으로 경험하게 해준다. 당신은 책을 읽고 싶은 것인가, 자랑을 하고 싶은 것인가. 선택하라.

독서가 주는
인생 여유

    눈을 비비며 억지로 졸린 상태를 벗어난다. 겨우 일어나 씻고 집을 나선다. 언제나처럼 엄청난 인파로 뒤엉킨 거대한 전철 속으로 들어간다. 회사에 도착하자마자 회의에 오전 일처리에 정신이 없다. 점심시간이 되어도 식당에 자리가 없을까봐 서둘러 나가서 식사를 한다. 짧은 점심이 끝나면 또다시 오후 업무에 파김치가 된 상태로 집에 돌아온다. 하루 피로를 텔레비전이나 보며 끝내고 내일을 위해 또다시 잠자리에 든다.

    이런 나날이 되풀이되는 것이 현대인의 일상이다. 쳇바퀴 돌듯이 반복되는 루틴에서 여유 따위는 없다. 그저 늘 떠나고 싶을 뿐이다. 최근 방송에 나오는 여행 프로그램과 더불어 해외여행이 유행이다. 일상에서 벗어나 마음껏 돌아다니며 즐기고 싶은 걸 할 수 있는 여행을 많은 사람들이 바란다. 평소에 빡빡한 하루살이처럼 살아가는 생활에서 여유를 즐기는 여행을 기다린다. 이 순간을 위해 열심히 돈을 모으며 1년에 한두 번 휴가를 간다. 인생에 있어 여행만이 살아가는 의미처럼 지내는 사람도 많다. 여행을 가본 사람은 또다시 잊지 못하고 간다.

삶의 여유를 외부에서 찾는다. 여행이 반드시 외부적인 활동은 아니다. 지금까지 가보지 못한 곳에서 다양한 경험을 하며 그동안 미뤄왔던 여러 생각을 낯선 환경에서 다듬고 뜻하지 않은 아이디어를 발견하기도 한다. 여행은 이런 관점에서 상당히 좋은 방법이다. 일상의 번잡함과 복잡함에서 벗어나 다소 여유로운 삶을 즐길 수 있는 최고의 방법 중 하나다. 가장 큰 문제는 돈이 꽤 많이 든다는 점이다. 경험을 위해 아낌없이 쓰는 것도 좋지만 자주 하기는 어렵다. 미혼일 때는 그나마 부담이 덜하지만 나이를 먹고 아이를 키우면서는 쉽지 않다. 특히 아이와 함께 가는 여행은 결코 여유와는 거리가 멀다.

여행과 달리 독서는 훨씬 더 쉽게 여유를 즐길 수 있는 방법이다. 게다가 여행에 비해서 지불되는 가격도 엄청 저렴하다. 비교가 될 수도 없다. 여행 관련 책을 읽는 것도 간접경험으로 도움이 된다. 윤선영이 쓴 《세상에, 엄마와 인도 여행이라니!》를 읽으며 엄마와 딸이 여행할 때 어떤 어려움이 있는지 알게 되고 인도가 어떤 곳인지 알게 된다. 해외여행이라고는 가본 적이 없는 엄마가 생전 처음으로 가려니 온갖 짐을 싸는 걸 보며 미소를 짓게 된다. 한국 아줌마의 엄청난 친화력으로 영어도 안 되는데 현지에서 외국인들과 게스트하우스에서 친구가 되는 걸 보며 여행의 재미는 이런 것이라는 걸 알게 된다.

임경선의 《교토에 다녀왔습니다》를 읽는다. 100년 이상 된 점포가 많다는 것과 프랜차이즈가 오히려 버텨내지 못하는 지역이 있다. 교토에서 '밥 먹고 가라'는 그저 인사일 뿐인데 전쟁시대에 먹고살기 힘들었을 때부터 내려왔다고 한다. 가보지도 못한 지역을 간접적으로 체험할 수 있는 게 독서다. 《연금술사》로 유명한 코엘료는 자신의 인생에 있어 산티아고를 순례한 것이 인생의 전환점이 되었다고 한다. 원래도 유명했지만 그 이후로 수많은 사람들이 산티아고 도보 여행을 하고 있다. 한효정의 《지금 여기, 산티아고》나 원대한의 《엄마는 산티아고》를 읽으면서 산티아고를 걷는 게 어떤 의미인지와 그 어려움에 대해 깨닫게 된다. 아울러 완주했을 때 오는 성취감을 함께 느낄 수 있다.

우리 인간은 대단한 존재라 가상과 실제를 구분하지 못한다고 한다. 최근 VR가상현실(Virtual Reality)이라고 하여 가상체험 하는 도구가 있다. 이 도구를 쓰면 분명히 가상이라는 걸 알고 하지만 현실이라고 우리 뇌는 인식한다. 고층 빌딩과 빌딩이 연결되어 있는 바닥이 보이는 유리를 통과하는 가상현실에서 사람들은 걸어가지 못한다. 심지어 바닥에 주저앉아 울고 있는 사람도 있다. 이처럼 우리 뇌는 현실과 가상을 구분하지 못한다. 그렇기에 책으로도 얼마든지 간접체험이 직접체험만큼 우리 인생을 풍성하게 해줄 수 있다.

누구에게나 시간은 동일하다. 그러나 객관적인 시간은 동일하지만 주관적인 시간은 동일하지 않다. 어떤 사람이든 하루는 24시간이다. 여기서 벗어날 수 있는 사람은 없다. 그럼에도 누군가는 다른 시간을 쓰는 것처럼 보인다. 수많은 사람들이 입에 달고 사는 말이 있다. '책 읽을 시간이 없어요.' 너무 바빠서 책 읽을 시간이 없다고 이야기한다. 책 읽는 사람들은 시간이 남아도는 것일까. 하루 종일 업무에 시달리고 집에 오면 쉬기 바쁘고 주말에도 집안 일 등에 정신이 없다. 이런 실정에 시간을 따로 빼서 책을 읽는다는 것은 너무 어려운 일이다.

독서는 바쁘게 사는 것과는 아무 상관이 없다. 시간적 여유가 제일 많은 사람을 따지면 백수가 최고다. 백수라고 독서를 많이 하는 것은 결코 아니다. 사람들이 착각하는 것이 있다. 몸짱이 된 사람들의 한결같은 이야기는 시간이 날 때 운동하는 것이 아니라고 말한다. 없는 시간이라도 운동할 시간을 만들어야만 가능하다고 말이다. 독서도 마찬가지다. 독서는 군이 따로 시간을 낼 필요도 없다. 당장 출퇴근 시간에 전철에서 읽어도 된다. 누군가를 기다리며 남는 시간에 읽어도 된다. 자투리 시간마다 읽는다면 일주일에 한 권은 너끈히 읽고도 남는다.

독서하는 사람과 독서를 하지 않는 사람 중에 누가 더 삶의 여유가 많을까. 시간을 아껴 독서하는 사람이 더 바쁜 삶을 살아가고 있으니 여유가 더 없을 듯하지만 정반대다. 독서하는 사람일수록 훨씬 더 인생을 여유롭고 풍요롭게 살아가는 경우가 많다. 나는 그런 표현을 자주 했다. "책 읽은 권수가 늘어날수록 내 자산도 늘었다." 신기하게도 이건 거짓말이 아니다. 내 삶을 돌아보면 그렇다.

이게 무슨 인과관계가 있는 것은 아니지만 나를 비롯한 주변 사람들을 보더라도 상관관계는 충분히 있다. 그토록 바쁘게 살아가는 사람들이 더 열심히 독서하는 모습을 우리는 주변에서 보게 된다.

지친 일상에서 벗어나고 싶을 때나 복잡한 머리를 쉬게 하고 싶을 때에 독서는 가장 여유로운 시간을 선사한다. 소설을 읽으며 주인공의 감정에 공감하며 플롯을 쫓다 보면 모든 것을 잊게 된다. 평소에 궁금해하던 지식을 독서로 얻는 즐거움은 일상의 고단함마저 잠시 잊게 한다. 독서는 내가 갖고 있는 시간을 투자해야만 얻을 수 있다. 그만큼 소중한 내 시간을 빼앗기는 꼴이 된다. 차라리 그 시간에 누워 잠을 자거나 더 생산적인 일을 하는 것이 좋을 수도 있다. 그러나 이상하게도 결코 그렇지 않다. 독서하는 사람이 훨씬 더 여유로운 인생을 살아간다.

독서를 하면 세상 모든 근심, 걱정이 다 사라진다. 독서 시간에는 오롯이 책을 읽고 있는 나와 책 속 세계만이 있을 뿐이다. 그 시간에 다른 것들은 내 뇌에 들어오지 못한다. 이미 인간의 상상과 실재를 구분하지 못한다고 했다. 책을 읽으며 내 뇌는 힐링된다. 그런 경험은 해본 사람만 알고 고개를 끄덕이게 만든다.

지금까지 삶의 여유가 없다고 생각했는가. 그 여유는 멀리 있지 않았다. 언제나 바로 당신 옆에 있었다. 그것은 바로 책 한 권이다. 지금 당장 책 한 권을 들고 읽어라. 그 순간부터 이전과는 비교할 수 없는 여유를 만끽할 수 있게 된다. 내가 그랬다. 언제나 여유 있는 삶을 살아가는 비결이다. 아무리 바쁠 때라도 책을 읽으면서 여유를 찾았다. 답답하고 울적한 마음을 치유하고 조급한 심정이 들때마다 책으로 다스렸다. 삶이 곽곽하고 언제나 여유 없는 삶을 살고 있다고 느낀다면 이번 기회에 독서를 해보는 것은 어떨까. 그어떤 것과도 비교되지 않는 당신만의 여유를 만나게 될 것이다.

굳이 멀리서 여유를 찾으려 하지 말고 우리 주변에 널려 있는 책에서 찾자. 수많은 책이 우리를 기다리고 있다. 그 책을 읽으면서책 속 세계에 빠지는 순간이 바로 모든 것에서 벗어나 나만의 시간을 가질 수 있는 여유로운 휴식이 될 수 있다. 삶의 여유를 얻을 수있는 가장 쉽고 편한 방법인 독서를 해보자. 바로 지금부터.

핑크팬더의
독서 목록

저자는 지금까지 약 2000여 권의 독서 리뷰를 썼다. 이 책에는 저자가 블로그에 글을 올리기 시작한 2009년 독서 목록부터 싣는다.

<2009년>

1월
《머니 앤드 브레인》, 제이슨 츠바이크, 오성환 역, 까치
《우찌하모 잘되노?》, 하석태, 더난출판사
《은행의 비밀 52》, 최성우, 한스미디어
《김진녕의 위풍당당 세일즈》, 김진녕, 해토
《경제를 읽는 기술》, 조지프 엘리스, 김경신 역, 리더스북

2월
《경제적 해자》, 팻 도시, 전광수 역, 리더&리더
《블랙스완》, 나심 니콜라스 탈레브, 차익종 역, 동녘사이언스
《자본시장통합법 시대, 금융빅뱅과 GA의 비밀노트》, 최덕상·신성진, 새로운제안
《현명한 초보 투자자》, 야마구치 오헤이, 유주현 역, 이콘

《돈, 뜨겁게 사랑하고 차갑게 대하라》, 앙드레 코스톨라니, 미래의창
《존 템플턴의 가치투자 전략》, 로렌 템플턴·스콧 필립스, 김기준 역, 비즈니스북스

3월
《현명한 투자자의 재무제표 읽는 법》, 벤저민 그레이엄·스펜서 메레디스, 최규역 역, 부크홀릭
《현명한 투자자》, 벤저민 그레이엄, 김수진 역.국일증권경제연구소
《지금 당장 환율공부 시작하라》, 윤채현·박준민, 한빛비즈
《똑똑한 돈》, 나선·이명로, 한빛비즈
《화폐전쟁》, 쑹훙빙, 차혜정 역, 랜덤하우스코리아
《2018, 인구변화가 대한민국을 바꾼다》, 김현기, 한스미디어

4월
《군중심리학》, 귀스타브 르봉, 민문홍 역, 책세상
《100년 후에도 변하지 않을 부자가 되는 지

혜〉, 아기곰, 원앤원북스
《화계가 이렇게 쉬운 거였구나》 1, 2, 한상
완, 청림출판
《워런 버핏의 스노우볼》 1, 2, 앨리스 슈뢰
더, 이경식 역, 랜덤하우스코리아
《메이디의 50년 세일즈 인생이야기》, 메이디
파카자데이, 김양수 역, 마젤란

5월

《와이피플바이》, 가이 E. 베이커, 윤정숙 역,
순정아이북스
《기대투자》, 알프레드 래퍼포트·마이클 모
부신, 정채진 역, 국일증권경제연구소
《키다리 아저씨》, 진 웹스터, 한영환 역, 문예
출판사
《엄마를 부탁해》, 신경숙, 창비
《외딴방》, 신경숙, 문학동네
《오 자히르》, 파울로 코엘료, 문학동네
《종이의 음모》 1, 2, 데이비드 리스, 서현정
역, 북스캔

6월

《로아나》 상, 하, 움베르토 에코, 이세욱 역,
열린책들
《디지털 포트리스》 1, 2, 댄 브라운, 안종설
역, 문학수첩
《운명의 서》 1, 2, 브래드 멜처, 유소영 역, 랜
덤하우스코리아
《포르토벨로의 마녀》, 파울로 코엘료, 임두
빈 역, 문학동네
《400만원으로 2억 만든 젊은 부자의 부동산
경매 투자일기》, 조상훈, 21세기북스
《대한민국에서 땅땅거리며 살아가기》, 양용
화, 소담출판사

7월

《300만원짜리 흉지로 2억 버는 경매기술》,
황두연, 이지북
《세상 모든 왕비를 위한 재테크》, 왕비권선
영, 길벗
《나는 쇼핑보다 경매투자가 좋다》 2, 박수진,
다산북스
《한방에 끝내는 부동산 경매》, 조재팔, 책과
사람들
《대한민국 직장인 부동산 경매로 재테크하
라》, 이임복, 더난출판사
《국민은행 경매팀장이 쓴 경매로 내집 마련
하기》, 최순영, 상상예찬
《나는 쇼핑보다 경매투자가 좋다》, 박수진,
다산북스
《송사무장의 실전 경매의 기술》, 송희창, 지
혜로
《낙찰사례로 완벽하게 배우는 부동산 경매》,
홍정화, 아라크네
《27세, 경매의 달인》, 신정헌, 매일경제신문사
《유니짱의 좌충우돌 부동산 경매투자》, 유니
짱, 미래지식
《1000만원으로 시작하는 부동산경매 재테
크》, 시골아이, 미래지식

8월

《부동산 경매 완전정복(실전편)》, 한재형, 법
률출판사
《반짝 반짝 빛나는》, 에쿠니 가오리, 김난주
역, 소담출판사
《11분》, 파울로 코엘료, 이상해 역, 문학동네
《흐르는 강물처럼》, 파울로 코엘료, 박경희,
문학동네
《나는 부동산경매로 17억 벌었다》, 우형달,
원앤원북스
《워런 버핏처럼 적정주가 구하는 법》, 이은

원, 부크홀릭
《Value Timer의 전략적 가치투자》, 신진오, 이콘
《워런 버핏의 가치투자 전략》, 티모시 빅, 김기준 역, 비즈니스북스
《버핏 톨로지의 비밀》, 바한 잔지지언, 김기준 역, 비즈니스맵

9월
《리진》1, 2, 신경숙, 문학동네
《워런 버핏만 알고 있는 주식투자의 비밀》, 메리 버핏·데이비드 클라크, 김상우 역, 부크온
《심리학을 변화시킨 40가지 연구》, 로저 R. 호크, 유연옥 역, 학지사
《박현주 미래를 창조하다》, 홍찬선, 올림
《미래형 부자들》, 여운봉, 청년정신
《경매야 놀자》, 강은현, 서원북스
《돈의 심리학》, 토머스 길로비치, 한스미디어

10월
《당신의 고정관념을 깨뜨릴 심리실험 45가지》, 더글라스 무크, 진성록 역, 부글북스
《부동산 경매 비법》, 박정기·서승덕, 삼영사
《흐름을 꿰뚫어보는 경제독해》, 세일러, 위즈덤하우스
《불안》, 알랭 드 보통, 정영목 역, 은행나무
《순례자》, 파울로 코엘료, 박명숙 역, 문학동네
《나는 경매로 반값에 집산다》, 황지현·송창섭, 한국경제신문
《앞으로 3년, 경매가 답이다》, 이항용, 토네이도
《7일만에 끝내는 부동산 경매》, 노철오, 모네타
《부동산 비타민》, 아기곰, 중앙일보조인스랜드

11월
《나는 누구인가》, 라하르트 다비트 프레히트, 백종유 역, 21세기북스
《명성황후 살해사건 재조사》1, 2, 조강타, 북인사이드
《심리학의 즐거움》, 크리스 라반·쥬디 윌리암스, 김문성 역, 휘닉스미디어
《바닥을 치고 오르는 부동산 투자의 비밀》, 이재익, 북오션
《피에트라 강가에서 나는 울었네》, 파울로 코엘료, 이수은 역, 문학동네
《지금 부동산 안 사면 평생 부자 꿈도 꾸지 마라》, 김종범, 제플린북스
《부동산 투자의 정석》, 김원철, 위즈덤하우스
《역발상 부동산 투자》, 박성훈, 리더스북
《당신이 원하는 부동산 경매 권리분석》, 이임복, 더난출판사

12월
《돈되는 아파트경매 싸게 사들이기》, 박용석, 위즈덤하우스
《반값 경매정석》, 김혜경·이여정·이진환, 매일경제신문사
《경매왕 예고등기에 반했다》, 강희만, 부동산넷
《뭘 해도 돈 버는 반값 토지경매》, 이상규, 살림Life
《초한지》1~10, 이문열, 민음사
《시인: 자살노트를 쓰는 살인자》, 마이클 코넬리, 김승욱 역, 랜덤하우스코리아
《송사무장의 실전 경매》, 송희창, 지혜로

<2010년>

1월

《시작하라 그들처럼》, 서광원, 흐름출판
《현의 노래》, 김훈, 생각의나무
《예수님이라면 어떻게 하실까》, 찰스 M. 쉘돈, 박천 역, 명문당
《엽기 세계사》, 이성주, 청림출판
《세상을 길라잡는 유대인》, 최재호, 한마음사
《당신 없는 나는?》, 기욤 뮈소, 허지은 역, 밝은세상
《낯선 눈동자》, 딘 쿤츠, 김정미 역, 제우미디어
《스노우 볼》1, 앨리스 슈뢰더, 이경식 역, 랜덤하우스코리아

2월

《스노우 볼》2, 앨리스 슈뢰더, 이경식 역, 랜덤하우스코리아
《명도대왕 에이스의 경매 특강》, 진상준, 지훈
《이것이 경매투자다》, 이영진, 한스미디어
《부동산 경매, 황교수 따라하기》, 황두연, 이라크네
《나는 쇼핑보다 경매투자가 좋다》, 박수진, 다산북스
《100배의 축복》, 배중렬, 다산북스
《아파트값, 5차파동》, 최명철, 다다원
《나는 사람에게 투자한다》, 마키노요, 신동기 역, 시아출판사
《생생 경매성공기》, 안정일, 지상사
《아파트 투자지도를 다시 그려라》, 최명철, 인더북스

3월

《부동산 생활백서》, 닥터아파트 리서치연구소, 위너스북
《30대 부동산 경제학》, 노용환, 국일미디어

《투자프로의 재무제표분석법》, 카츠마 카즈요, 이성현 역, 지상사
《김진환 회계사의 완벽투자기법》, 김진환, 디씨에프인베스트먼트파트너
《실전투자자들이 가장 궁금해하는 부동산 경매》, 강은현, 새로운제안
《경매투자의 모든 것》, 우형달, 원앤원북스
《실전에 강해지는 부동산투자의 모든 것》, 조영석, 원앤원북스
《1Q84》1, 2, 무라카미 하루키, 양윤옥 역, 문학동네
《경제학 비타민》, 한순구, 한국경제신문
《비열한 시장과 도마뱀의 뇌》, 테리 번햄, 서은숙 역, 갤리온
《이코노믹 마인드》, 마테오 모테르리니, 이현경 역, 웅진지식하우스
《무한도전 실전 부동산 경매》, 황종화, 세계로

4월

《지금 당장 환위험을 관리하라》, 이성열, 한빛비즈
《덕혜옹주》, 권비영, 다산책방
《20대, 컨셉력에 목숨 걸어라》, 한기호, 다산초당
《친절한 경매》, 오은석, 중앙일보조인스랜드
《위험한 경매》, 우형달, 매경출판
《죽은 왕녀를 위한 파반느》, 박민규, 예담
《천재투자자들》, 론 리즈, 김승진 역, 길벗
《50번째 법칙》, 로버트 그린, 안진환 역, 살림Biz
《당돌한 심리학》, 허버트 펜스터하임, 이양희 역, 말글빛냄
《블링크》, 말콤 글래드웰, 이무열 역, 21세기북스
《블라인드 스팟》, 매들린 L. 반 헤케, 임옥희 역, 다산초당

《시인의 계곡》, 마이클 코넬리, 이창식 역, 랜덤하우스코리아
《시장을 뒤흔든 100명의 거인들》, 켄 피셔, 이건 역, 비즈니스맵

5월
《내 돈을 지키는 경제학》, 김진철, 밀리언하우스
《야성적 충동》, 조지 애커로프·로버트 쉴러, 김태훈 역, 랜덤하우스코리아
《대한민국 부동산 경제학》, 장박원, 행간
《스눕》, 샘 고슬링, 김선아 역, 한국경제신문
《사막의 꽃》, 와리스 디리, 이다희 역, 섬앤섬
《청춘의 투자학》, 이주영, 굿앤웰스
《블로그 처음부터 제대로 만들기》, 이영호, 세진북스
《육일약국 갑시다》, 김성오, 21세기북스
《펀드매니저의 투자비밀》, 최명수, 한국경제신문사
《백만불짜리 개미경제학》, 박성민, 다산북스
《존 나이스비트 메가트렌드 차이나》, 존 나이스비트, 안기순 역, 비즈니스북스
《목적이 이끄는 삶》, 릭 워런, 고성삼 역, 디모데

6월
《창조적 책읽기, 다독술이 답이다》, 마쓰오카 세이고, 김경균 역, 추수밭
《월스트리트로 간 경제학자》, 피터 번스타인, 이건 역, 비즈니스맵
《슈퍼리치》, 마틴 S. 프리디슨, 안정원 역, 이상media
《Forbes 세상에서 가장 위대한 투자 이야기》, 리처드 팔론, 곽수종 역, 콜로세움
《투자의 유혹》, 장득수, 흐름출판
《블러드 워크》, 마이클 코넬리, 김승욱 역, 랜덤하우스코리아
《비바! Mr.봉》, 정충진, 초록정원
《실종》, 마이클 코넬리, 김승욱 역, 랜덤하우스코리아
《부동산 시장의 법칙》, 차학봉, 조선일보사
《송사무장의 실전경매》, 송희창, 매일경제신문사

7월
《링컨 차를 타는 변호사》, 마이클 코넬리, 조영학 역, 랜덤하우스코리아
《부동산 경매 실전 강의》, 김성훈, 휴먼앤북스
《악마와 미스 프랭》, 파울로 코엘료, 이상해 역, 문학동네
《시골의사의 주식투자란 무엇인가》, 박경철, 리더스북
《내일의 스타벅스를 찾아라》, 아미클 모, 이건 역, 굿앤웰스
《승자는 혼자다》, 파울로 코엘료, 임호경 역, 문학동네
《유치권 3건이 인생을 바꾼다》, 김유성, 다산북스
《부동산 경매 리스타트》, 박승일·이호중·오승세·박규진, 매경출판
《블루오션 캠코 공매를 잡아라》, 김영호, 매일경제신문사
《금융의 제왕》, 리아콰트 아메드, 조윤정, 다른세상

8월
《화폐의 심리학》, 페르 에스벤 스톡네스, 이주만 역, 영진미디어
《부동산 투자를 했으면 무조건 10배는 벌어라》, 김종선, 팬덤북스
《부동산 부의 법칙》, 이승익, 인더북스
《달러쇼크》, 샹용이·비얼리, 차혜정 역, 프룸

북스
《실전 상가투자 완전정복》, 신일진, 매경출판
《경매성공 다이어리》, 이영진, 매경출판
《유쾌한 경제학》, 토드 부크홀츠, 이성훈 역, 리더스북
《허수아비》, 마이클 코넬리, 이창식 역, 랜덤하우스코리아
《경제학 콘서트》, 팀 하포드, 이진원 역, 웅진지식하우스
《그 후에》, 기욤 뮈소, 전미연 역, 밝은세상
《맛있는 경매 이야기》, 채지니, 매일경제신문사
《이코노믹 씽킹》, 로버트 H. 프랭크, 안진환 역, 웅진지식하우스

9월

《행운에 속지 마라》, 나심 니콜라스 탈렙, 이건 역, 중앙북스
《부동산 투자학》, 김태희, 북오션
《내조 재테크》, 팽현숙, 다산북스
《바닥부터 시작하는 왕초보 부동산 경매》, 정재용, 미래와경영
《워런 버핏처럼 재무제표 읽는 법》, 이민주, 살림Biz
《죽은 철학자들의 서》, 사이먼 크리칠리, 김대연 역, 이마고
《밀레니엄》 1, 2, 3, 스티그 라르손, 박현용 역, 아르테
《로마인 이야기》 1, 2, 3, 시오노 나나미, 김석희 역, 한길사

10월

《렛미인》, 욘 A. 린드크비스트, 최세희 역, 문학동네
《로마인 이야기》 4, 시오노 나나미, 김석희 역, 한길사

《유골의 도시》, 마이클 코넬리, 한정아 역, 랜덤하우스코리아
《로마인 이야기》 5, 시오노 나나미, 김석희 역, 한길사
《기발한 자살 여행》, 아르토 파실린나, 김인순 역, 솔
《더 리더》, 베른하르트 슐링크, 김재혁 역, 이레
《로마인 이야기》 6, 시오노 나나미, 김석희 역, 한길사
《장미 비파 레몬》, 에쿠니 가오리, 김난주 역, 소담출판사
《로마인 이야기》 7, 시오노 나나미, 김석희 역, 한길사
《말도둑 놀이》, 퍼 페터슨, 손화수 역, 가쎄
《일요일들》, 요시다 슈이치, 오유리 역, 북스토리
《여걸 박사무장의 통쾌한 명도비법》, 박사영, 매경출판

11월

《재개발 뉴타운 투자의 모든 것》, 신재원, 원앤원북스
《천 개의 찬란한 태양》, 할레드 호세이니, 왕은철 역, 현대문학
《로마인 이야기》 8, 시오노 나나미, 김석희 역, 한길사
《탤런트코드》, 대니얼 코일, 윤미나 역, 웅진지식하우스
《로마인 이야기》 9, 시오노 나나미, 김석희 역, 한길사
《조지 소로스 금융시장의 새로운 패러다임》, 조지 소로스, 황숙혜 역, 위즈덤하우스
《로마인 이야기》 10, 시오노 나나미, 김석희 역, 한길사
《위기 경제학》, 누리엘 루비니, 스티븐 미흄, 허익준 역, 청림출판

《로마인 이야기》 11, 시오노 나나미, 김석희 역, 한길사
《히든 챔피언》, 헤르만 지몬, 이미옥 역, 흐름출판

12월
《함께 있을 수 있다면》, 안나 가발다, 이세욱 역, 문학세계사
《로마인 이야기》 12, 시오노 나나미, 김석희 역, 한길사
《금융대국 중국의 탄생》, 전병서, 밸류앤북스
《로마인 이야기》 13, 시오노 나나미, 김석희 역, 한길사
《워런 버핏의 실전주식투자》, 메리 버핏·데이비드 클라크, 최준철 역, 이콘
《로마인 이야기》 14, 시오노 나나미, 김석희 역, 한길사
《워런 버핏 한국의 가치투자를 말하다》, 이민주, 살림Biz
《로마인 이야기》 15, 시오노 나나미, 김석희 역, 한길사
《버핏》, 로저 로웬스타인, 김기준 역, 리더스북

<2011년>

1월
《벤저민 그레이엄의 증권분석》, 벤저민 그레이엄·데이비드 도드, 박동욱 역, 국일증권경제연구소
《이윤기의 그리스 로마 신화》 1, 2, 3, 이윤기, 웅진지식하우스
《버핏도 따라한 케인스의 주식투자 비법》, 저스틴 윌쉬, 손정숙 역, 부크홀릭
《직장인을 위한 100% 성공 경매》, 김은정, 매경출판

《역발상 투자》, 데이비드 드레먼, 이건 역, 흐름출판
《워런 버핏의 주식투자 콘서트》, 워런 버핏, 차예지 역, 부크홀릭
《그 개는 무엇을 보았나》, 말콤 그래드웰, 김태훈 역, 김영사
《빌브라이슨 발칙한 미국학》, 빌 브라이슨, 박상은 역, 21세기북스
《핑퐁》, 박민규, 창비
《베로니카, 죽기로 결심하다》, 파울로 코엘료, 이상해 역, 문학동네
《찰리 멍거 자네가 옳아!》, 재닛 로우, 조성욱 역, 이콘

2월
《빅 픽처》, 더글라스 케네디, 조동섭 역, 밝은세상
《경매천재가 된 홍대리》, 배중렬, 다산북스
《혼창통》, 이지훈, 쌤앤파커스
《주식투자 교과서》, 박성득, 살림
《하우스푸어》, 김재영, 더팩트
《김씨의 가치투자 시작하기》, 찰스 S. 미즈라이, 박동욱 역, 돈키호테
《앞으로 10년을 지배할 주식투자 트렌드》, 스콧 필립스, 박훈석 역, 부크홀릭
《위험한 책》, 카를로스 마리아 도망게스, 조원규 역, 들녘
《뱀의 뇌에게 말을 걸지 마라》, 마크 고울스톤, 황혜숙 역, 타임비즈
《서태석의 진짜인생》, 서태석, 스마트비즈니스
《마켓3.0》, 필립 코틀러, 안진환 역, 타임비즈
《고슴도치의 우아함》, 뮈리엘 바르베리, 김관오 역, 아르테

3월
《스키다마링크》, 기욤 뮈소, 이승재 역, 열린

책들
《생생 경매의 현장》, 안수현, 매일경제신문사
《리딩으로 리딩하라》, 이지성, 문학동네
《1Q84》 3, 무라카미 하루키, 양윤옥 역, 문학동네
《버스트》, A. L. 바라바시, 동아시아
《설득의 경제학》, 존 메이나드 케인스, 정명진 역, 부글북스
《뮤지컬배우 20인에게 묻다》, 고희은, 수필름
《나는 경매로 월세 2천만 원 받는다》, 유영수, 아경북스
《우리 이웃의 범죄》, 미야베 미유키, 장세연 역, 북스피어
《넛지》, 캐스 R. 선스타인, 리처드 H. 탈러, 안진환 역, 리더스북
《페이스북 이펙트》, 데이비드 커크패트릭, 임정진 역, 에이콘출판
《고령화 시대의 경제학》, 조지 매그너스, 홍지수 역, 부키

4월
《철학콘서트》, 황광우, 웅진지식하우스
《대한민국 3040 내 집 마련의 길을 묻다》, 김부성, 한스미디어
《미스터 버핏 한 수 부탁드립니다!》, 존 트레인, 황숙혜 역, 아경북스
《채권왕 빌 그로스 투자의 비밀》, 티머시 미들턴, 박준형 역, 이레미디어
《강남부자들》, 고준석, 흐름출판
《카스테라》, 박민규, 문학동네
《재무제표 읽는 법》, 존 트레이시, 정우기 역, 일빛
《주식투자자를 위한 IFRS핵심 포인트》, 한국투자교육연구소, 부크홀릭
《10년 후에도 흔들리지 않는 부동산 성공 법칙》, 박원갑, 크레듀

《빌딩부자들》, 성선화, 다산북스
《이번엔 다르다》, 케네스 로고프·카르멘 라인하트, 최재형 역, 다른세상
《화폐전쟁》 2, 쑹훙빙, 홍순도 역, 랜덤하우스코리아
《경제 심리학》, 댄 애리얼리, 김원호 역, 청림출판

5월
《부동산 임대사업》, Matthew A. Martinez, 최철규 역, 부연사
《우리는 사랑일까》, 알랭 드 보통, 공경희 역, 은행나무
《고령화 가족》, 천명관, 문학동네
《어디사세요?》, 경향신문특별취재팀, 사계절
《스위치》, 칩 히스·댄 히스, 안진환 역, 웅진지식하우스
《경영학콘서트》, 장영재, 비즈니스북스
《부동산 미래쇼크》, 박원갑, 리더스북
《부자들의 생각을 읽는다》, 이상건, 비아북
《보험왕 토니고든의 영업노트》, 토니고든, 한국MDRT 역, 경향미디어
《THE33》, 조나단 프랭클린, 이원경 역, 월드김영사

6월
《위대한 리더의 위대한 질문》, 요코야마 타로, 홍성민 역, 예인
《개밥바리기별》, 황석영, 문학동네
《1리터의 눈물》, 키토 아야, 한성례 역, 이덴슬리벨
《진짜 돈 버는 대한민국 고수분석》, 이민주, 부크홀릭
《투자 귀재들의 가치투자 실전 응용법》, 조셉 칼란드로, 김상우 역, 부크홀릭
《생생 부동산 경매》, 김성국, 매일경제신문사

《경매 100일 프로젝트》, 강은, 이콘
《아는 만큼 돈 버는 경매 소송시크릿》, 이진환, 매경출판
《10억짜리 경매비법》, 제이원, e비즈북스
《한 권으로 끝내는 채권투자 교과서》, 이건희, 북클래스
《고수의 부동산경매 실전 사례 153선》, 김창식, 가디언

7월
《종이 여자》, 기욤 뮈소, 전미연 역, 밝은세상
《브리다》, 파울로 코엘료, 권미선 역, 문학동네
《바로잉》, 데이비드 코드 머레이, 이경식 역, 흐름출판
《나는 경매로 연봉만큼 번다》, 송창섭·황지현, 김영사
《실전투자에 강해지는 금융지식의 모든 것》, 김석한, 원앤원북스
《대한민국 업종별 재무제표 읽는 법》, 이민주, 스프링
《투자자와 함께 읽는 국제회계기준》, 한국거래소, 에세이퍼블리싱
《삼미 슈퍼스타즈의 마지막 팬클럽》, 박민규, 한겨레신문사
《더 위험한 경매》, 우형달, 매일경제신문사
《부자아빠 기요사키가 말하는 부자들의 음모》, 로버트 기요사키, 윤영삼 역, 흐름출판

8월
《스틱!》, 칩 히스·댄 히스, 안진환 역, 웅진윙스
《골든타임》, 방미, 행복한책장
《행복한 부자의 닭고기 수프》, 마크 빅터 한센, 우승택 역, 청림출판
《돈 나오지 않는 부동산 모두 버려라》, 장인석, 매일경제신문사
《한국의 슈퍼개미들》, 정종태, 위즈덤하우스

《도널드 트럼프의 억만장자 마인드》, 도널드 트럼프, 김원호 역, 청림출판
《대한민국 2040 공부방 창업으로 성공하라》, 김보미, 미래와경영
《CEO안철수 영혼이 있는 승부》, 안철수, 김영사
《아웃라이어》, 말콤 글래드웰, 노정태 역, 김영사
《강남몽》, 황석영, 창비
《부동산 빅뱅의 시대가 온다》, 이호승, 랜덤하우스코리아
《베스트플레이어》, 매슈 사이드, 유영만 역, 행성비
《한국 부동산시장을 움직이는 사람들》, 조성근, 부연사
《내 안의 부자를 깨워라》, 황석, 오픈마인드

9월
《아파트 쇼크》, 이원재, 케이디북스
《밀레니엄 스티그와 나》, 에바 가브리엘손·마리프랑수아즈 콜롱바니, 황가한 역, 웅진문학에디션뿔
《주식 농부처럼 투자하라》, 박영옥, 모아북스
《부자의 조건 금융IQ》, 로버트 기요사키, 김현정 역, 황금가지
《백설공주에게 죽음을》, 넬레 노이하우스, 김진아 역, 북로드
《넘버스 숫자가 당신을 지배한다》, 카이저 펑, 황덕창 역, 타임북스
《피터 린치의 투자이야기》, 피터 린치·존 로스차일드, 고영태 역, 흐름출판
《마지막 강의》, 랜디 포시, 심은우 역, 살림
《신도 버린 사람들》, 나렌드라 자다브, 강수정 역, 김영사
《세계사를 움직이는 다섯 가지 힘》, 사이토 다카시, 홍성민 역, 뜨인돌출판사

《보이지 않는 고릴라》, 크리스토퍼 차브리스·대니얼 사이먼스, 김명철 역, 김영사
《내 영혼이 따뜻했던 날들》, 포리스트 카터, 조경숙 역, 아름드리미디어

10월
《세금생활백서》, 신방수, 위너스북
《그 청년 바보의사》, 안수현·이기섭, 아름다운 사람들
《죽음의 수용소에서》, 빅터 플랭크, 이시형 역, 청아출판사
《자기 앞의 생》, 에밀 아자르, 용경식 역, 문학동네
《골든 슬럼버》, 이사카 코타로, 웅진지식하우스
《오두막》, 윌리엄 폴 영, 한은경 역, 세계사
《뭘 해도 돈버는 부동산 투자습관》, 김장섭, 살림LIFE
《발품으로 찾은 부동산 경매 유망 지역》, 문현웅, 미래지식
《나는 아내보다 권리분석이 좋다》, 이승주, 다산북스

11월
《나는 경매투자로 희망을 베팅했다》, 이승호, 위즈덤하우스
《용의자X의 헌신》, 히가시노 게이고, 양억관 역, 현대문학
《위험한 관계》, 더글라스 케네디, 공경희 역, 밝은세상
《살인의 해석》, 제드 러벤펠드, 박현주 역, 비채
《워런 버핏처럼 투자심리 읽는 법》, 제임스 폰티어, 차예지 역, 부크홀릭
《언리더십》, 닐스 플레깅, 박규호 역, 흐름출판
《할 수 있다 믿는다 괜찮다》, 김주희, 다산북스
《도시의 승리》, 에드워드 글레이저, 이진원

역, 해냄출판사
《리치투게더 함께 부자되는 축제로의 동행》, 에셀플러스 자산운용
《엔트로피》, 제레미 리프킨, 이창희 역, 세종연구원

12월
《블랙에코》, 마이클 코넬리, 김승욱 역, 랜덤하우스코리아
《365일 월세받는 남자의 고수익을 내는 진짜경매》, 강윤식, 중앙일보조인스랜드
《정의란 무엇인가》, 마이클 샌델, 이창신 역, 김영사
《도시계획 전문가가 쓴 명품 경매》, 온스, 라이프하우스
《너무 친한 친구들》, 넬레 노이하우스, 김진아 역, 북로드
《직장을 그만두기 전 내 사업을 준비하라》, 로버트 기요사키, 권기대 역, 황금가지
《더블 A》, 박민규, 창비
《투자의 전설 앤서니 볼턴》, 앤서니 볼턴, 손정숙 역, 부크홀릭
《더블 B》, 박민규, 창비
《타이밍에 강한 가치투자전략》, 비탈리 카스넬슨, 김상우 역, 부크홀릭
《부자들만 아는 상가투자 성공원칙》, 경국현, 이코북

<2012년>

1월
《벤저민 그레이엄의 투자강의》, 자넷 로우, 박진곤 역, 국일증권경제연구소
《은하영웅전설》1, 다나카 요시키, 김완 역, 이타카

《싼 집 사야 부자된다》, 김양섭, 지상사
《머니볼》, 마이클 루이스, 김찬별 역, 비즈니스맵
《인문학으로 광고하다》, 박웅현, 알마
《난도 월세로 돈 벌 수 있다》, 매일경제 부동산부, 매일경제신문사
《나는 공경매CEO다》, 최희, 매일경제신문사
《스티브 잡스》, 월터 아이작슨, 안진환 역, 민음사
《많아지면 달라진다》, 클레이 셔키, 이충호 역, 갤리온
《은하영웅전》2, 다나카 요시키, 김완 역, 이타카
《조선안의 실전경매 이야기》, 조선안, 프룸북스

2월
《은하영웅전설》3, 다나카 요시키, 김완 역, 이타카
《부동산 경매 백과》, 김창식, 가디언
《은하영웅전설》4, 다나카 요시키, 김완 역, 이타카
《아프니까 청춘이다》, 김난도, 쌤앤파커스
《주식 말고 기업을 사라》, 워런 버핏, 이건 역, 서울문화사
《10% 투자자를 위한 고수익 투자법》, 로버트 기요사키, 최성렬 역, 황금가지
《책은 도끼다》, 박웅현, 북하우스
《행복한 경매》, 우형달, 매일경제신문사
《보스의 탄생》, 린다 A. 힐·켄트 라인백, 방영호 역, 시드페이퍼
《모멘트》, 더글라스 케네디, 조동섭 역, 밝은세상
《은하영웅전설》5, 다나카 요시키, 김완 역, 이타카
《이웃집 백만장자》, 토머스 J. 스탠리, 리디리드출판

3월
《아우디 그녀 세상을 사로잡다》, 이연경, 문학동네
《백만장자 마인드》, 토머스 J. 스탠리, 장석훈 역, 북하우스
《알레프》, 파울로 코엘료, 오진영 역, 문학동네
《누가 내 지갑을 조종하는가》, 마틴 린드스트롬, 박세연 역, 웅진지식하우스
《은하영웅전설》6, 다나카 요시키, 김완 역, 이타카
《부자나라는 어떻게 부자가 되었고 가난한 나라는 왜 여전히 가난한가》, 에릭 라이너트, 김병화 역, 부키
《은하영웅전설》7, 다나카 요시키, 김완 역, 이타카
《생각지도 못한 생각지도》, 유영만, 위너스북
《은하영웅전설》8, 다나카 요시키, 김완 역, 이타카
《왜 똑똑한 사람들이 헛소리를 믿게 될까》, 스티브 로, 윤경미 역, 와이지베리
《그림자 게임》, 카린 알브테엔, 임소연 역, 살림
《니치》, 제임스 하킨, 고동홍 역, 더숲

4월
《어떻게 살 것인가》, 시라 베이크웰, 김유신 역, 책읽는수요일
《환 위험 알면 알수록 작아진다》, 국민은행 파생상품영업부, 한나래
《은하영웅전설》9, 다나카 요시키, 김완 역, 이타카
《은하영웅전설》10, 다나카 요시키, 김완 역, 이타카
《나는 주식보다 연금형 부동산이 좋다》, 박상언, 한스미디어

《나는 세계일주로 경제를 배웠다》, 코너 우드먼, 홍선영 역, 갤리온
《사라진 소녀들》, 안드레아스 빙켈만, 서유리, 뿔
《3개의 질문으로 주식시장을 이기다》, 켄 피셔, 김진호 역, 비즈니스맵
《송사무장의 실전 경매의 기술》, 송희창, 지훈출판사
《뉴욕에서 외치는 대~한민국》, 남경, BG북갤러리
《크로스》, 정재승·진중권, 웅진지식하우스

5월
《이기적 유전자》, 리처드 도킨스, 홍영남 역, 을유문화사
《어댑트》, 팀 하포드, 강유리 역, 웅진지식하우스
《머리 랩》, 케이웃 첸, 이영래 역, 타임비즈
《세상 모든 행복》, 레오 보만스, 노지양 역, 흐름출판
《배운 여자》, 김보슬 외, 씨네21북스
《진심의 탐닉》, 김혜리, 씨네21북스
《송사무장의 부동산 공매의 기술》, 송희창, 지혜로
《빛의 제국》, 김영하, 문학동네

6월
《명상하는 자가 살아남는다》, 바산트 조시, 우자경 역, 물병자리
《경매 부자들》, 고준석, 흐름출판
《7년의 밤》, 정유정, 은행나무
《노는 만큼 성공한다》, 김정운, 21세기북스
《가치투자의 시대가 온다》, 박성민, 프롬북스
《상어에게서 살아남기》, J. H. Hyun, 시드페이퍼
《사다리 걷어차기》, 장하준, 형성백 역, 부키

《은하영웅전설 외전》1, 다나카 요시키, 김완 역, 이타카
《남에게 가르쳐주기 싫은 주식투자법》, 브라운스톤, 오픈마인드
《총, 균, 쇠》, 재레드 다이아몬드, 김진준 역, 문학사상
《자기혁명》, 박경철, 리더스북
《설국열차》, 장 마르크 로셰트·자크 로브·뱅자맹 르그랑, 김예숙 역, 현실문화
《헤드헌터》, 요 네스뵈, 구세희 역, 살림

7월
《소셜 애니멀》, 데이비드 브룩스, 이경식 역, 흐름출판
《패스트 리딩》, 백기락·문성준, 라이온북스
《돈 좀 굴려봅시다》, 홍충욱, 스마트북스
《영화가 2012년 12월 21일 이후를 예언하다》, 장세계, 물병자리
《부실채권과 함께하는 경매 이야기》, 이영준, 아름다운새벽
《대통령을 위한 물리학》, 리처드 뮬러, 장종훈 역, 살림
《마흔살 행복한 부자아빠》, 아파테이아, 길벗
《저는 부동산경매가 처음인데요》, 신정헌, 한빛비즈
《어떻게 원하는 것을 얻는가》, 스튜어트 다이아몬드, 김태훈 역, 8.0
《디맨드》, 에이드리언 슬라이워츠키·칼 웨버, 유정식 역, 다산북스

8월
《스몰 메시지 빅 임팩트》, 테리 L. 쇼딘, 구세희 역, 시드페이퍼
《천사의 부름》, 기욤 뮈소, 전미연 역, 밝은세상
《안 된다고 하지 말고 아니라고 하지 말고》, 임윤택, 해냄출판사

《탄환의 심판》, 마이클 코넬리, 김승욱 역, 알에이치코리아
《루머사회》, 니콜라스 디폰조, 곽윤정 역, 흐름출판
《급매물의 여왕》, 노성환, 맛있는책
《빌라투자로 100억 부자된 청소부》, 채익종, 뿌브아르
《한국의 슈퍼리치》, 신동일, 리더스북
《아이를 크게 키우는 말 VS 아프게 하는 말》, 정윤경·김윤정, 담소
《남자의 물건》, 김정운, 21세기북스
《너의 목소리가 들려》, 김영하, 문학동네
《당신 이제 행복해도 됩니다》, 오미정, 시드페이퍼
《생각에 관한 생각》, 대니얼 카너먼, 이진원 역, 김영사
《파리5구의 여인》, 더글라스 케네디, 조동섭 역, 밝은세상
《김태권의 십자군 이야기》1, 김태권, 비아북
《김태권의 십자군 이야기》2, 김태권, 비아북
《김태권의 십자군 이야기》3, 김태권, 비아북
《김태권의 십자군 이야기》4, 김태권, 비아북
《소송사냥꾼》, 존 그리샴, 안종설 역, 문학수첩

9월
《임대수익 부자들》, 김종선, 타커스
《돈으로 살 수 없는 것들》, 마이클 샌델, 안기순 역, 와이즈베리
《스타터스》, 리사 프라이스, 박효정 역, 황금가지
《NPL 투자비법》, 우형달·김동부, 매일경제신문사
《채권투자 기본개념 Q&A》, 마크 모비우스, 이건 역, 리딩리더
《골목사장 분투기》, 강도현, 인카운터
《현명한 ETF 투자자》, 리처드 페리, 이건 역, 리딩리더
《행복의 추구》1, 더글라스 케네디, 공경희 역, 밝은세상
《행복의 추구》2, 더글라스 케네디, 공경희 역, 밝은세상
《나는 세계일주로 자본주의를 만났다》, 코너 우드먼, 홍선영 역, 갤리온
《0페이지 책》, 봄로야, 시루
《벨연구소 이야기》, 존 거트너, 살림Biz
《앞으로 10년 돈의 배반이 시작된다》, 로버트 기요사키, 고영태 역, 흐름출판

10월
《거짓말하는 착한 사람들》, 댄 애리얼리, 이경식 역, 청림출판
《디너》, 헤르만 코흐, 강명순 역, 은행나무
《알렉스》, 피에르 르메트르, 서준환 역, 다산책방
《솔로몬 왕의 고뇌》, 로맹 가리, 마음산책
《소설 맹자》, 최인호, 열림원
《스노우맨》, 요 네스뵈, 노진선 역, 비채
《바람을 뿌리는 자》, 넬레 노이하우스, 김진아 역, 북로드
《이상한 나라의 경제학》, 이원재, 어크로스
《이상한 나라의 헌책방》, 윤성근, 이매진
《불황의 경제학》, 폴 크루그먼, 안진환 역, 세종서적
《심야책방》, 윤성근, 이매진
《돈의 인문학》, 김찬호, 문학과지성사
《혼자 책 읽는 시간》, 니나 상코비치, 김병화 역, 웅진지식하우스

11월
《청춘의 독서》, 유시민, 웅진지식하우스
《매직》, 론다 번, 하윤숙 역, 살림
《마녀의 독서처방》, 김이경, 서해문집

자기혁명 독서법

《지금 당장 경제기사 공부하라》, 고영성, 한빛비즈

《생각하지 않는 사람들》, 니콜라스 카, 최지향 역, 청림출판

《경제를 읽는 기술 HIT》, 고영성, 스마트북스

《내 심장을 쏴라》, 정유정, 은행나무

《낯선사람 효과》, 리처드 코치·그렉 록우드, 박세연 역, 흐름출판

《유수연의 독설》, 유수연, 위즈덤하우스

《실전 임대사업 투자기법》, 김장섭, 플러스마인드

《나쁜 사마리아인들》, 장하준, 이순희 역, 부키

《바람의 그림자》 1, 카를로스 루이스 사폰, 정동섭 역, 문학과지성사

《바람의 그림자》 2, 카를로스 루이스 사폰, 정동섭 역, 문학과지성사

《삶을 바꾸는 책읽기》, 정혜윤, 민음사

《고래》, 천명관, 문학동네

12월

《벨로시티》, 스테판 올랜더·아자즈 아메드, 백승빈 역, 시디페이퍼

《변신이야기》 1, 오비디우스, 이윤기 역, 민음사

《돈 버는 선택 돈 버리는 선택》, 잭 오터, 이건 역, 부키

《콰이어트》, 수잔 케인, 김우열 역, 알에이치코리아

《별을 스치는 바람》 1, 2, 이정명, 은행나무

《우리들의 얼룩진 교과서》 1, 사카모토 유지, 모모세 시노부, 느낌이있는책

《우리들의 얼룩진 교과서》 2, 사카모토 유지, 모모세 시노부, 느낌이 있는 책

《월세의 여왕》, 성선화, 리더스북

《서른셋 싱글 내집마련》, 최연미, 리더스북

《한 권으로 끝내는 부실채권투자교과서》, 우형달·김진, 고려원북스

《변신이야기》 2, 오비디우스, 이윤기 역, 민음사

《질문을 던져라 책이 답한다》, 김은섭, 교보문고

《책 앞에서 머뭇거리는 당신에게》, 김은섭, 지식공간

《자세를 바꾸면 인생이 바뀐다》, 리처드 브레넌, 최현묵 역, 물병자리

《워런 버핏의 포트폴리오 투자 전략》, 데이비드 클라크, 김기준 역, 비즈니스북스

<2013년>

1월

《슈퍼리치의 습관》, 신동일, 살림

《커튼콜》, 진산, 파란

《리츄얼》, 신병철, 살림Biz

《주식을 사려면 마트에 가라!》, 크리스 카밀로, 차백만 역, 한빛비즈

《법률상식 부동산 투자의 길잡이》, 김상중, 하나PLUS

《루나의 예언》 1, 프레데릭 르누아르, 강만원 역, 창해

《세상에서 가장 소중한 날》, 소고 유카리, 이수민 역, 샘터

《루나의 예언》 2, 프레데릭 르누아르, 강만원 역, 창해

《밤의 도서관》, 알베르트 망구엘, 강주헌 역, 세종서적

《리스크》, 피터 L. 번스타인, 안진환 역, 한국경제신문사

《금리의 역사》, 시드니 호머, 리처드 실라, 이은주 역, 리딩리더

《내가 다시 서른 살이 된다면》, 마이클 모부

신, 서정아 역, 토네이도
《제노사이드》, 다카노 가즈아키, 김수영 역, 황금가지

2월
《문명의 배꼽 그리스》, 박경철, 리더스북
《나의 삼촌 브루스 리》 1, 2, 천명관, 예담
《국가는 내 돈을 어떻게 쓰는가》, 김태일, 웅진지식하우스
《안개의 왕자》, 카를로스 루이스 사폰, 김수진 역, 살림
《원화의 미래》, 홍춘욱, 에이지21
《9월의 빛》, 카를로스 루이스 사폰, 송병선 역, 살림
《변신, 시골의사》, 프란츠 카프카, 전영애 역, 민음사
《라면왕 이철호 이야기》, 이철호·이리나 리, 손화수 역, 지니넷
《동물농장》, 조지 오웰, 도정일 역, 민음사
《월급전쟁》, 원재훈, 리더스북

3월
《당신의 꿈을 무엇입니까》, 김수영, 웅진지식하우스
《여성에게 드리는 100자의 행복》, 이케다 다이사쿠, 화광신문사 역, 연합뉴스동북아센터
《50대가 두렵지 않은 여자들의 51가지 비결》, 사쿠라이 히데노리, 김성연 역, 물병자리
《절박할 때 시작하는 돈관리 비법》, 데이브 램지, 백가혜 역, 물병자리
《세상의 모든 거북이들에게》, 로버트 링거, 최송아 역, 예문
《허클베리 핀의 모험》, 마크 트웨인, 김욱동 역, 민음사
《미래를 말하다》, 폴 크루그먼, 예상한 역, 현대경제연구원

《나는 앤디 워홀을 너무 빨리 팔았다》, 리처드 폴스키, 배은경 역, 아트북스
《부메랑》, 마이클 루이스, 김정수 역, 비즈니스북스
《오디션》, 진산, 파란
《손정의 상식을 파괴하는 비즈니스 테크닉》, 미키 다케노부, 강신규 역, 물병자리
《나는 남들과 무엇이 다른가》, 정철윤, 8.0
《베끼려면 제대로 베껴라》, 이노우에 다쓰히코, 김준균 역, 시드페이퍼
《햄릿》, 윌리엄 셰익스피어, 최종철 역, 민음사
《4천만 원으로 작은식당 시작했습니다》, 김옥영·강필규, 에디터

4월
《두 명만 모여도 꼭 나오는 경제 질문》, 선대인경제연구소, 웅진지식하우스
《하워드의 선물》, 에릭 시노웨이·메릴 미도우, 김명철 역, 위즈덤하우스
《40대 다시 한 번 공부에 미쳐라》, 김병완, 함께북스
《습관은 배신하지 않는다》, 공병호, 21세기북스
《암흑의 핵심》, 조셉 콘래드, 민음사
《인문의 숲에서 경영을 만나다》, 정진홍, 21세기북스
《스펙이라는 거짓말》, 오쿠야마 노리아키·이노우에 겐이치로, 김정환 역, 새로운현재
《주식투자가 부의 지도를 바꾼다》, 홍춘욱, 원앤원북스
《최강의 팀을 탄생시킨 안트러리더십》, 데이브 램지, 김무겸 역, 물병자리
《마음을 훔치는 사람들》, 마크 고울스톤·존 얼맨, 박여진 역, 흐름출판
《겁쟁이를 위한 투자전략》, 하상주, 지식노마드

《토니오 크뢰거 트리스탄》, 토마스 만, 안삼환 역, 민음사
《송사무장의 실전경매》, 송희창, 지혜로

5월

《NPL 부자들》, 우형달·이영준, 매일경제신문사
《내 얘기를 들어줄 단 한 사람이 있다면》, 조우성, 리더스북
《머니트렌드 인 도쿄》, 김영호, 이담북스
《길 위에서 하버드까지》, 리즈 머리, 정해영 역, 다산책방
《블로그 경제학》, 한성안, 팩컴북스
《살아야 하는 이유》, 강상중, 사계절
《시골의사의 부자 경제학》, 박경철, 리더스북
《나를 찾아줘》, 길리언 플린, 강선재 역, 푸른숲
《빅 픽처를 그려라》, 전옥표, 비즈니스북스
《문학이란 무엇인가》, 장 폴 사르트르, 정명환 역, 민음사
《유유자적 100년》, 자오무허·팡야후이, 김영화 역, 물병자리
《월든》, 헨리 데이비드 소로, 한기찬 역, 소담출판사
《모든 파도가 기회다》, 마크 샌번, 베가북스

6월

《리더 절대로 바쁘지 마라》, 김종명, 에디터
《문명의 붕괴》, 재레드 다이아몬드, 강주헌 역, 김영사
《한국단편문학선》, 이광수 외, 민음사
《굿모닝 예루살렘》, 기 들릴, 서수민 역, 길찾기
《10년차 직장인 사표 대신 책을 써라》, 김태광, 위닝북스
《단사리 마음혁명》, 김병완, 일리
《매력자본》, 캐서린 하킴, 민음사
《마흔 당신의 책을 써라》, 김태광, 글로세움
《대박 땅꾼의 그래도 땅을 사라》, 전은규, 국

일증권경제연구소
《두근두근 처음 시작하는 경매투자》, 김덕문, 다산북스
《내 길에서 걷고 있는 영혼을 만나다》, 리 G. 볼먼·테런스 E. 딜, 권상술 역, IGMbooks
《인생학교 돈》, 존 암스트롱, 정미우 역, 쌤앤파커스
《인생학교 섹스》, 알랭 드 보통, 정미나 역, 쌤앤파커스

7월

《미스터리의 법칙》, 로버트 그린, 이수경 역, 살림
《공개하고 공유하라》, 제프 자비스, 위선주 역, 청림출판
《읽고 생각하고 쓰다》, 송숙희, 교보문고
《미각의 지배》, 존 앨런, 윤태경 역, 미디어윌
《지면서 이기는 관계술》, 이태혁, 위즈덤하우스
《최강부하》, 우용표, 시드페이퍼
《인생학교 일》, 로먼 크르즈나릭, 정지현 역, 쌤앤파커스
《음식 없이 나를 위로하는 50가지 방법》, 수잔 앨버스, 서영조 역, 전나무숲
《애플스토어를 경험하라》, 카민 갤로, 조은경 역, 두드림
《인간이 굴레에서》 1, 윌리엄 서머셋 모옴, 민음사
《나무 부자들》, 송광섭, 빠른거북이
《바쁠수록 돌아가는 마법의 시간관리》, 나카야마 마코토, 이진주 역, 물병자리

8월

《인간이 굴레에서》 2, 윌리엄 서머셋 모옴, 민음사
《히틀러의 성공시대》 1, 김태권, 한겨레출판사

《무엇이 우리를 일하게 하는가》, 한호택, 아이지엠세계경영연구원

《심플플랜》, 스콧 스미스, 조동섭 역, 비채

《인생학교 정신》, 필립파 페리, 정미나 역, 쌤앤파커스

《나는 돈이 없어도 경매를 한다》, 이현정, 길벗

《루시퍼의 복음》, 톰 에겔란, 손화수 역, 랜덤하우스코리아

《폐허》, 스콧 스미스, 남문희 역, 비채

《엔더의 게임》, 오슨 스콧 카드, 백석윤 역, 루비박스

《당신의 투자를 망치는 주식시장의 17가지 미신》, 켄 피셔, 이건 역, 부키

《이반 데니소비치 수용소의 하루》, 알렉산드로 솔제니친, 이영의 역, 민음사

《침대 밑의 책》, 윤성근, 마카롱

《히틀러의 성공시대》2, 김태권, 한겨레출판사

《48분 기적의 독서법》, 김병완, 미다스북스

9월

《인생학교 세상》, 존 폴 플린토프, 정미우 역, 쌤앤파커스

《100달러로 세상에 뛰어들어라》, 크리스 길아보, 강혜구 역, 명진출판사

《마음을 움직이는 경매심리학》, 전용은, 리북스

《공부하는 힘》, 황농문, 위즈덤하우스

《저요! 저요! NPL이 도대체 뭐예요》, 우형달, 매경출판

《마녀》, 쥘 미슐레, 정진국 역, 봄아필

《나는 공짜로 공부한다》, 살만 칸, 김희경 역, 알에이치코리아

《내가 사랑한 여자 내가 사랑한 남자》, 현대자동차

《깊은 상처》, 넬레 노이하우스, 김진아 역, 북로드

《중국신화전설》1, 위앤커, 전인초 역, 민음사

《승부사 알바트로스의 돈을 이기는 법》, 성필규, 쌤앤파커스

《여덟 단어》, 박웅현, 북하우스

《템테이션》, 더글라스 케네디, 조동섭 역, 밝은세상

10월

《스토리에 투자하라》, 박장동, 하상주, 지식공간

《당신은 전략가입니까》, 신시아 A. 몽고메리, 이현주 역, 리더스북

《절대로 배당은 거짓말 하지 않는다》, 켈리 라이트, 홍춘욱 역, 리딩리더

《최고의 공부》, 켄 베인, 이영아 역, 와이즈베리

《자신있게 결정하라》, 칩 히스·댄 히스, 안진환 역, 웅진지식하우스

《인생학교 시간》, 톰 체트필드, 정미나 역, 쌤앤파커스

《프라하의 묘지》1, 움베르토 에코, 이세욱 역, 열린책들

《린인》, 셰릴 샌드버그, 안기순 역, 와이즈베리

《한국의 장사꾼들》, 신동일, 리더스북

《중국신화전설》2, 위앤커, 전인초 역, 민음사

《어떻게 살 것인가》, 유시민, 생각의길

《100% 가치투자》, 제임스 몬티어, 김상우 역, 부크온

《와일드》, 셰릴 스트레이드, 우진하 역, 나무의철학

《김광진의 지키는 투자》, 김광진, 중앙북스

《립잇업》, 리처드 와이즈먼, 박세연 역, 웅진지식하우스

《기브 앤 테이크》, 애덤 그랜트, 윤태준 역, 생각연구소

11월

《시빌라이제이션》, 니얼 퍼거슨, 구세희 역, 21세기북스

《리빙 더 월드》, 더글라스 케네디, 공경희 역, 밝은세상

《프라하의 묘지》2, 움베르토 에코, 이세욱 역, 열린책들

《후흑학》, 신동준, 위즈덤하우스

《나는 내일을 기다리지 않는다》, 강수진, 인플루엔셜

《죽음이란 무엇인가》, 셸리 케이건, 박세연 역, 엘도라도

《법의관》, 퍼트리샤 콘웰, 유소영 역, 알에이치코리아

《유대인의 비즈니스는 침대에서 시작된다》, 테시마 유로, 한양심 역, 가디언

《아웃런》, 에린 조, 한국경제신문사

《지금 당장 이 불황을 끝내라》, 폴 크루그먼, 박세연 역, 엘도라도

《월급쟁이를 위한 부동산 경매》, 오은석, 한빛비즈

《물 치료의 핵심이다》, F. 뱃맨겔리지, 김성미 역, 물병자리

12월

《코스모스》, 칼 세이건, 홍승수 역, 사이언스북스

《그림과 함께 읽는 잃어버린 시절을 찾아서》, 마르셀 프루스트, 이형식 역, 까치

《책 읽는 사람들》, 알베르토 망구엘, 강주헌 역, 교보문고

《전격전의 전설》, 칼 하인츠 프리저, 진중근 역, 일조각

《포르노 보는 남자 로맨스 읽는 여자》, 오기 오가스·사이 가담, 왕수민 역, 웅진닷컴

《그러니 그대 쓰러지지 말아》, 김재식, 위즈

덤하우스

《세계경제의 메가트렌드에 주목하라》, 짐 로저스, 이건 역, 이레미디어

《비저블 이펙트》, 김동준, 지식공간

《사람은 무엇으로 사는가》, 레프 톨스토이, 성혜영 역, 책만드는집

<2014년>

1월

《지금 시작하는 부자공부》, 권성희, 가디언

《월가의 늑대》, 조던 벨포트, 차휘석 역, 열음사

《경매야 놀자》2, 강은현, 매일경제신문사

《기적의 인문학 독서법》, 김병완, 북씽크

《레드브레스트》, 요 네스뵈, 노진선 역, 비채

《파우스트》1, 요한 볼프강 폰 괴테, 정서웅 역, 민음사

《브리꼴레르》, 유영만, 쌤앤파커스

《썰전》, JTBC썰전 제작팀, 사막여우

《파우스트》2, 요한 볼프강 폰 괴테, 정서웅 역, 민음사

《소비본능》, 개드 사드, 김태훈 역, 더난출판사

《허영만 허허동의보감》, 허영만, 시루

《지옥설계도》, 이인화, 해냄출판사

《한국의 나쁜 부자들》, 안재만, 참돌

《64》, 요코야마 히데오, 최고은 역, 검은숲

2월

《독서경영》, 박희준 외, 위즈덤하우스

《경매와 NPL 愛 흠뻑 빠지다》, 우형달 외, 매일경제신문사

《젊은 베르테르의 슬픔》, 요한 볼프강 폰 괴테, 박찬기 역, 민음사

《케빈에 대하여》, 라이오넬 슈라이버, 송정은 역, 알에이치코리아

《인생이란 나를 믿고 가는 것이다》, 이현세, 토네이도

《헤지펀드 시장의 마법사들》, 잭 슈웨거, 박준형 역, 이레미디어

《르네상승 소사이어티》, 롤프 옌센·미카 알토넨, 박종윤 역, 36.5

《부자들만 아는 부동산 아이큐》, 장인석, 매일경제신문사

《오직 독서뿐》, 정민, 김영사

《생각을 경영하라》, 민재형, 청림출판

《부동산 타이밍 투자법》, 홍정한, 매일경제신문사

《고민하는 힘》, 강상중·이경덕 역, 사계절

《대박상가 번성입지》, 하야시바라 야스노리, 최원철 역, 매일경제신문사

3월

《농담》, 밀란 쿤데라, 방미경 역, 민음사

《인플레이션과 세계경제 대예측》, 아사쿠라 게이, 이연재 역, 매일경제신문사

《더 잡》, 더글라스 케네디, 조동섭 역, 밝은세상

《CEO가 사랑하는 101가지 단어》, 신소희, 책읽는달

《꾸뻬씨의 행복여행》, 프랑수아 를로르, 오유란 역, 오래된미래

《KN의 비극》, 다카노 가즈아키, 김아영 역, 황금가지

《지금 시작하는 인문학》, 주현성, 더좋은책

《원씽》, 게리 켈러·제이 파파산, 구세희 역, 비즈니스북스

《인페르노》1, 2, 댄 브라운, 안종설 역, 문학수첩

《부의 추월차선》, 엠제이 드마코, 신소영 역, 토트

《엄마는 아들을 너무 모른다》, 창랑, 위안샤오메이, 박주은 역, 예담프렌드

《학교에서 배웠지만 잘 몰랐던 미술》, 이명옥, 시공아트

《부자들의 생각법》, 하노 벡, 배명자 역, 갤리온

《밥상머리 교육으로 입시대첩》, 김혜남, 네오씽크

《난쟁이 피터》, 호아킴 데 포사다·데이비드 림, 최승언 역, 마시멜로

《롤리타》, 블라디미르 나보코프, 권택영 역, 민음사

《일주일이 남았다면》, 카렌 와이어트, 이은경 역, 예문

4월

《왜 유럽인가》, 잭 골드스톤, 조지형 역, 서해문집

《스캔들 세계사》, 이주은, 파피에

《파리의 주얼리 상인》, 장영배, 푸른향기

《부동산 세무 가이드북(실전편)》, 신방수 외, 매일경제신문사

《파이브 데이즈》, 더글라스 케네디, 조동섭 역, 밝은세상

《부자들만 알고 있는 수도권 알짜 부동산 답사기》, 김학렬, 지혜로

《쓰잘데없이 고귀한 것들의 목록》, 도정일, 문학동네

《꿈의 기업 메이저리그》, 송재우, 인플루엔셜

《아파트 한국사회》, 박인석, 현암사

《사라진 이틀》, 요코야마 히데오, 서혜영 역, 들녘

《숫자에 속아 위험한 선택을 하는 사람들》, 게르트 기거렌처, 전현우 역, 살림출판사

《인생을 글로 치유하는 법》, 바바라 애버크롬비, 박아람 역, 책읽는수요일

《짝찾기 경제학》, 폴 오이어, 홍지수 역, 청림출판

《프로야구 명감독이 주식투자를 한다면》, 안

혁, 매일경제신문사
《페넘브라의 24시 서점》, 로빈 슬로언, 오정아 역, 노블마인
《은퇴부자들》, 고준석, 흐름출판

5월
《지지 않는 권리분석 VS 이기는 명도》, 이영진, 매경출판
《살인자의 기억법》, 김영하, 문학동네
《헌 책이 내게 말을 걸어왔다》, 윤성근, 큐리어스
《문어별 아이 료마의 시간》, 신보 히로시, 노인향 역, 지식너머
《마흔살 행복한 부자아빠의 특별한 편지》, 아파테이아, 진서원
《어떤 하루》, 신준모, 프롬북스
《자제력》, 가오위엔, 인플루엔셜
《배움을 돈으로 바꾸는 기술》, 이노우에 히로유키, 박연정 역, 예문
《이나모리 1155일간의 투쟁》, 오니시 야스유키, 송소영 역, 한빛비즈
《이케아 북유럽 스타일 경영을 말하다》, 앤더스 달빅, 김은화 역, 한빛비즈
《위성인간》, 한스 올라브 랄룸, 손화수 역, 책에이름
《트레이닝은 트레이닝이다》, 장영한 외, 매일경제신문사
《싱글맘 부동산 경매로 홀로서기》, 이선미, 지혜로
《워런 버핏은 왜 여자처럼 투자할까》, 루앤로프턴, 이종호 역, 서울문화
《창문 넘어 도망친 100세 노인》, 요나스 요나손, 임호경 역, 열린책들
《눈덩이주식 투자법》, 서준식, 부크온
《어떤 사람이 최고의 자리에 오르는가》, 존네핑저·매튜 코헛, 박수성 역, 토네이도

《상실수업》, 엘리자베스 퀴블러 로스, 김소향 역, 인빅투스
《여우를 사로잡는 문자의 기술》, 곽현호, 북랩
《식당부자들》, 이상규, 이상

6월
《즉시 팔고 바로 버는 부동산 경매 단기투자》, 전용은, 퍼플카우
《투자에 대한 생각》, 하워드 막스, 김경미 역, 비즈니스맵
《28》, 정유정, 은행나무
《안전마진》, 크리스토퍼 리소 길, 김상우 역, 부크온
《지금 생각이 답이다》, 게르트 기거렌처, 강수희 역, 추수밭
《춘추전국의 전략가들》, 장박원, 행간
《나의 꿈은 내가 되는 것이다》, 허병민, 지식공간
《억만장자의 고백》, 조지 소로스, 이건 역, 북돋움
《지금 이 순간의 행운》, 매튜 퀵, 이수영 역, 중앙북스
《어떻게 의욕을 끌어낼 것인가》, 하이디 그랜트 할버슨·토리 히긴스, 강유리 역, 한국경제신문사
《부동산 경매 황금열쇠》, 우형달·박계욱, 매경출판
《젤롯》, 레자 아슬란, 민경식 역, 와이즈베리
《베스트셀러는 어떻게 만들어지는가》, 제임스 W. 홀, 랜덤하우스트레이드
《완전변태》, 이외수, 해냄
《엄마는 산티아고》, 원대한, 황금시간
《새로운 부자들》, 짐 테일러 외, 이진원 역, 마젤란

7월

《영장류게임》, 다리오 마에스트리페에리, 최호영 역, 책읽는수요일

《왜 바보 같은 역사는 반복되는가》, 빌 포셋, 김신태 역, 매일경제신문사

《트레킹으로 지구 한 바퀴》, 김동우, 지식공간

《양복을 입은 원시인》, 행크 데이비스, 김소희 역, 지와사랑

《케인스 하이에크》, 니컬러스 웝숏, 김홍식 역, 부키

《어느 특별한 재수강》, 곽수일·신영욱, 인플루엔셜

《알고 싶은 척추의 모든 것》, 올댓스토리, 이야기원

《루시와 레몽의 집》, 신이현, 이야기가있는집

《생각을 뒤집으면 인생이 즐겁다》, 신문곤, 북랩

《뇌를 훔치는 사람들》, 데이비드 루이스, 청림출판

《문신 속 여인과 사랑에 빠진 남자》, 마크 해스켈 스미스, 남명성 역, 아르테

《익숙해지지 마라 행복이 멀어진다》, 김이율, 지식너머

《사춘기 악마들》, 케빈 리먼, 김세영 역, 문학수첩리틀북

8월

《행복하라 아이처럼》, 알렉스 김, 블루펀트

《100억 명》, 대니 돌링, 안세민 역, 알키

《크리에이티브란 무엇인가》, 로잔느 서머슨·마라 L. 허마노, 김준 역, 브레인스토어

《100억 명 어느 날》, 스티븐 에모트, 박영록 역, 시공사

《My Baby Tooth Story Box》, 김현서, 멜로우

《불타는 투혼》, 이나모리 가즈오, 양준호 역, 한국경제신문사

《사랑할 것》, 강상중·이경덕 역, 지식의숲

《노력의 방법론》, 야마구찌 마유, 김명선 역, 이보라이프

《월급쟁이 부자는 없다》, 김수영, 퍼플카우

《윤운중의 유럽미술관 순례》1, 윤운중, 모요사

《흰띠 한약사》, 이혁, 생각나눔

《어떤 사람이 원하는 것을 얻는가》, 김철호, 토네이도

《이것이 진짜 토지 투자다》, 박규남, 매경출판

《색채가 없는 다자키 쓰쿠루와 그가 순례를 떠난 해》, 무라카미 하루키, 양억관 역, 민음사

《글로벌 마케터 따라 하기 그 첫 번째 이야기》, 안동원, 북랩

《사랑일까?》, 김인호 외, 제우미디어

《과학자의 서재》, 최재천, 명진출판

《순간을 읊조리다》, 칠십 명의 시인, 세계사

9월

《백만장자의 마지막 질문》, 김용규, 휴머니스트

《경매틈새 NPL & 공매틈새 대부공매》, 김동부, 매경출판

《일본 내면 풍경》, 유민호, 살림

《이제 인생의 기회에 눈떠라》, 유재완, 북아이콘

《생각의 시대》, 김용규, 살림

《정글만리》1, 조정래, 해냄출판사

《운명을 바꾸는 기적의 책쓰기 40》, 권동희·김태광, 위닝북스

《다음 인간》, 이나미, 시공사

《가치투자 실전 매뉴얼》, 존 미하일레비치, 이건 역, 북돋움

《내 책 쓰는 글쓰기》, 명로진, 바다출판사

《청춘을 읽는다》, 강상중·이목 역, 돌베개

《대통령의 글쓰기》, 강원국, 메디치미디어

《피케티의 21세기 자본 바로읽기》, 안재욱·

현진권, 백년동안
《내일》, 기욤 뮈소, 양영란 역, 밝은세상
《글쓰기 클리닉》, 임승수, 비즈니스북스
《최고의 글쓰기 연습법 베껴쓰기》, 송숙희, 대림북스
《인문학편지》, 송용구, 평단문화사

10월
《울보멘토 야생화의 경매 이야기》, 배중렬, 매일경제신문사
《미 비포 유》, 조조 모예스, 김선형 역, 살림
《메타생각》, 임영익, 리콘미디어
《힘 있는 글쓰기》, 피터 엘보, 김우열 역, 토트
《잃어버린 G를 찾아서》, 김경현, 서울셀렉션
《윤윤중의 유럽미술관 순례》2, 윤운중, 모요사
《마음의 힘》, 바티스트 드 파프, 문신원 역, 토네이도
《감옥에서 만난 자유》, 로라 베이츠, 박진재 역, 덴스토리
《아웃 오브 박스》, 오상진, 다연
《삶은 어떻게 책이 되는가》, 임승수, 한빛비즈
《어떻게 달라져야 하는가》, 강미라, 가디언
《그래서 아무 말도 할 수 없음을 그대는 모르고 있다》, 김시헌, 에세이퍼블리싱
《인생을 바꾸는 기적의 글쓰기》, 김병완, 북씽크
《상담자가 된다는 것》, Jeffrey A. Kottler, 이지연 역, 학지사
《경매에 빠진 사람들》, 안정일·김민주, 지상사
《마윈처럼 생각하라》, 장샤오형, 갈대상자

11월
《한국의 글쟁이들》, 구본준, 한겨레출판사
《에센셜리즘》, 그렉 맥커운, 김원호 역, 알에이치코리아
《결혼》, 남정욱, 살림

《죽음학 수업》, 에리카 하야사키, 이은주 역, 청림출판
《아무도 가르쳐주지 않는 실전경매》, 이재균, 파르마
《반기문 나는 일하는 사무총장입니다》, 남정호, 김영사
《뼛속까지 내려가서 써라》, 나탈리 골드버그, 권진욱 역, 한문화
《다큐처럼 일하고 예능처럼 신나게》, 정덕현, 중앙북스
《그가 당신의 남자다》, 박성준, 알에이치코리아
《HUG! friends》, 히스이 고타로, 금정연 역, 안테나
《중용》, 자사, 심범섭 역, 평단문화사
《대한민국 신 국부론》, 이찬우, 스마트북스
《걱정도 습관이다》, 최명기, 알키
《너는 월급쟁이 나는 경매부자》, 박재석, 더난출판사
《명사들의 문장 강화》, 한정원, 나무의철학
《미움 받을 용기》, 기시미 이치로·고가 후미타케, 전경아 역, 인플루엔셜
《천년습작》, 김탁환, 살림
《당신의 한줄은 무엇입니까》, 김철수, 청림출판

12월
《지중해 부자》, 박종기, 알에이치코리아
《주말여행 버킷리스트 99》, 김혜영, 시공사
《제2의 기계시대》, 에릭 브린욜프슨·앤드루 맥아피, 이한음 역, 청림출판
《백만장자 아빠가 딸에게 보내는 편지》, 짐 로저스, 최성환 역, 한국경제매거진
《왜 나는 영업부터 배웠는가》, 도키 다이스케, 김윤수 역, 다산3.0
《일생에 한번은 고수를 만나라》, 한근태, 미

래의창
《슬로 리딩》, 하시모토 다케시, 장민주 역, 조
선북스
《첫 문장의 두려움을 없애라》, 김민영, 청림
출판
《메카로 가는 길》, 무함마드 아사드, 하연희
역, 루비박스
《헤밍웨이의 글쓰기》, 어니스트 헤밍웨이,
이혜경 역, 스마트비즈니스
《나를 살리는 건강습관 65》, 데이빗 B. 에이
거스, 권기대 역, 베가북스
《글 잘 쓰는 기술》, 바바라 애버크롬비, 이민
주 역, 브리즈
《제로 투 원》, 피터 틸·블레이크 매스터스,
이지연 역, 한국경제신문사
《1년 안에 되파는 토지투자의 기술》, 김용남,
지혜로
《읽기의 힘 듣기의 힘》, 다치바나 다카시 외,
이언숙 역, 열대림
《회장님의 글쓰기》, 강원국, 메디치미디어
《블랙 스완에 대비하라》, 나심 니콜라스 탈
레브, 김현구 역, 동녘사이언스
《나는 쓰는 대로 이루어진다》, 한명석, 고즈원
《최고의 습관》, 임수열, 토네이도
《멘탈링》, 안동원, 북포스

<2015년>

1월

《언브로큰》 1, 2, 로라 힐렌브랜드, 신승미
역, 21세기북스
《김병완의 책쓰기 혁명》, 김병완, 아템포
《3개월 안에 유창해지는 법》, 베니 루이스,
신예경 역, 알키
《나는 이런 책을 읽어 왔다》, 다치바나 다카

시, 이언숙 역, 청어람미디어
《인상파 그림여행》, 최상운, 소울메이트
《유혹하는 글쓰기》, 스티븐 킹, 김진준 역, 김
영사
《당신은 어떤 말을 하고 있나요?》, 김종영,
진성북스
《손품 팔아 부동산 보물찾기》, 김보곤 외, 매
일경제신문사
《흔들리지 마라 집 살 기회 온다》, 김학렬, 북
아이콘
《꽃이 없어서 이것으로 대신합니다》, 유선
경, 동아일보사
《인디아나텔러》 1, 소피 오두인 마미코니안,
이원희 역, 소담출판사
《그들이 시장을 뒤흔든 단 한 가지 이유》, 버
나뎃 지와, 장유인 역, 지식공간
《행복을 찾은 꾸뻬씨의 다이어리》, 용혜원,
평단문화사
《워스트》, 다카하시 히로시, 서현아 역, 학산
문화사
《나는 부동산 경매로 슈퍼직장인이 되었다》,
김태훈, 베리북
《의사의 반란》, 신우섭, 에디터
《4시간 만에 끝내는 영화영작》, 마이크 황,
마이클리시
《최고의 조직은 어떻게 혼란을 기회로 바꿀
까》, 오리 브래프먼·주다 폴락, 이건 역, 부키
《카카오 스토리 채널 마케팅》, 임헌수, 라온북

2월

《삼국지》 1, 요시카와 에이지, 이동호 역, 매
일경제신문사
《운동화를 신은 마윈》, 왕리펀·리샹, 김태성
역, 36.5
《노출의 모든 것》, 브라이언 피터슨, 김문호
역, 청어람미디어

《고영성의 뒤죽박죽 경영상식》, 고영성, 스마트북스

《웰컴 심바》, 델핀 쿨랭, 이상해 역, 열린책들

《위대한 사랑의 힘에 사로잡힌 삶》, 고든 코스비, 유성준 역, 평단문화사

《샤오미 쇼크 레이쥔》, 천룬, 이지연 역, 보아스

《센트럴 파크》, 기욤 뮈소, 양영란 역, 밝은세상

《걸스 트래블》, 구보 사키코, 최다함 역, 매일경제신문사

《삼국지》 2, 요시카와 에이지, 이동호 역, 매일경제신문사

《스마일 스미레!》, 모리사와 아키오, 이수미 역, 샘터

《이 모든 걸 처음부터 알았더라면》, 칼 필레머, 김수미 역, 토네이도

《인천상륙 작전》, 윤태호, 한겨례출판사

《삼국지》 3, 요시카와 에이지, 이동호 역, 매일경제신문사

《돈은 어떻게 자라는가》, 권오상, 부키

《삼국지》 4, 요시카와 에이지, 이동호 역, 매일경제신문사

3월

《이상보다 높은 향기》, 김재형, 지식과감성

《서울대 인문학 글쓰기 강의》, 이상원, 황소자리

《그림의 힘》, 김선현, 8.0

《고종석의 문장》 1, 고종석, 알마

《명저 비즈니스에 답하다》, 고영성, 스마트북스

《살인게임》, 정충진, 휴먼앤북스

《뮤즈를 기다리지 말자》, 로버트 마셀로, 김명이 역, 천년의시작

《세계사를 품은 영어 이야기》, 필립 구든, 서정아 역, 허니와이즈

《왜 공부하는가》, 김진애, 다산북스

《메트릭 스튜디오》, 문병로, 김영사

《하이힐이 벗겨져도 달리는 아내》, 이대영, 평단문화사

《과학 콘서트》, 정재승, 어크로스

《그림자 여행》, 정여울, 추수밭

《월세혁명》, 조영환, 매경출판

《파는 것이 인간이다》, 다니엘 핑크, 김명철 역, 청림출판

《나는 토끼처럼 귀를 기울이고 당신을 들었다》, 황경신, 소담출판사

4월

《플루토크라트》, 크리스티아 프릴랜드, 박세연 역, 열린책들

《마법을 쓰는 그림자의 저주》, 찬다 한, 평단문화사

《지구의 정복자》, 에드워드 윌슨, 이한음 역, 사이언스북스

《내가 공부하는 이유》, 사이토 다카시, 오근영 역, 걷는나무

《장사의 신》, 우노 다카시, 김문정 역, 쌤앤파커스

《공부의 힘》, 사이토 다카시, 조영일 역, 한스미디어

《한국형 장사의 신》, 김유진, 쌤앤파커스

《문화심리학》, 한성열, 학지사

《탁월한 아이디어는 어디서 오는가》, 스티븐 존슨, 서영조 역, 한국경제신문사

《영재를 만드는 기적의 뇌 공부법》, 김동하, 보아스

《거대한 사기극》, 이원석, 북바이북

《행복의 기원》, 서은국, 21세기북스

《슈퍼 스톡스》, 켄 피셔, 이건 역, 중앙북스

《관찰의 힘》, 얀 칩체이스·사이먼 슈타인하트·아나 마키에이라, 위너스북

《서른 살 청년백수 부동산경매로 50억 벌

다》, 차원희, 지혜로
《한 번은 독해져라》, 김진애, 다산북스

5월
《스틸 앨리스》, 리사 제노바, 민승남 역, 세계사
《어떻게 배울 것인가》, 존 맥스웰, 박산호 역, 비즈니스북스
《8문장으로 끝내는 유럽여행 영어회화》, 마이클 황, 마이클리시
《성난 군중으로부터 멀리》, 토머스 하디, 서정아 역, 나무의철학
《월급쟁이 부자들》, 이명로, 스마트북스
《신호와 소음》, 네이트 실버, 이경식 역, 더퀘스트
《나는 부동산과 맞벌이한다》, 너바나, 알키
《글쓰기의 모든 것》, 송숙희, 인더북스
《절대 가치》, 이타마르 시몬슨·엠마뉴엘 로젠, 청림출판
《하버드 집중력 혁명》, 에드워드 할로웰, 박선령 역, 토네이도
《그림 속 경제학》, 문소영, 이다미디어
《서민갑부》, 채널A독한인생 서민갑부 제작팀, 동아일보사
《세계 역사를 뒤흔든 금융 이야기》, 왕웨이, 정영선 역, 평단

6월
《주식에 장기투자하라》, 제러미 시겔, 이건 역, 이레미디어
《행복한 경매투자 첫걸음》, 정충진, 행꿈사
《컨테이저스 전략적 입소문》, 조나 버거, 정윤미 역, 문학동네
《그림의 힘》 2, 김선현, 8.0
《35세 아파트 200채 사들인 젊은 부자의 투자 이야기》, 고덕진, 지혜로
《세상에서 가장 쉬운 통계학 입문》, 고지마

히로유키, 박주영 역, 지상사
《부자들의 선택》, 토머스 J. 스탠리, 장석훈 역, 북하우스
《잘생긴 개자식》, 크리스티나 로런, 김지현 역, 르누아르
《거짓말 경연대회》, 이지훈, 거북이북스
《50개의 키워드로 읽는 자본주의 이야기》, 김민주, 미래의창
《고객을 유혹하는 마케팅 글쓰기》, 송숙희, 대림북스
《만 마디를 대신하는 말 한 마디》, 류전원·김태성 역, 아시아
《윤태영의 글쓰기 노트》, 윤태영, 책담
《빅데이터를 지배하는 통계의 힘》, 니시우치 히로무, 신현호 역, 비전코리아
《조훈현 고수의 생각법》, 조훈현, 인플루엔셜
《놓치기 아까운 젊은 날의 책들》, 초보기, 모아북스
《그들이 알려주지 않는 형사재판의 비밀》, 노인수, 지식공간

7월
《부동산 권리분석의 바다에 빠져라》, 김재범, 스마트북스
《우리는 어떻게 여기까지 왔는가》, 스티븐 존슨, 강주헌 역, 프런티어
《절대 설득하지 마라》, 김종명, 에디터
《참붕어의 작가별 취업면접》, 참붕어, 다생
《주식 투자자의 눈으로 세상을 보다》, 박영옥, 행간
《기업은 투자자의 장난감이 아니다》, 권오상, 필맥
《오늘은 당신의 남은 인생의 첫날이다》, 은지성, 황소북스
《만약 고교야구 여자 매니저가 피터드러커를 읽는다면》, 이와사키 나쓰미, 권일영 역, 동

아일보사
《이미지 인문학》 1, 진중권, 천년의상상
《워런 버핏과의 점심식사》, 가이 스파이어, 이건 역, 이레미디어
《ZOO》, 오츠이치, 김수현 역, 황매
《공간의 재발견》, 론 프리드먼, 정지현 역, 토네이도
《벤 버냉키 연방준비제도와 금융위기를 말하다》, 벤 버냉키, 김홍범 역, 미지북스
《만화 토지》 1, 박경리, 마로니에북스
《악의》, 히가시노 게이고, 얀윤옥 역, 현대문학
《일과 기술의 경영》, 피터 드러커, 청림출판
《에디톨로지》, 김정운, 21세기북스
《나루토》, 키시모토 마사시, 대원씨아이

8월
《어떻게 공부할 것인가》, 헨리 뢰디거 외, 김아영 역, 와이즈베리
《만화 토지》 2, 박경리, 마로니에북스
《짱》, 임재원, 대원씨아이
《폭격의 역사》, 아라이 신이치, 윤형명 역, 어문학사
《곁에 두고 읽는 니체》, 사이토 다카시, 이정은 역, 홍익출판사
《만화 토지》 3, 박경리, 마로니에북스
《빛으로 지은 집》, 아티프 미안, 아미르 수피, 박기영 역, 열린책들
《오래된 연장통》, 전중환, 사이언스북스
《직장인 딱 3개월만 책쓰기에 미쳐라》, 이은화, 시너지북
《나는 작은 회사에 다닌다》, 김정래·전민진, 남해의봄날
《가족이라는 병》, 시모주 아키코, 김난주 역, 살림
《폴트라인》, 라구람 라잔, 김민주 역, 에코리브르

《만화 토지》 4, 박경리, 마로니에북스
《이중텐의 이것이 바로 인문학이다》, 이중텐, 이지연 역, 보아스
《스테이트 오브 더 유니온》, 더글라스 케네디, 조동섭 역, 밝은세상
《사회인대학교 낯가림학과 졸업하기》, 와카바야시 마사야스, 인플루엔셜
《만화 토지》 5, 박경리, 마로니에북스
《매직 경제학》, 오영수, 사계절

9월
《관점을 디자인하라》, 박용후, 프룸북스
《생각대로 살지 않으면 사는 대로 생각하게 된다》 1, 은지성, 황소북스
《만화 토지》 6, 박경리, 마로니에북스
《하루 10분 독서의 힘》, 임원화, 미다스북스
《왜 서양이 지배하는가》, 이언 모리스, 최파일 역, 글항아리
《부동산경매 필살기》, 김종성, 매경출판
《글쓰기는 스타일이다》, 장석주, 중앙북스
《부동산 미래쇼크》, 박원갑, 리더스북
《어떤 능력이 당신을 최고로 만드는가》, 미쓰자와 마키, 전경아 역, 토네이도
《너는 모른다》, 카린 지에벨, 이승재 역, 밝은세상
《나는 회사를 해고한다》, 한준기, 중앙북스
《야생화의 기초 경매》, 배중렬 외, 매경출판
《만화 토지》 7, 박경리, 마로니에북스
《인성 인문학》, 임재성, 평단문화사
《인간과 시스템의 경영》, 피터 드러커, 안세민 역, 청림출판

10월
《워런 버핏의 주주서한》, 워런 버핏, 이건 역, 서울문화사
《Paint it Rock》 1, 2, 3, 남무성, 북폴리오

《설득의 재발견》, 에리카 아리엘 폭스, 청림출판

《도시는 무엇으로 사는가》, 유현준, 을유문화사

《만화 토지》8, 박경리, 마로니에북스

《센스 앤 넌센스》, 케빈 랠런드 · 길리언 브라운, 양병찬 역, 동아시아

《곁에 두고 읽는 장자》, 김태관, 홍익출판사

《나는 매일 부동산으로 출근한다》, 김순길 · 정의창, 가디언

《보다》, 김영하, 문학동네

《소설가의 일》, 김연수, 문학동네

《13계단》, 다카노 가즈아키, 전새롬 역, 황금가지

《내 안에서 나를 만드는 것들》, 아담 스미스 · 러셀 로버츠, 이현주 역, 세계사

《프로강사 내 인생 최고의 선택》, 정지승, 평단

11월

《그늘의 계절》, 요코야마 히데오, 민경욱 역, 랜덤하우스코리아

《남자들에게》, 시오노 나나미, 이현진 역, 한길사

《남자들은 자꾸 나를 가르치려 든다》, 리베카 솔닛, 김명남 역, 창비

《직관의 힘》, 은지성, 황소북스

《마음의 힘》, 강상중 · 노수경 역, 사계절

《나는 3개월 안에 부동산 경매로 돈을 번다》, 전용은, 보랏빛소

《부자의 그릇》, 이즈미 마사토, 김윤수 역, 다산3.0

《현명한 투자자》, 스티크 브라더선 · 프레스턴 피시, 이건 역, 북돋움

《음식의 언어》, 댄 주래프스키, 김병화 역, 어크로스

《선대인 미친 부동산을 말하다》, 선대인, 웅진지식하우스

《나는 상가에서 월급 받는다》, 서울휘, 베리북

《거꾸로 보는 경제학》, 이진우, 알에이치코리아

《트렌드 코리아 2016》, 김난도 외, 미래의창

《부동산 부자들》, 돌프 드 루스, 박규남 역, 매경출판

《당신이 경제학자라면》, 팀 하포드, 김명철 역, 웅진지식하우스

《침대와 책》, 정혜윤, 웅진지식하우스

《메모 습관의 힘》, 신정철, 토네이도

《이상한 나라의 뇌과학》, 김대식, 문학동네

《부자들의 역습》, 장 루이 세르방 슈레베르, 정상필 역, 레디셋고

《성장문답》, 세바시, 세바시북스

12월

《말하다》, 김영하, 문학동네

《물리학자는 영화에서 과학을 본다》, 정재승, 어크로스

《괴짜처럼 생각하라》, 스티븐 레빗 · 스티븐 더브너, 안진환 역, 웅진지식하우스

《한국인의 부동산 심리》, 박원갑, 알에이치코리아

《손정의 제곱법칙》, 이타가키 에이켄, 김정환 역, 한국경제신문사

《블로그 무작정 따라하기》, 박순녀, 길벗

《인간에 대하여 과학이 말해준 것들》, 장대익, 바다출판사

《괜찮아 꿈이 있으면 길을 잃지 않아》, 백수연, 보랏빛소

《이야기 인문학》, 조승연, 김영사

《그리고 아무도 없었다》, 아가사 크리스티, 김남주 역, 황금가지

《지적 대화를 위한 넓고 얕은 지식》, 채사장, 한빛비즈

《나를 깨우는 서늘한 말》, 노재현, 중앙북스
《하루1%》, 이민규, 끌리는책
《경제학자의 생각법》, 하노 벡, 배명자 역, 알프레드
《다윗과 골리앗》, 말콤 글래드웰, 선대인 역, 21세기북스
《파이브》, 댄 자드라, 주민아 역, 앵글북스
《마음의 눈에만 보이는 것들》, 정여울, 홍익출판사

<2016년>

1월
《어떻게 읽을 것인가》, 고영성, 스마트북스
《지금 여기 산티아고》, 한효정, 푸른향기
《어쩌다 한국인》, 허태균, 중앙북스
《회사에서 끝까지 살아남는 대화법》, 전용은, 보랏빛소
《맬서스 산업혁명, 그리고 이해할 수 없는 신세계》, 그레고리 클라크, 이은주 역, 한스미디어
《편안함의 배신》, 마크 쉔·크리스틴 로버그, 김성훈 역, 위즈덤하우스
《서울대에서는 누가 A+를 받는가》, 이혜정, 다산에듀
《만화 토지》 9, 박경리, 마로니에북스
《빅 퀘스천》, 더글라스 케네디, 조동섭 역, 밝은세상
《무엇이 이 나라 학생들을 똑똑하게 만드는가》, 아만다 리플리, 김희정 역, 부키
《미술관 옆 MBA》, 신인철, 을유문화사
《우리 삶이 춤이 된다면》, 조던 매터, 김은주 역, 시공아트

2월
《예감은 틀리지 않는다》, 줄리언 반스, 최세희 역, 다산책방
《라이프 트렌드 2015: 가면을 쓴 사람들》, 김용섭, 부키
《장하준의 경제학 강의》, 장하준, 김희정 역, 부키
《장진우식당》, 장진우, 8.0
《나는 나에게 월급을 준다》, 마리안 캔트웰, 노지양 역, 중앙북스
《환율의 미래》, 홍춘욱, 에이지21
《평생 연봉 나는 토지투자로 받는다》, 김용남, 지혜로
《생각 수업》, 박웅현 외, 알키
《빅데이터 인간을 해석하다》, 크리스티안 루더, 이가영 역, 다른
《3색볼펜 읽기 공부법》, 사이토 다카시, 중앙북스
《걸 온 더 트레인》, 폴라 호킨스, 이영아 역, 북폴리오
《1.4킬로그램의 우주, 뇌》, 정재승·정용·김대수, 사이언스북스
《한 장의 절대지식》, 이언 크로프턴, 정지현 역, 허니와이즈
《만화 토지》 10, 박경리, 마로니에북스
《파수꾼》, 하퍼 리, 공진호 역, 열린책들

3월
《노후를 위해 집을 이용하라》, 백원기, 알키
《일본 엄마의 힘》, 안민정, 황소북스
《하류사회》, 미우라 아츠시, 이화성 역, 씨앗을 뿌리는 사람
《나는 최고의 보청기 전문가다》, 박현준, 매경출판
《너를 놓아줄게》, 클레어 맥킨토시, 서장아 역, 나무의철학

《부자의 지도》, 김학렬, 베리북
《지방소멸》, 마스다 히로야, 김정환 역, 와이즈베리
《어떻게 세계는 서양이 주도하게 되었는가》, 로버트 B. 마르크스, 윤영호 역, 사이
《승자의 뇌》, 이안 로버트슨, 이경식 역, 알에이치코리
《독일 사람들의 시간관리법》, 로타르 J. 자이베르트, 송소민 역, 중앙북스
《인구 충격의 미래 한국》, 전영수, 프롬북스
《우리는 부동산으로 월급받는다》, 김수영, 알에이치코리아
《마음의 미래》, 미치오 카쿠, 박병철 역, 김영사
《엑셀 데이터 분석 바이블》, 윤신례, 영진닷컴
《주식 투자자의 시선》, 박영옥, 프레너미
《숲에서 자본주의를 껴안다》, 모타니 고스케, NHK히로시마 취재팀, 김영주 역, 동아시아
《골목길에서 자본주의 대안을 찾다》, 하라카와 가쓰미, 장은주 역, 가나출판사

4월
《스토너》, 존 윌리엄스, 김승욱 역, 알에이치코리아
《하버드 경영학 수업》, 필립 델브스 브러턴, 조윤정 역, 어크로스
《인생에서 가장 소중한 것은 고수에게 훔쳐라》, 이도준, 황소북스
《오리지널스》, 애덤 그랜트, 한국경제신문사
《재테크의 여왕》, 성선화, 청림출판
《절망의 나라의 행복한 젊은이들》, 후루이치 노리토시, 이언숙 역, 민음사
《책을 읽는 사람만이 손에 넣는 것》, 후지하라 가즈히로, 고정아 역, 비즈니스북스
《주식해부학》, 배문호, 지식과감성
《내 아이가 미워질 때》, 조앤 페들러, 김정우 역, 다온북스

《그렇게 아버지가 된다》, 윤용인, 알키
《생각대로 살지 않으면 사는 대로 생각하게 된다》, 은지성, 황소북스
《사피엔스》, 유발 하라리, 조현욱 역, 김영사
《나는 부동산 싸게 사기로 했다》, 김효진, 카멜북스

5월
《메트로폴리스 서울의 탄생》, 임동근, 김종배, 반비
《2020하류노인이 온다》, 후지타 다카노리, 홍성민 역, 청림출판
《나도 월세 부자가 되고 싶다》, 전용은, 원앤원북스
《빅데이터 인문학: 진격의 서막》, 에레즈 에이든·장바디스트 미셸, 김재중 역, 사계절
《프로파간다》, 에드워드 버네이스, 강미경 역, 공존
《아버지와 이토씨》, 나카지와 히나코, 레드박스
《서울은 어떻게 작동하는가》, 류동민, 코난북스
《선대인의 빅픽처》, 선대인, 웅진지식하우스
《부동산 경매 어렵지 않아요》, 박수진, 알키
《나는 이기적으로 살기로 했다》, 레베카 니아지 샤하비, 중앙북스
《유쾌한 이코노미스트의 스마트한 경제 공부》, 홍춘욱, 원더박스
《나음보다 다름》, 홍성태·조수용, 도서출판 북스톤
《내가 글을 쓰는 이유》, 이은대, 슬로래빗
《아파트》, 박철수, 마티
《사형집행인의 딸》, 올리퍼 푀치, 김승욱 역, 문예출판사
《부동산차트 투자법》, 안동건, 센추리원
《세계가 일본된다》, 홍성국, 메디치미디어

《직업으로서의 소설가》, 무라카미 하루키, 양윤옥 역, 현대문학

6월

《일본 디플레이션의 진실》, 모타니 고스케, 동아시아
《부동산은 끝났다》, 김수현, 오월의봄
《너란 남자 나란 여자》, 덩후이원, 허유영 역, 레드박스
《독학》, 시라토리 하루히코, 송태욱 역, 이룸북
《투자의 여왕》, 성선화, 청림출판
《애덤 스미스의 따뜻한 손》, 김근배, 중앙북스
《공부하는 사람들》, 존 실리 브라운·더글라스 토머스, 송형호 역, 라이팅하우스
《부동산 수익률의 제왕》, 김태종, 일상이상
《공부는 왜 하는가》, 스스키 코지, 양억관 역, 일토
《단단한 공부》, 윌리엄 암스트롱, 윤지산 역, 유유
《공부의 배신》, 윌리엄 데레저위츠, 김선희 역, 다른
《모바일 동영상 마케팅》, 경호빈, 프레너미
《작은 가게의 성장》, 황동명, 프레너미
《부동산 공매 가이드북(실전편)》, 김종성, 매경출판
《마이너스 금리의 경고》, 도쿠가츠 레이코, 유주현 역, 다온북스
《TV쇼크》, 하재근, 경향에듀
《나는 왜 책읽기가 힘들까?》, 도야마 시게히코, 문지영 역, 다온북스

7월

《질문이 있는 식탁 유대인 교육의 비밀》, 심정섭, 예담
《세계 최초의 증권거래소》, 로데베이크 페트람, 조진서 역, 이콘

《팩트체크》, JTBC 뉴스룸 팩트체크 제작팀, 중앙북스
《똑똑한 사람들의 멍청한 선택》, 리처드 탈러, 박세연 역, 리더스북
《내가 살 집은 어디에 있을까?》, 한국여성민우회, 후마니타스
《즉시 팔고 바로 버는 부동산 경매 단기투자》 2, 전용은, 보랏빛소
《비트레이얼》, 더글라스 케네디, 조동섭 역, 밝은세상
《박스오피스 경제학》, 김윤지, 어크로스
《인문학 상식에 딴지 걸다》, 안드레아 배럼, 장은재 역, 라의눈
《주거 유토피아를 꿈꾸는 사람들》, 정현백, 당대
《다시 책은 도끼다》, 박웅현, 북하우스
《만화 토지》 1, 박경리, 마로니에북스
《돈이란 무엇인가》, 앙드레 코스톨라니, 서순승 역, 이레미디어
《피아노의 숲》, 이시키 마코토, 양여명 역, 삼양출판사
《나는 금리로 경제를 읽는다》, 김의경, 위너스북

8월

《간츠》, 오쿠 히로야, 시공사
《설민석의 조선왕조실록》, 설민석, 세계사
《돈 버는 부동산에는 공식이 있다》, 민경남, 예문
《무너진 세상에서》, 데니스 루헤인, 조영학 역, 황금가지
《주택정책의 원칙과 쟁점》, 김수현, 한울아카데미
《로스트 케어》, 하마나카 아키, 권일영 역, 현대문학
《오늘의 중동을 말하다》, 서정민, 중앙북스

《낙원의 캔버스》, 하라다 마하, 검은숲
《대한민국 부동산의 미래》, 김장섭, 트러스트북스
《무통》, 구사카베 요, 김난주 역, 예문아카이브
《엄마 난중일기》, 김정은, 씽크스마트
《텍스트의 포도밭》, 이반 일리치, 정영목 역, 현암사
《나는 집 대신 상가에 투자한다》, 김종율, 베리북
《똑똑한 배당주 투자》, 피트 황, 스마트북스
《데이터가 뒤집은 공부의 진실》, 나카무로 마키코, 유윤한 역, 로그인
《청년 난민 되다》, 미스핏츠, 코난북스
《뉴스테이시대 사야 할 집 팔아야 할 집》, 채상욱, 왕의서재
《직학》, 강경철, 프레너미

9월

《매칭》, 앨빈 로스, 이경남 역, 알키
《시네마노믹스》, 조인훈 외, 한국경제신문
《아파트 제대로 고르는 법》, 심형석, 한국경제신문사
《경제인류학 특강》, 크리스 한·키스 하트, 홍기빈 역, 삼천리
《그래서 북유럽》, 원선우, 오픈하우스
《짧지만 강력한 아이디어》, 케빈 던컨, 이기대 역, 중앙북스
《부모공부》, 고영성, 스마트북스
《대한민국 부동산 40년》, 국정브리핑 특별기획팀, 한스미디어
《소름》, 로스 맥도널드, 김명남 역, 엘릭시르
《내 가족을 위한 돈 공부》, 이재하, 라온북
《시사 경제 잡설》, 캡틴 K., 위너스북
《내 안의 나와 나누는 대화》, 허우원용, 이지수 역, 다연
《#소셜 쓰고 앉았네》, 조종완, 카멜북스

10월

《질주하는 코끼리 마힌드라》, 김영철, 일리
《그리스인 조르바》, 카잔차키스, 이윤기 역, 열린책들
《집중투자》, 앨런 베넬로·마이클 밴 비머·토비아스 칼라일, 이건 역, 에프엔미디어
《판단의 버릇》, 마이클 J. 모부신, 정준희 역, 사이
《고요한 밤의 눈》, 박주영, 다산책방
《우리는 일본을 닮아가는가》, 이근태, 이와우
《생각을 읽는다》, 토르스텐 하베너, 송경은 역, 마일스톤
《이야기 자본의 힘》, 가오펑, 전왕록 역, 모노폴리언
《나는 한 번 읽은 책은 절대 잊어버리지 않는다》, 카바사와 시온, 은영미 역, 나라원
《나는 마트 대신 부동산에 간다》, 김유라, 한국경제신문

11월

《야구 냄새가 난다》, 하국상, 고슴북스
《읽다》, 김영하, 문학동네
《아트인문학 여행X파리》, 김태진, 카시오페아
《10억짜리 경매비법》 2, 제이원, 좋은연필
《경제지식이 부자를 만든다》, 고경호, 프레너미
《부동산 매수매도 타이밍 인사이트》, 이장용, 북아이콘
《낭만적 연애와 그 후의 일상》, 알랭 드 보통, 김한영 역, 은행나무
《경매 NPL투자 비법》, 우형달, 채움과사람들
《돈 버는 취미 사진》, 이석현, 라온북
《군주론》, 마키아벨리, 강정인 역, 까치
《투에이스의 부동산 절세의 기술》, 김동우, 지혜로
《그건 내 인생이 아니다》, 서동일, 프레너미

자기혁명 독서법

《불곰의 주식투자 불패공식》, 불곰, 박선목, 부키

12월

《쏘쿨의 수도권 꼬마 아파트 천기누설》, 쏘쿨, 국일증권경제연구소

《신탁 위의 경제학자들》, 조원경, 쌤앤파커스

《1일1독》, 박지현, 깊은나무

《한국 남자 미국 여자》, 이정환 카일리 엘리자베스 사약, 북랩

《MCN 백만공유 콘텐츠의 비밀》, 이은영, 참좋은날

《우리 동네에 놀러 올래?》, 김민경, 문학과지성사

《블록버스터 법칙》, 애니타 엘버스, 이종인 역, 세종서적

《월세혁명》2, 조영환, 매일경제신문사

《허즈번드 시크릿》, 리안 모리아티, 김소정 역, 마시멜로

《어떻게 죽을 것인가》, 아툴 가완디, 김희정 역, 부키

《부동산으로 연금받는 직장인의 25가지 방법》, 이성용, 보랏빛소

《그가 돌아왔다》, 티무르 베르메스, 송경은 역, 마시멜로

《부동산 투자의 정석》, 김원철, 알키

《스노우 블라인드》, 라그나르 요나손, 김선형 역, 북플라자

《대한민국 아파트시장 인사이트》, 이종원, 북아이콘

<2017년>

1월

《라이프 트렌드 2017》, 김용섭, 부키

《당신은 정치력이 있습니까》, 정세현, 책너머

《붉은 소파》, 조영주, 해냄출판사

《공정분배》, 고경호, 프레너미

《중국 법인 설립 가이드》, 노성균, e비즈북스

《의장! 이의 있습니다》, 제프 그램, 이건 역, 에프엔미디어

《말할 수 없는 비밀 들리지 않는 진실》, 윤재성, 베리북

《김상욱의 과학공부》, 김상욱, 동아시아

《기억나지 않음, 형사》, 찬호께이, 강초아 역, 한스미디어

《환율과 부의 미래》, 박수영, 한스미디어

《알면서도 알지 못하는 것들》, 김승호, 스노우폭스북스

《직장인 재테크 우리는 부동산으로 투잡한다》, 북극성주 외, 다다리더스

《당신에겐 집이 필요하다》, 렘군, 베리북

2월

《하기 싫은 일을 하는 힘》, 홍주현, 사우

《퍼펙트스톰》, 송인혁, 프레너미

《엄마 주식 사주세요》, 존 리, 한국경제신문사

《표현의 기술》, 유시민, 생각의길

《심정섭의 대한민국 학군지도》, 심정섭, 진서원

《탁월한 사유의 시선》, 최진석, 21세기북스

《나의 형 체 게바라》, 후안 마르틴 게바라·아르멜 뱅상, 민혜란 역, 홍익출판사

《주식시장의 마법사들》, 잭 슈웨거, 김인정 역, 이레미디어

《카르마 경영》, 이나모리 가즈오, 김형철 역, 서돌

《가끔은 격하게 외로워야 한다》, 김정운, 21세기북스

《행복한 나라의 조건》, 마이케 반 덴 붐, 장혜경 역, 푸른숲

3월

《야밤산책》, 리듬, 라이온북스

《INVESTMENT DIARY: 투자 다이어리》, 호빵, 알키

《달러와 섹스》, 마리나 애드셰이드, 김정희 역, 생각의힘

《이브》, 윌리엄 폴 영, 한은경 역, 세계사

《나는 시간 부자가 되기로 했다》, 손재혁, 부크크

《미국을 움직이는 한국의 인재들》 1, 현지혜, 휘즈북스

《VR비즈니스》, 신 기요시, 한진아 역, 한국경제신문

《회계에서 파이낸스까지》, 아사쿠라 토모야, 더블유미디어

《내가 미래를 앞서가는 이유》, 사토 가츠아키, 양필성 역, 스몰빅인사이트

《숫자로 경영하라》 1, 최종학, 원앤원북스

《7년 후》, 기욤 뮈소, 임호경 역, 밝은세상

《대한민국 부동산 투자》, 김학렬, 알에이치코리아

《픽업》, 더글라스 케네디, 조동섭 역, 밝은세상

《이웃집 워런 버핏 숙향의 투자일기》, 숙향, 부크온

4월

《인구와 투자의 미래》, 홍춘욱, 에프엔미디어

《지금 이 순간》, 기욤 뮈소, 양영란 역, 밝은세상

《한국의 1000원짜리 땅 부자들》, 김장섭·윤세영, 트러스트북스

《도쿄 비즈니스 산책》, 임상균, 한빛비즈

《공간의 가치》, 박성식, 유룩출판

《3536 직장인 경매》, 원범석, 일상과이상

《여혐민국》, 양파, 베리북

《나는 부동산으로 아이 학비 번다》, 이주현, 알키

《도쿄 산책자》, 강상중, 사계절

《중국 속의 중국》, 김성문, 서교출판사

《딴 생각》, 홍석우, 휘즈북스

《끈기》, 정용기, 북랩

《생각의 비밀》, 김승호, 황금사자

5월

《삼박자 투자법》, 이정윤, 이레미디어

《2030 고용절벽 시대가 온다》, 이노우에 도모히로, 김정환 역, 다온북스

《읽는 인간》, 오에 겐자부로, 정수윤 역, 위즈덤하우스

《박원갑의 부동산 투자 원칙》, 박원갑, 한국경제신문사

《어떻게 질문할 것인가》, 김대식, 민음사

《돈되는 재건축 재개발》, 열정이넘쳐, 잇콘

《인간을 읽어내는 과학》, 김대식, 21세기북스

《나는 주식과 맞벌이한다》, 이동규, 위닝북스

《완벽한 공부법》, 고영성·신영준, 로크미디어

《결혼은 아직도 연예 중》, 최지연, 라이스메이커

《앉아있는 악마》, 김민경, 비룡소

《이노베이션 코리아 어떻게 이룰 것인가?》, 신재원, 휘즈북스

《서울특별시 VS 서울보통시》, 노주석, 소담출판사

《북유럽 비즈니스 산책》, 하수정, 한빛비즈

《나는 최고의 일본 무역상이다》, 황동명, 프레너미

6월

《나는 어떻게 너를 잃었는가》, 제니 블랙허스트, 박지선 역, 나무의철학

《이 도시에 살고 싶다》, 경향신문 기획취재팀, 시대의창

《끝나지 않은 비행》, 김종하, 지식과감성
《부동산 투자 이렇게 쉬웠어?》, 신현강, 지혜로
《불안》, 알랭 드 보통, 정영목 역, 은행나무
《캐나다 어학연수 백만백가지》, 니키, 올리브, 예담
《셰어하우스 부자들》, 김정미, 한빛비즈
《인간 사회적 동물》, 엘리어트 애런슨, 박재호 역, 탐구당
《30일 역전의 경제학》, 오영수, 이담북스
《혼자가 좋은데 혼자라서 싫다》, 이혜린, 프레너미
《혼자 일하는 즐거움》, 이동우, 알프레드
《상처의 인문학》, 김욱, 다온북스
《심정섭의 초등5, 6학년 학군상담소》, 심정섭, 진서원

7월

《명견만리》, KBS명견만리 제작팀, 인플루엔셜
《아는 공무원》, 토드앤더슨, 바른북스
《월세 로봇 만들기》, 김수영, 보랏빛소
《거장들의 투자공식》, 고이즈미 히데키, 이레미디어
《리모델링으로 재테크하라》, 토미, 예문
《빛나는 아이로 키우는 자존감 육아》, 이미형·김성준, 오후의책
《큰 돈 없이 부자되는 NPL투자》, 이상준, 미래문화사
《변하는 것과 변하지 않는 것》, 강민호, 와이비
《월급으로 당신의 부동산을 가져라》, 시루, 다온북스
《슈퍼예측 그들은 어떻게 미래를 보았는가》, 필립 E. 테틀록·댄 가드너, 알키
《마법의 돈 굴리기》, 김성일, 에이지21
《우리는 미래에 조금 먼저 도착했습니다》, 아누 프라타넨, 노태복 역, 원더박스
《냉정한 이타주의자》, 윌리엄 맥어스킬, 부키

《사랑하면 보인다》, KBS다큐멘터리 3일 제작팀, 인플루엔셜
《돈 되는 부동산 정보를 찾아라》, 최현일·최윤성·이균호, 은서원
《평범한 아이를 공부의 신으로 만든 비법》, 이상화, 스노우폭스북스

8월

《인 어 다크, 다크 우드》, 루스 웨어, 유혜인 역, 예담
《4차산업혁명 시대 투자의 미래》, 김장섭, 트러스트북스
《모나리자 바이러스》, 티보어 로데, 박여명 역, 북펌
《매일 심리학 공부》, 우리창, 지식너머
《차일드44》, 톰 롭 스미스, 박산호 역, 노블마인
《블리치》, 쿠보 타이토, 서울문화사
《평범한 아이를 공부의 신으로 만든 비법(학업실천편)》, 이상화, 스노우폭스북스
《스파링》, 도선우, 문학동네
《경제적 청춘》, 조원경, 쌤앤파커스
《우리는 모두 저자가 되어야 한다》, 한기호, 북바이북
《원더랜드》, 스티븐 존슨, 홍지수 역, 프런티어
《문과 출신입니다만》, 가와무라 겐키, 와이즈베리
《소음과 투자》, 리처드 번스타인, 한지영 역, 북돋움
《맞벌이 부부의 돈 버는 부동산 투자》, 보리나무, 아이리쉬, 황금부엉이

9월

《고전에서 길어 올린 한식 이야기 식사》, 황광혜, 하빌리스
《종의 기원》, 정유정, 은행나무

《리더의 온도 37.5》, 김상임, 문학세계사
《데이비드 드레먼의 역발상 투자》, 데이비드 드레먼, 이레미디어
《다가오는 3년 대한민국 부동산 시나리오》, 박연수, 트러스트북스
《데미안》, 헤르만 헤세, 전영애 역, 민음사
《돈이 없어도 내가 부동산을 하는 이유》, 안신영, 다다리더스
《이카루스 이야기》, 세스 고딘, 박세연 역, 한국경제신문사
《저스티맨》, 도선우, 나무옆의자
《돈이 없을수록 서울의 아파트를 사라》, 김민규, 위즈덤하우스
《이기는 부동산 투자》, 월전쉽, 길벗
《4차 산업혁명 재테크의 미래》, 정재윤, 다산 3.0
《말의 품격》, 이기수, 황소북스

10월
《할 수 있다! 퀀트 투자》, 강환국, 에프엔미디어
《생각한다면 과학자처럼》, 데이비드 헬펀드, 더퀘스트
《이제 돈 되는 경매다》, 이현정, 길벗
《골목의 전쟁》, 김영준, 스마트북스
《뉴알파》, 대이넬 할런, 김미란 역, 비즈페이퍼
《런던 비즈니스 산책》, 박지역, 한빛비즈
《더 테이블》, 김종관, 아르테
《자기계발과 PR의 선구자들》, 강준만, 인물과사상사
《나를 증명하라》, 조연심, 프레너미
《상하이 비즈니스 산책》, 김명신, 한빛비즈
《셰어하우스 시대가 온다》, 김결, 트러스트북스
《이스라엘 비즈니스 산책》, 박대진, 한빛비즈

11월
《서울 부동산의 미래》, 김학렬, 알에이치코리아
《엄마의 걱정 공장》, 이지훈, 거북이북스
《부동산 경매로 365일 월세를 꿈꾸는 사람들》, 김종성, 한국경제신문
《이 세상의 한구석에》, 코노 후미요, 미우
《전쟁터의 요리사들》, 후카미도리 노와키, 권영주 역, 아르테
《달콤한 노래》, 레일라 슬리마니, 방미경 역, 아르테
《당신의 사랑은 무엇입니까》, 김수영, 웅진지식하우스
《그때 말할걸 그랬어》, 소피 블랙콜, 아르테
《성실함의 배신》, 젠 시체로, 박선령 역, 홍익출판사
《세상물정의 사회학》, 노명우, 사계절
《트리거》, 마셜 골드스미스·마크 라이터, 김준수 역, 다산북스
《오르는 주식의 법칙》, 이주영, 매경출판
《마우스 가드》, 데이비드 피터센, 미우
《초콜릿 장사꾼》, 로알드 달, 김세미 역, 담푸스
《나를 사랑하지 않는 나에게》, 박진영, 시공사
《1만 시간의 재발견》, 안데르스 에릭슨·로버트 풀, 비즈니스북스
《영어 명언 다이어리》, 마이크 황, 마이클리시
《TOP10 연설문》, 마이크 황·장위, 마이클리시
《자기 결정》, 파스칼 메르시어, 문항심 역, 은행나무

12월
《사회적 뇌 인류 성공의 비밀》, 매튜 D. 리버먼, 최호영 역, 시공사
《대한민국 환율의 비밀》, 최기억, 이레미디어
《클루지》, 개리 마커스, 최호영 역, 갤리온
《100일 글쓰기 곰사람 프로젝트》, 최진우,

북바이북
《YouTube 유튜브 마케팅》, 임현재, 디지털
북스
《마음을 읽는다는 착각》, 니컬러스 에플리,
박인균 역, 을유문화사
《라이카 영감의 도구》, 박지호, 아르테
《36세 내 집을 가져라》, 겸손 외, 잇콘
《유튜브로 돈 벌기》, 국동원·이혜강, 길벗
《강남의 탄생》, 한종수·강희용, 미지북스
《너라는 계절》, 김지훈, 니들북

<2018년>

1월

《워런 버핏 바이블》, 워런 버핏·리처드 코너
스, 이건 역, 에프엔미디어
《셀프 소송의 기술》, 송희창·이시훈, 지혜로
《TOP10 돈꿈사》, 마이크 황, 마이클리시
《똑똑한 부동산 투자》, 정지영, 스마트북스
《모빌 슈트 건담 디 오리진》, 야스히코 요시
카즈, 대원씨아이
《마음 스파》, 김수영, 꿈꾸는지구
《라로》, 김천용, 라로코리아
《벌거벗은 통계학》, 찰스 윌런, 김명철 역, 책
읽는수요일
《교토에 다녀왔습니다》, 임경선, 예담
《착한 기업에 투자하라》, 아라이 가즈히로,
신혜은 역, 이콘
《리더의 말》, 장박원, 프레너미
《대한민국 부동산 투자의 미래》, 허준열, 트
러스트북스
《친절한 제네시스박의 부동산 절세》, 제네시
스 박, 황금부엉이
《그해 여름 손님》, 안드레 애치먼, 정지현 역, 잔

2월

《82년생 김지영》, 조남주, 민음사
《행동하는 용기》, 벤 버냉키, 안세민 역, 까치
《세상에 엄마와 인도 여행이라니!》, 윤선영,
북로그컴퍼니
《주식투자 ETF로 시작하라》, systrader79,
이성규, 이레미디어
《조선시대 영어교재 아학편》, 정약용·지석
영, 베리북
《부동산 투자 100문 100답》, 박정수, 평단
《상가투자 비밀노트》, 홍성일·서선정, 지혜로
《만화 은하영웅전설》, 다나카 요시키, 대원
씨아이
《이케아 사장을 납치한 하롤드 영감》, 프로
데 그뤼텐, 손화수 역, 잔
《나는 갭 투자로 300채 집주인이 되었다》,
박정수, 매경출판
《성취습관》, 버나드 로스, 신예경 역, 알키
《노후를 책임지는 부동산 투자법》, 이상준,
머니플러스

3월

《인포메이션》, 제임스 글릭, 박래선 역, 동아
시아
《부동산 모르면 부자 될 수 없다》, 최진성, 다
다리더스
《현명한 투자자의 인문학》, 로버트 해그스트
롬, 박성진 역, 부크온
《월급 받는 알짜상가에 투자하라》, 배용환,
국일출판사
《고수의 질문법》, 한근태, 미래의창
《Hello 부동산 Bravo! 멋진 인생》, 김영록, 지
혜로
《대논쟁! 철학 배틀》, 하타케야마 소, 김경원
역, 다산초당
《아기곰의 재테크 불변의 법칙》, 아기곰, 아

라크네
《나는 일주일에 이틀만 일하기로 했다》, 오하라 헨리, 정현옥 역, 원더박스
《딸로 입사 엄마로 퇴사》, 이주희, 니들북
《혼자 있고 싶은데 외로운 건 싫어》, 피터 홀린스, 공민희 역, 포레스트북스
《4차산업 투자지도》, 한국비즈니스정보, 어바웃어북
《라틴어 수업》, 한동일, 흐름출판
《생리 공감》, 김보람, 행성B
《도쿄 셀렉트 북》, 강한나, 니들북
《나는 아직 준비중입니다》, 이은영, 프레너미

4월
《당신이 잔혹한 100명 마을에 산다면?》, 에가미 오사무, 서수지 역, 사람과나무사이
《채권투자 핵심 노하우》, 마경환, 이레미디어
《곰탕》 1, 2, 김영탁, 아르테
《사상 최강의 철학 입문》, 야무차, 동녘
《그래서 어디를 살까요》, 김학렬·배용환·정지영, 다산북스
《시한병동》, 치넨 미키토, 아르테
《치타처럼 판단하라!》, 셰릴 스트라우스 아인혼, 정지현 역, 지식너머
《부자가 된 짠돌이》, 이대표·김형일·하상원, 성안당
《이것이 나의 다정입니다》, 하현, 빌리버튼
《수련》, 배철현, 21세기북스
《신경 끄기의 기술》, 마크 맨슨, 한재호 역, 갤리온
《무례함의 비용》, 크리스틴 포래스, 정태영 역, 흐름출판
《50대 청년 대한민국을 걷다》, 김종건, 책미래

5월
《언제 할 것인가》, 다니엘 핑크, 이경남 역,

알키
《공부 공부》, 엄기호, 따비
《교통망도 모르면서 부동산 투자를 한다고?》, IGO빡시다, 잇콘
《부는 운명이 아니라 스타일이다》, 디샹, 마리서사
《부동산 가치평가 무작정 따라하기》, 남우현, 길벗
《나는 내 인생의 CEO입니다》, 나카타니 아키히로, 북아지트
《투에이스의 부동산 절세의 기술》, 김동우, 도서출판지혜로
《오래된 집 무너지는 거리》, 노자와 치에, 이연희 역, 흐름출판
《나는 소액으로 임대사업해 아파트 55채를 샀다》, 이지윤, 메이트북스
《재무제표 처음공부》, 대럴 멀리스·주디스 올로프, 백승우 역, 이레미디어
《저도 과학은 어렵습니다만》, 이정모, 바틀비
《숨결이 바람 될 때》, 폴 칼라니티, 이종인 역, 흐름출판
《1천만 원으로 시작하는 빌라 투자 비법》, 흥현, 평단
《지금 당장 소셜마케팅 시작하라》, 조재형, 한빛비즈

6월
《나에 관한 연구》, 안나 회글룬드, 이유진 역, 우리학교
《빅프라핏》, 신현암·이방실, 흐름출판
《나는 이기적으로 읽기로 했다》, 박노성, 일상과이상
《나는 청개구리 경매로 집 400채를 돈 없이 샀다》, 김덕문, 다산4.0
《인간의 품격》, 데이비드 브룩스, 부키
《우울증 탈출》, 타나카 게이이치, 미우

《경매 승부사들》, 정충진, 길벗
《버핏클럽》, 김철광 외, 북돋움
《헌집 살래 새집 살래》, 이호영, 매경출판
《그래도 부동산보다 주식투자다》, 이동규, 다온북스
《브레이크 다운》, B. A. 패리스, 이수영 역, 아르테
《나는 직원 없이도 10억 번다》, 일레인 포펠트, 신솔잎 역, 비즈니스북스

7월
《결혼은 선택이지만 부동산 투자는 필수다》, 강미진, 매경출판
《팀 하포드의 경제학 팟캐스트》, 팀 하포드, 박세연 역, 세종서적
《부자는 내가 정한다》, 김은정, 리즈앤북
《투자를 어떻게 할 것인가》, 모니시 파브라이, 김인정 역, 이레미디어
《우리 아이 없이 살자》, 김하원, 자화상
《통섭과 투자》, 마이클 모부신, 이건 역, 에프엔미디어
《어머니의 나라》, 추 와이홍, 이민경 역, 흐름출판
《머니쇼 2018》, 매일경제 2018서울머니쇼 취재팀, 매경출판
《쿠루네코》, 쿠루네코 야마토, 미우
《나는 오늘도 경제적 자유를 꿈꾼다》, 청울림, 알에이치코리아
《나를 살리는 글쓰기》, 장석주, 중앙북스

8월
《데이터를 철학하다》, 장석권, 흐름출판
《가장 빨리 부자 되는 법》, 알렉스 베커, 오지연 역, 유노북스
《돈과 시간에서 자유로운 인생 1인 기업(실전편)》, 이승준, 나비의활주로

《도시는 왜 불평등한가》, 리처드 플로리다, 안종희 역, 매경출판
《검사내전》, 김웅, 부키
《불행 피하기 기술》, 롤프 도벨리, 유영미 역, 인플루엔셜
《에고라는 적》, 라이언 홀리데이, 이경식 역, 흐름출판
《안나바나나 그림일기》, 이노우에 안나, 미우
《꿈의 기울기에 투자하라》, 최남철, 현문미디어
《골목부자 월1천만원 장사왕》, 왕장사, 진서원
《위험한 심리학》, 송형석, 알에이치코리아
《서울이 아니어도 오를 곳은 오른다》, 김학렬, 알에이치코리아
《슬램덩크》, 이노우에 타케히코, 대원씨아이
《트렌드를 알면 비즈니스가 보인다》, 헨리 메이슨 외, 신일호 역, 이담북스
《최고의 선택》, 김형철, 리더스북

9월
《경매야 부탁해》, 원도, 잇콘
《레버리지》, 롭 무어, 김유미 역, 다산북스
《돈 되는 아파트 돈 안 되는 아파트》, 채상욱, 위즈덤하우스
《핑크펭귄》, 빌 비숍, 안진환 역, 스노우폭스북스
《부동산 처방전》, 정은숙, 다다리더스
《방구석 미술관》, 조원재, 블랙피쉬
《10년 동안 적금밖에 모르던 39세 김 과장은 어떻게 부동산 천재가 되었을까?》, 김재수, 비즈니스북스
《지워지는 것도 사랑입니까》, 황경신, 소담출판사
《뷰티플 퀘스천》, 프랭크 윌첵, 흐름출판
《단숨에 읽는 부동산 시장 독법》, 최진기, 이지퍼블리싱

10월

《바빌론 부자들의 돈 버는 지혜》, 조지 S. 클래이슨, 강주헌 역, 국일미디어

《동네 헌책방에서 이반 일리치를 읽다》, 윤성근, 산지니

《브랜드 마케터들의 이야기》, 이승희·정혜윤·손하빈·이육헌, 북바이퍼블리

《이니를 찾아라》, 송우석, 베리북

《열두 살에 부자가 된 키라》, 보도 섀퍼, 김준광 역, 을파소

《어제까지의 세계》, 재레드 다이아몬드, 강주헌 역, 김영사

《1% 부의 비밀》, 샘 윌킨, 이경남 역, 알키

《인생이란 나를 믿고 가는 것이다》, 이현세, 토네이도

《당신은 햄버거 하나에 팔렸습니다》, 김지헌, 중앙북스

《오늘부터 제대로 금융 공부》, 권오상, 창비

《부러진 사다리》, 키스 페인, 와이즈베리

《달의 조각》, 하현, 빌리버튼

《백만장자 불변의 법칙》, 토마스 J. 스탠리·윌리엄 D. 댄코, 홍정희 역, 리드리드출판

《일본의 주식 부자들》, 닛케이 머니, 김정환 역, 이레미디어

《부의 나침반》, 김형일, 성안당

11월

《돈이란 무엇인가》, 앙드레 코스톨라니, 서순승 역, 이레미디어

《부동산 기사 그래서 어떻게 봐야 할까요?》, 제네시스 박, 원앤원북스

《부의 법칙》, 캐서린 폰더, 남문희 역, 국일미디어

《상식 밖의 경제학》, 댄 애리얼리, 장석훈 역, 청림출판

《아들 셋 엄마의 돈 되는 독서》, 김유라, 차이정원

《순간의 힘》, 칩 히스·댄 히스, 박슬라 역, 웅진지식하우스

《인생학교 돈》, 존 암스트롱, 정미우 역, 쌤앤파커스

《오윤섭의 부동산 가치투자》, 오윤섭, 원앤원북스

《에세이를 써보고 싶으세요?》, 김은경, 호우

《흔들리지 않는 돈의 법칙》, 토니 로빈스, 알에이치코리아

《엔터테인먼트 코리아》, 김정은·김성훈, 미래의창

12월

《내 안의 부자를 깨워라》, 황석, 오픈마인드

《지금부터 부동산 투자해도 부자가 될 수 있다》, 민경남, 위즈덤하우스

《2019 한국이 열광할 세계 트렌드》, KOTRA, 알키

《강백호처럼, 영광의 순간을》, 쓰지 슈이치, 하빌리스

《보도 섀퍼의 돈》, 보도 섀퍼, 이병석 역, 북플러스

《대한민국 부동산의 미래》, 심형석·황성규, 원앤원북

《다시 쓰는 주식 투자 교과서》, 서준식, 에프엔미디어

《행복의 기원》, 서은국, 21세기북스

《나는 오를 땅만 산다》, 김종율, 한국경제신문

《나를 바꿀 자유》, 김민기, 프레너미

《생각의 비밀》, 김승호, 황금사자

《샐러리맨 아트 컬렉터》, 김정환, 이레미디어

자기혁명 독서법

2019년 7월 22일 초판 1쇄 발행
2019년 8월 10일 초판 2쇄 발행

지은이 이재범
펴낸이 김남길
펴낸곳 프레너미
등록번호 제387-25100201500005호
등록일자 2015년 6월 22일
주소 경기도 부천시 원미구 계남로 144, 532동 1301호
전화 070-8817-5359
팩스 02-6919-1444

프레너미는 친구를 뜻하는 "프렌드(friend)"와 적(敵)을 의미하는 "에너미(enemy)"를 결합해 만든 말입니다.
급변하는 세상속에서 저자, 출판사 그리고 콘텐츠를 만들고 소비하는 모든 주체가 서로 협업하고 공유하고 경쟁해야 한다는
뜻을 가지고 있습니다.
프레너미는 독자를 위한 책, 독자가 원하는 책, 독자가 읽으면 유익한 책을 만듭니다.
프레너미는 독자 여러분의 책에 관한 제안, 의견, 원고를 소중히 생각합니다.
다양한 제안이나 원고를 책으로 엮기 원하시는 분은 frenemy01@naver.com으로 보내주세요.
원고가 책으로 엮이고 독자에게 알려져 빛날 수 있게 되기를 희망합니다.